fusée 4
Violet

GENEVIÈVE TALON
AND
ALAN WESSON

Hodder & Stoughton

A MEMBER OF THE HODDER HEADLINE GROUP

à Antonia, Claudia et Emilia   à Peter

A.W.   G.T.

Orders: please contact Bookpoint Ltd, 130 Milton Park, Abingdon, Oxon OX14 4SB. Telephone: (44) 01235 827720, Fax: (44) 01235 400454. Lines are open from 9.00 – 6.00, Monday to Saturday, with a 24-hour message answering service. You can also order through our website www.hodderheadline.co.uk

British Library Cataloguing in Publication Data
A catalogue record for this title is available from The British Library

ISBN 0 340 80221 9

First published 2002

| Impression number | 10 9 8 7 6 5 4 3 2 |
| Year | 2007 2006 2005 2004 2003 |

Copyright © 2002 Geneviève Talon and Alan Wesson

Printed in Italy for Hodder & Stoughton Educational, a division of Hodder Headline, 338 Euston Road, London NW1 3BH.

The authors and Publishers are grateful to the following for permission to reproduce photographs: page 92 (bottom left) Empics; page 116 (all) The Movie Store Collection; page 118 (top right, bottom left) Empics; page 122 (top right) Ocean Films Distribution courtesy of Roland Grant Archives, France; page 141 Nick Hawkes, Ecoscene/Corbis; page 150 (top left) Gail Mooney, Corbis. All other photographs are courtesy of Art Directors & Trip Photo Library.

While every effort has been made to contact copyright holders, the publishers apologise for any omissions, which they will be pleased to rectify at the earliest opportunity.

Illustrations in *fusée* are by Marcus Askwith, Kate Charlesworth, Nick Duffy, Tony Forbes, Clive Goodyer, Jeffy James, Roger Langridge, Terry McKenna, Julian Mosedale and Lisa Smith.

Editorial, design and production by Hart McLeod, Cambridge.

Contents

Contents

salut!

Welcome to *fusée 4 violet*. This book builds on what you learnt about France and French-speaking countries, maybe in *fusée 1, 2* and *3*.

fusée 4 violet has been designed to prepare you for your examination at 16. We hope you will enjoy the presentation materials, which take the form of stories, cartoons, surveys and short articles intended to make your study of French as interesting as possible. You will practise all the skills that are required for your exam, responding to what you've read and heard, as well as speaking and writing the language.

fusée 4 violet is very simple to use: everything in the Student's Book is organised in double-page spreads, with the presentation of the new topic on the left-hand side and corresponding activities on the right-hand side. For every topic, your teacher will also hand out worksheets, either for classroom work or for homework. Every five units, the *Pages lecture* in the Student's Book allow you to practise your reading skills on genuine French texts. The grammar is explained on the right-hand pages in the *Comment ça marche* boxes. At the end of the book, there is a grammar summary which you will find helpful if you want to check or clarify a particular point, or to revise what you have learnt for a test or examination. You can also use the glossary at the end of the book to check the meaning of any words you don't know.

Good luck with your French exam!

Amusez-vous bien!

Symbols used in *fusée*

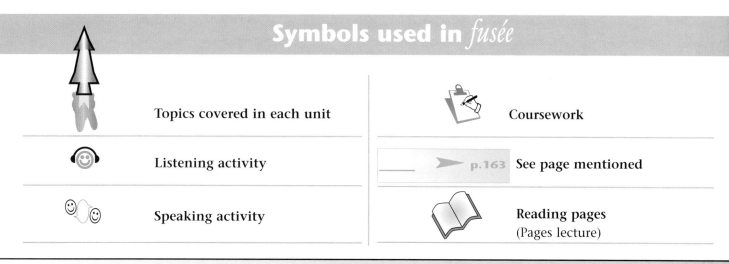

Topics covered in each unit		Coursework	
Listening activity		→ p.163	See page mentioned
Speaking activity		Reading pages (Pages lecture)	

The instructions for the activities in *fusée 4 violet* are all in French. If you need to check what the instructions mean, here is a list of the main ones you'll meet:

À deux/à trois.	In pairs/threes.
A dit (une chose fausse).	A says (one thing wrong)
A donne des informations/ renseignements.	A gives information/details.
A parle de ce qu'il/elle fait.	A talks about what s/he does.
A pose des questions.	A asks questions
A prend le rôle de…	A takes …'s role.
Attention!	watch out!
au moins	at least
la bonne moitié de phrase	the correct half-sentence
C'est quel(le)…?	Which … is it?
C'est qui?	Who is it?
Changez de rôle.	change roles.
Cherchez…	look for…
choisissez (la bonne réponse).	choose (the correct answer).
ci-dessous	below
Comparez…	Compare…
Complétez (les phrases).	Complete (the sentences).
Corrigez l'erreur.	Correct the mistake.
dans le bon ordre	in the correct order
Décidez…	Decide…
Décrivez…	Describe…
Dites…	Say…
Donnez (deux raisons/votre opinion).	Give (two reasons/your opinion).
Écoutez (encore).	Listen (again).
Écrivez (des réponses/des phrases/ 50 mots) sur…	Write (answers/sentences/50 words) about…
Expliquez…	Explain…
Faites correspondre.	Match.
Faites (des interviews/des recherches/ des dialogues/une liste).	Do (some interviews/research/ dialogues/a list).
Il peut y avoir plusieurs bonnes réponses.	There can be several correct answers.
Il y a plusieurs possibilités.	There are several possibilities.
Jouez le(s) rôle(s) de…	Play the role(s) of…
une lettre à votre correspondant	a letter to your penfriend

Lisez…	Read…
Mettez les phrases ensemble.	Regroup the sentences.
les mots de la liste	the words in the list
100 mots environ	about 100 words
Notez (les réponses).	Note (the answers).
Parlez (de)…	Talk/speak (about)…
pour aider	to help you
Pourquoi aimez-vous/n'aimez-vous pas…?	Why do you/don't you like…?
Préparez (un exposé/une présentation).	Prepare (a talk/a presentation).
Qu'est-ce que c'est?	What is it?
Que fait…?	what does … do?
que font… et …?	What do … and … do?
Quel(le) est…?	Which is…?
Quel(le)s sont…?	Which are…?
Qui dit ça?	Who says this?
Qui dit quoi?	Who says what?
Qui est-ce?	Who is it?
Qui parle?	Who's speaking?
Qui peut continuer le plus longtemps?	Who can carry on longest?
Regardez (la page…/les dessins).	Look (at page…/the pictures).
Remplissez (les blancs/le tableau).	Fill in (the gaps/the grid).
Répondez…	Answer…
Servez-vous de…	Use…
un sondage	survey
Travaillez ensemble.	Work together.
Trouvez…	Find…
Utilisez (les mots ci-dessous).	Use (the words below).
… va/vont vous aider.	… will help you.
Vous avez… minutes.	You've got… minutes.
Vrai, faux ou on ne sait pas?	True, false or can't tell?

A Bienvenue!

This unit covers:
- meeting a French family
- information about self, family, friends and pets

1 Écoutez et lisez.

1

Bonjour, Jordan! Je suis Sylvie, la mère de Théo. Comment ça va?

Ça va bien, merci. Et vous?

Ça va, merci. As-tu fait bon voyage? Es-tu fatigué?

Oui, j'ai fait bon voyage, merci. Je suis un peu fatigué.

2

Voici Simon, le frère de Théo, et voici Thierry, mon mari.

Et voici ma chatte! Elle s'appelle Picachu.

3

Quel âge a-t-elle?

Elle est encore petite. Elle a seulement trois mois.

4

Tu veux téléphoner chez toi? Tu connais l'indicatif pour la Grande-Bretagne?

Oui, je veux bien, s'il vous plaît. Est-ce que vous pouvez me donner l'indicatif?

5 Plus tard...

Est-ce que tu as faim? Est-ce que tu as soif?

Je n'ai pas faim, mais j'ai soif. Est-ce que je peux avoir un verre d'eau, s'il te plaît?

6

Bien sûr! Nous dînons à sept heures, c'est-à-dire dans une heure.

7

La salle de bains est sur le palier et les toilettes sont à côté de la salle de bains. Voici ta chambre.

Elle est très agréable! Merci pour votre hospitalité.

8

Je t'en prie. Repose-toi bien. À tout à l'heure!

2 **Qui dit quoi? Sylvie, Jordan ou Théo?**

1 Bonjour! Je suis la mère de Théo. Comment ça va?

2 Merci pour votre hospitalité.

3 On dîne à sept heures, c'est-à-dire dans une heure.

4 Oui, j'ai fait bon voyage, merci. Je suis un peu fatigué.

5 Ta chambre est ici.

6 Ça va bien, merci. Et vous?

7 Je ne connais pas l'indicatif.

8 Est-ce que tu es fatigué?

9 Je peux avoir un verre d'eau, s'il te plaît?

10 Est-ce que tu as faim ou soif?

11 Est-ce que tu veux téléphoner chez toi?

12 La salle de bains est sur le palier.

 3 **À quatre. Regardez la page 8 et jouez les rôles de Sylvie, Jordan, Simon et Théo.**

Exemple: *(Sylvie:) Bonjour, Jordan!*

 4 **À deux. A est un jeune Britannique en visite en France. B est le père ou la mère de son correspondant. Faites un dialogue.**

Exemple: **B**: *Bonjour, A! Je suis B, la mère/le père de X. Comment ça va?*

A: *Ça va bien, merci. Et vous?*

Comment ça marche

There is more than one word for "my" in French. The correct word depends on the gender (or the first letter) of the noun which follows.

For a masculine noun use **mon**:
le mari ➜ **mon** mari

For any word which starts with a vowel (a, e, i, o, u), you use **mon** too. This is just to make the pronounciation easier (**ma amie** wouldn't flow very well).
une amie ➜ **mon** amie
but
ma petite amie

For a feminine noun which doesn't start with a vowel, use **ma**:
la chatte ➜ **ma** chatte

➤ p.171

Verbes

Remember the forms of the verb **être** in the present tense:

je suis
tu es
il est/Théo est
elle est/la chatte est
on est
nous sommes
vous êtes
ils sont/Théo et Simon sont
elles sont/Sylvie et la chatte sont

Attention!

In French, a young person normally uses **vous** to talk to an older person he or she doesn't know well.
Here's what Jordan says to Théo's mother:

Ça va bien, merci. Et **vous**?
Je veux bien, s'il **vous** plaît.

But this is what he says to Théo:

Est-ce que je peux avoir un verre d'eau, s'il **te** plaît?

If Théo asked Jordan how he was, Jordan would answer:

Ça va bien, merci. Et **toi**?

Remember these useful idioms (i.e. particular ways of saying things in French which can't be translated word for word):

J'ai faim. *I am hungry.*
J'ai soif. *I am thirsty.*
Quel âge a-t-elle? *How old is she?*
Elle a trois mois. *She is three months old.*
La mère de Théo *Théo's mother*

pour 😊 **sourire**

La salle de bains est sur le palier!

L'anniversaire d'Émilie

1 Écoutez et lisez.

1

Bonjour! Je m'appelle Fatima. Tu es anglais, Jordan?

Non! Je suis écossais. En fait, mon père est écossais et ma mère est galloise.

2

C'est pareil dans ma famille. Mes parents et moi, nous sommes français, mais mes grands-parents sont algériens. Tu as des frères et sœurs?

Oui, j'ai un frère et une sœur. Andrew a 14 ans et Hannah a 10 ans. Regarde: j'ai une photo...

3

Oh, il est grand, ton frère! Vous êtes très différents. Il a les cheveux blonds et les yeux bleus, et toi, tu as les cheveux bruns et les yeux verts...

Et voici ma mère. Elle n'est pas très grande. Normalement, elle porte des lunettes.

Oui, et Hannah est petite. Elle a les cheveux roux, des taches de rousseur et les yeux marron! Sur la photo, elle a les cheveux longs et un appareil, mais maintenant, elle a les cheveux courts. Elle ne porte plus d'appareil, mais elle porte des boucles d'oreille.

4

Tu ressembles à ta mère. Tu es brun, comme elle. Et ton père? Il n'est pas sur la photo...

Non. Mes parents sont divorcés. J'habite avec ma mère. Mon père est remarié et il habite à Glasgow.

5

Aujourd'hui, c'est l'anniversaire d'Émilie. Elle a 16 ans. Et toi, c'est quand, ton anniversaire?

C'est le 2 juillet.

6

Moi, c'est le premier juillet! Est-ce que les Anglais fêtent les anniversaires comme les Français?

Mais je ne suis pas Anglais!

7

Pardon! Je veux dire les Écossais! Ou les Gallois... Ou les Britanniques...

2 Choisissez la bonne réponse.

Exemple: **1** = b

1 Jordan est **a**) anglais **b**) écossais **c**) écossaise.

2 Fatima est **a**) français **b**) algérienne **c**) française.

3 Andrew a **a**) un frère **b**) un frère et une sœur **c**) deux sœurs.

4 **a**) Hannah **b**) La mère de Fatima **c**) Fatima   n'est pas grande.

5 Jordan habite **a**) avec son père **b**) avec sa mère **c**) avec son père et sa mère.

6 Maintenant, **a**) Hannah porte un appareil **b**) Hannah porte des boucles d'oreille **c**) Hannah a les cheveux longs.

3 À deux. Regardez les images ci-dessous.

1) **A** adopte une personnalité et décrit ses cheveux, ses yeux, etc. Est-il marié ou divorcé? **B** donne le nom de la personne.

ou

2) **A** décrit une personne à **B**, mais introduit une erreur. **B** trouve l'erreur.

Ensuite, changez de rôle.

Exemple:

1) (**A** est Tom.)

A: Je suis grand, j'ai les cheveux...

Je ressemble à... J'ai les yeux..., comme...

B: Tu es Tom.

2) **A**: Il est grand, il a les cheveux longs...

Il ressemble à... Il a les yeux..., comme...

B: C'est Tom, mais il a les cheveux courts.

TOM ET VÉRONIQUE

LOUISE ET STUART

Comment ça marche

On page 9, you saw two words for "my", **mon** and **ma**. With plural words, you use a different possessive adjective, **mes**:

mes parents – *my parents*

There is also more than one word for "your". For a masculine word, or any word starting with a vowel, use **ton**:

le frère ➜ **ton** frère
une amie ➜ **ton** amie

but

ta petite amie

For a feminine word which doesn't start with a vowel, use **ta**:

la chambre ➜ **ta** chambre

➤ p.171

In English, there is often no word for **des** (the *plural indefinite article*):

J'ai **un** frère. *I've got a brother.*
J'ai **une** sœur. *I've got a sister.*
J'ai **des** frères et sœurs. *I've got brothers and sisters.*

➤ p.169

Remember that adjectives can have feminine and plural forms.

il est petit	ils sont petit**s**
mon frère est petit	mes frères sont petit**s**
elle est petit**e**	elles sont petit**es**
ma sœur est petit**e**	mes sœurs sont petit**es**

➤ p.170

Verbes

Remember the forms of the verb **avoir** in the present tense:

j'ai	nous avons
tu as	vous avez
il/elle/on a	ils/elles ont

Verbs like **habiter** (to live), **dîner** (to have dinner), **porter** (to wear) are regular **–er** verbs. They all have the same forms in the present tense:

j'habite	nous habitons
tu habites	vous habitez
il/elle/on habite	ils/elles habitent

S'appeler is very similar, but it adds an **l** in some forms. (The **e** before the **ll** is then pronounced **è**.)

je m'appel**le**	nous nous appelons
tu t'appel**les**	vous vous appelez
il/elle/on s'appel**le**	ils/elles s'appel**lent**

Au jardin public

1 Écoutez et lisez.

1

Je voudrais avoir un animal, un chien, par exemple, mais ma mère ne veut pas... Elle dit que ça pose des problèmes pendant les vacances. Tu as un chien, toi?

Je n'ai pas de chien, mais j'ai deux lapins. Ils ont le poil noir avec des taches blanches sur les pattes et une petite queue. Ils sont très mignons. Ils ont un clapier dans le jardin, mais quelquefois, je les prends dans ma chambre.

2

Tu t'entends bien avec ta mère?

Oui, je m'entends bien avec elle. Quelquefois, elle est sévère et ça m'énerve, mais normalement, elle est sympa.

3

Et avec Andrew et Hannah?

Oui, on s'entend bien. Hannah est pénible, quelquefois, mais Andrew est très gentil. C'est mon frère, mais c'est aussi un bon copain. Je m'entends très bien avec lui. Malheureusement, Hannah et Andrew ne s'entendent pas du tout. Andrew la taquine et ça l'énerve.

4

Que font tes parents?

Mon père est ingénieur, mais en ce moment, il est au chômage. Ma mère est employée de bureau. Elle travaille à mi-temps.

5

Et tes parents? Que font-ils?

Mon père est serveur dans un restaurant, mais il rêve de devenir cuisinier et d'ouvrir un restaurant. Il veut l'appeler *Bab-El-Oued*. Ma mère est ménagère: elle travaille à la maison.

6

Tu me donnes ton adresse en Angleterre... pardon, en Écosse?

Bien sûr: Jordan MacAllan, 15, Murdoch Avenue, Glenrothes GL13 4BX. Mon adresse électronique, c'est jormac@aol.com: j, o, r, m, a, c, arobase, a, o, l, point, c, o, m.

7

Comment ça s'écrit, MacAllan?

M majuscule, a, c, a majuscule, deux l, a, n, en un seul mot.

8

Au revoir!

Salut!

2 Écoutez. Qui a quel animal?

son / sont

Exemple: **1** chat ✓ (x2); chien ✗

un poney   **un poisson rouge**   **un hamster**   **un rat**

 3 À deux.

1) **A** adopte une personnalité. **B** pose des questions.

ou

2) **A** explique la situation à **B**.

Dites au moins trois choses.

Ensuite, changez de rôle.

Exemple:

1 (**A** est Alexandre.)

B: Tu t'entends bien avec ta mère?

A: Non, je ne m'entends pas bien avec ma mère.

2 **A**: Jeanne s'entend bien avec Philippe, mais Philippe ne s'entend pas bien avec…

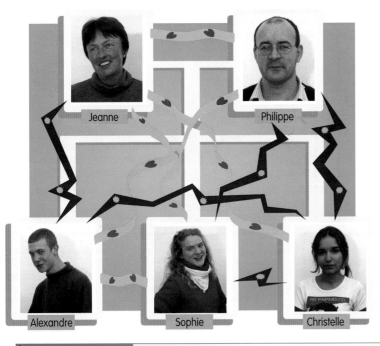

Jeanne   Philippe   Alexandre   Sophie   Christelle

Comment ça marche

On page 11, you saw two words for "your", **ton** and **ta**. With plural words, you use a different one, **tes**:

tes parents – *your* parents

 p.171

After a negative verb, the article **un**, **une** or **des** becomes **de**:

j'ai un chien ➜ je n'ai pas **de** chien

 p.169

You have seen several ways of asking questions.

• You can put the verb (here, **es**) and the subject (here, **tu**) in reverse order:

Es-tu fatigué? *Are you tired?*

• You can leave the words in the same order and simply raise your voice at the end:

Tu es fatigué?

• You can use a special *interrogative* word or phrase:

Est-ce que tu es fatigué?
Comment ça va? *How are you?*
Quel âge a-t-elle? *How old is she?*
Que font tes parents? *What do your parents do?*

 p.167

The *direct object pronoun* replaces a *complement* (i.e. a noun which completes a verb). The pronoun is placed *before* the verb it completes:

Je prends **les lapins**. *I take **the rabbits**.*
Je **les** prends. *I take **them**.*

Andrew taquine **Hannah**. *Andrew teases **Hannah**.*
Andrew **la** taquine. *Andrew teases **her**.*

Ça énerve **Hannah**. *It annoys **Hannah**.*
Ça **l'**énerve. *It annoys her.*

The same principle applies to first or second person pronouns:

Ça **m'**énerve. *It annoys **me**.*

	singular	plural
1st person	me, m'	nous
2nd person	te, t'	vous
3rd person	le, l' / la, l'	les

p.174

Épeler et prononcer

In many cases, the final consonant in a French word is not sounded.

je sui**s**   E**t** vou**s**?
Commen**t** ça va?   A**s**-tu fai**t** bon voyage?

If the following word starts with a vowel, the final consonant is sounded. However, there are some exceptions. For instance, the **t** in **et** is never heard.

Tu doi**s** être fatigué!

Je sui**s** un peu fatigué.

J'ai un frère e**t** une sœur.

Listen again to the three texts in this unit, as you read them in the book. Find at least five more examples of unsounded final consonants.

A Tu collectionnes les pièces de monnaie?

This unit covers:
- hobbies, sports and activities
- suggesting activities/making invitations
- making excuses

1 Écoutez et lisez.

1 Il fait mauvais, Florian. Regarde. Il pleut et il y a du brouillard. Il faut rester à la maison aujourd'hui. Mais qu'est-ce que tu fais, quand il fait mauvais?

Bof… souvent je joue sur mon ordinateur ou j'écoute des CD dans ma chambre. Et toi, Kévin? Qu'est-ce que tu fais, quand il fait mauvais? Est-ce que tu joues sur ton ordinateur?

2 Pas beaucoup. Le soir, je regarde la télé. Le week-end, je lis. Tu aimes lire, Florian?

Oui. Moi aussi, j'aime lire. D'habitude je lis des magazines. Mais j'aime aussi les jeux. Je joue très souvent aux échecs et aux dames. Quelquefois je joue au Monopoly™. Et toi, Kévin? Est-ce que tu aimes les jeux de société?

3 Non, pas du tout. Je trouve ça ennuyeux. Quelquefois je joue aux cartes, mais je préfère dessiner. Je dessine beaucoup. Et toi – est-ce que tu aimes dessiner?

Quelquefois. Mais je ne dessine pas très bien…

4 Tu joues d'un instrument de musique?

Oui. Je joue de la batterie et du violon. Je n'aime pas jouer du piano ou de la trompette, mais pendant les vacances je joue dans un groupe.

5 Moi, je n'aime pas la musique. Mais je fais des modèles réduits et je collectionne les jeux vidéo.

Moi aussi! Et en plus je collectionne les pièces de monnaie.

6 Moi aussi, je "collectionne" la monnaie, le samedi matin. C'est-à-dire, je travaille dans un café tous les samedis de huit heures à midi. C'est très ennuyeux mais on me donne beaucoup de pourboires…

CAFÉ

2 Répondez aux questions en français (phrases entières).

Exemple: **1** *Il joue sur son ordinateur ou il écoute des CD dans sa chambre.*

1 Quels sont les passe-temps de Florian, quand il fait mauvais?
2 Est-ce que Kévin joue souvent sur son ordinateur?
3 Qu'est-ce que Kévin fait le soir?
4 Qu'est-ce qu'il fait le week-end?
5 Est-ce que Florian aime lire?
6 Qui joue souvent aux échecs et aux dames?
7 Est-ce que Kévin aime les jeux de société?
8 Est-ce que Kévin dessine beaucoup?
9 Quand est-ce que Florian joue dans un groupe?
10 Qui collectionne les jeux vidéo?

3 Qui fait quoi et quand? Et combien de fois? Lisez le texte et regardez les images. Écrivez au moins dix phrases.

Exemple: **1** *Florian joue souvent sur son ordinateur.*

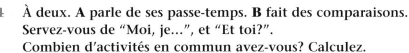

4 À deux. **A** parle de ses passe-temps. **B** fait des comparaisons. Servez-vous de "Moi, je...", et "Et toi?". Combien d'activités en commun avez-vous? Calculez.

Exemple: **A**: *Je regarde la télé très souvent. Et toi?*

B: *Moi, je n'aime pas la télé...*

5 Écrivez des phrases pour décrire les passe-temps de votre partenaire (voir l'exercice 4). Comparez vos passe-temps.

Exemple: *Quand il fait mauvais, Anna regarde la télé, mais moi, je...*

6 Écrivez 90 mots sur vos passe-temps quand il fait mauvais. Puis faites une petite présentation.

Exemple: *Le samedi matin quand il fait mauvais, je reste au lit...*

Attention!

You met **Qu'est-ce que... ?** and **Est-ce que... ?** in Unité 1. They are often used for introducing questions in French.

> **Qu'est-ce que** tu fais?
> **Est-ce que** tu aimes dessiner?

Comment ça marche

Here are some ways of saying when or how often you do activities:

quand il fait mauvais – *when the weather is bad*
souvent – *often*
le soir – *in the evening*
le week-end – *at the weekend*
quelquefois – *sometimes*
pendant les vacances – *in the holidays*
le samedi matin – *on Saturday mornings*

➤ p.173

To emphasise something or make a contrast, use **moi** or **toi**.

> J'aime lire. Et **toi**?
> **Moi**, j'aime regarder la télé.

➤ p.175

Verbes

Remember the forms of the verb **faire** in the present tense:

je fais
tu fais
il/elle/on fait
nous faisons
vous faites
ils/elles font

1   Écoutez et lisez.

1 Regarde. Maintenant, il ne pleut plus! Super, hein? Qu'est-ce que tu fais quand il fait beau, Florian?

D'habitude, je fais du sport. J'aime beaucoup le sport. Par exemple, je joue au volley, au squash, au football, au rugby…

2 Quel est ton sport préféré?

J'aime tous les sports. Je fais de la natation et du judo, je joue au basket, je joue au tennis de table…

3 On joue au tennis là-bas?

Bien sûr. J'aime jouer au tennis, mais mon frère ne joue plus. Tu veux jouer avec moi, Kévin?

4 Non! Je n'aime pas ça. Quand il fait beau, je fais du vélo ou de la natation. Quelquefois, je fais de la voile…

…et en plus, je fais de la planche à voile et du canotage. Et toi, tu aimes l'eau?

5 Quelquefois je fais du ski nautique, mais je n'aime pas tellement l'eau. Je préfère faire de la spéléologie ou de l'équitation. Tu aimes ça?

Je déteste la spéléologie – c'est trop dangereux pour moi! Mais j'adore faire de l'équitation.

2 **Faites une liste des activités mentionnées dans le texte. Écrivez-les à l'infinitif.**

Exemple: *faire du sport*

3 **Trouvez l'intrus. Écrivez les phrases correctement (c'est-à-dire sans l'intrus).**

Exemple: **1** *Florian joue au volley, au squash, au football et au rugby.*

1 Florian joue au volley, au squash et au football, et il fait du canotage.
2 Florian fait de la voile et du judo, et il joue au basket et au tennis de table.
3 Quand il fait beau, Kévin fait de l'équitation ou de la natation.
4 Kévin fait de la voile, et en plus, il fait du ski et du canotage.
5 Quelquefois Florian fait du canotage, mais il n'aime pas tellement le vin.
6 Florian préfère faire du ski ou de la planche à voile.

4 **Passe-temps passés et présents: interviewez vos camarades et notez les réponses. Faites deux listes de cinq choses au moins.**

Exemple: **A**: *Tu collectionnes les jeux vidéo?*

B: *Oui, je collectionne les jeux vidéo.*

ou

B: *Non, je ne collectionne plus les jeux vidéo.*

5 **Qu'est-ce que vous faites comme passe-temps quand il fait beau (c'est-à-dire les sports et les activités de plein air)? Écrivez 100 mots environ. Servez-vous des expressions de temps. Puis faites une présentation.**

Exemple: *Le week-end quand il fait beau, je joue au tennis et...*

Comment ça marche

To talk about activities use **jouer à** (**jouer de** for an instrument) or **faire de...**

Je fais du judo.
Je fais de l'équitation.
Je joue au football.
Je joue de la batterie.

➤ p.164

Another common way of starting a question is with **quel/quelle/quels/quelles** meaning "what". The form changes according to the gender and number of the word it is with:

Quel sport est-ce que tu préfères?
Quelle est l'activité préférée de ton copain?
Quels sports aquatiques fais-tu?
Quelles activités est-ce que tu n'aimes pas?

➤ p.172

To say "no longer" or "not any more" you use **ne ... plus**. As with **ne ... pas**, the **ne** goes before the verb and the **plus** comes after it:

Il **ne** pleut **plus**. It's **not** raining **any longer**.
Il **ne** joue **plus** au tennis. He **doesn't** play tennis **any more**.

➤ p.168

Si on allait au cinéma?

1 Écoutez et lisez.

1 Bonjour, Célestine. Ça va? J'ai envie de te demander… si on allait au cinéma ce soir?

Euh… oui, bien sûr, Julien. Rendez-vous à sept heures moins dix, devant la gare?

2 Ah, Célestine – bonjour. J'espère que ça va bien? Une… une question. Si on faisait de la planche à roulettes cet après-midi?

Euh… oui, je veux bien, Hugo. Rendez-vous à sept heures moins dix, derrière le centre de sports?

3 Ah, Célestine – je te cherche depuis deux heures! Est-ce que tu veux faire du jogging avec moi ce soir?

Euh… oui, chouette, Yoann. Rendez-vous à sept heures moins dix, près du stade.

4 Bonjour, Célestine. Je veux te parler. J'ai envie de te demander… si on faisait du ski ce soir? Est-ce que tu sais faire du ski?

Euh oui, ça serait formidable, Lucas. J'aime bien faire du ski. Rendez-vous à sept heures moins dix, devant le téléski à la piste artificielle au centre sportif?

5 Célestine! Écoute – est-ce que tu veux faire du patin avec moi? On pourrait aller à la patinoire ensemble.

Euh… oui, c'est très gentil, Samuel. J'aime faire du patin. Rendez-vous à sept heures moins dix, à côté de la patinoire?

6 Célestine – est-ce que tu es libre ce soir? On pourrait faire de l'aérobic. Il y a une nouvelle classe d'aérobic au collège ce soir.

Euh… oui, bonne idée, Baptiste. Rendez-vous à sept heures moins dix, près de la fontaine.

7 Célestine! Je suis heureux de t'avoir rattrapée. J'avais une suggestion pour toi. Tu veux aller au club des jeunes avec moi ce soir?

Euh… oui, bien sûr, Guillaume. Rendez-vous à sept heures moins dix, à côté de l'hôtel de ville.

2 Dans le texte il y a huit suggestions différentes. Trouvez-les.

Exemple: **1** *Si on allait au cinéma ce soir?*

3 Vous avez appris six façons différentes d'accepter une invitation. Notez-les.

Exemple: *Oui, bien sûr.*

4 Qui attend où?

Exemple: **1** *Julien attend devant la gare.*

 5 À deux. **A** et **B** prennent rendez-vous. Quand et où? Ils/elles notent les détails, et puis comparent les rendez-vous. Est-ce qu'il y a des erreurs?

Exemple: **A**: *Rendez-vous à sept heures moins cinq.*

   B: *Où?*

   A: *Devant la gare.*

6 Vous organisez des rendez-vous pour une agence de rencontre. Il faut inventer 15 rendez-vous et 15 heures différentes. Écrivez la liste pour vos clients et clientes.

Exemple: *(Pour Julien et Juliette) Rendez-vous à huit heures moins cinq, devant le cinéma.*

Verbes	
aller *to go*	**vouloir** *to want*
je vais	je veux
tu vas	tu veux
il/elle/on va	il/elle/on veut
nous allons	nous voulons
vous allez	vous voulez
ils/elles vont	ils/elles veulent

Comment ça marche

To say where things are, you use *prepositions* like **devant**, **à côté de** and **derrière**.

Rendez-vous **derrière** la gare. *I'll meet you **behind** the station.*

devant le supermarché – ***in front of*** the supermarket
à côté de l'hôtel de ville – ***beside*** the town hall
près de la fontaine – ***near*** the fountain

➤ p.176

1   Écoutez et lisez.

Allô? Oui, c'est Vanessa,
Mickaël.
Aller à la patinoire?
Non, je suis désolée,
mais je ne peux pas.
J'ai mal à la tête.
Oui, je sais – c'est dommage.
Au revoir.

Allô?
Bonsoir Axel. Oui, il fait beau. Quoi
– aller nager? Non, je suis désolée,
mais je ne peux pas
aller nager ce soir, car j'ai mal
au cœur.

Allô. Bonsoir Jérémie.
Oui, ça va bien. Non, je suis
désolée, mais je ne peux pas
faire du skate. Je dois faire du
babysitting ce soir. À bientôt.

Salut… Oui, c'est Vanessa,
Charles. Aller au cinéma?
Non, je suis désolée,
mais je dois faire le ménage.

Bonsoir Romain.
Oui, c'est Vanessa.
Aller à la pêche avec toi.
Euh… ça serait formidable,
mais j'ai trop de devoirs.
Au revoir.

Allô. Pardon? Qui?
Arthur? Quoi?
Faire du patin à roulettes
avec toi?
Non, je suis vraiment
désolée, mais je ne peux
pas. Mon chat est
malade.

Allô. Ah, c'est toi, Alban?
Quoi – tu veux savoir si je peux
jouer au tennis ce soir?
Je regrette, mais je me lave
les cheveux.

Allô? Pierrick, c'est toi?
Oui, ça va
très bien. Faire du
canotage avec toi ce soir?
Non, je suis vraiment
désolée, mais je me suis
cassé la jambe et je dois
rester au lit.

Vanessa!

Ah! Pierrick. Ça va?...

2 Qui suggère quoi? Imaginez les questions et écrivez une phrase pour chaque personne.

Exemple: **1** Mickaël: *Si on allait à la patinoire?*

3 Trouvez l'excuse de Vanessa à chaque personne.
Puis traduisez les excuses en anglais.

Exemple: *Mickaël: J'ai mal à la tête.* → *I've got a headache.*

4 Inventez des excuses. Un point pour une excuse qui est dans le livre; deux points pour une "nouvelle" excuse.

Exemple: *Je dois laver la voiture pour mon père.* (2 points)

 5 **A** invite **B** à faire quelque chose. **B** a cinq secondes pour penser à une excuse. Sinon, **A** "attrape" **B** et ils/elles invitent **C** à faire quelque chose (etc.). Combien de personnes pouvez-vous attraper?

Exemple: **A**: *Si on jouait au football?*

B: *Je me lave les cheveux.*

6 Vous écrivez un livre d'excuses. Écrivez les excuses. Essayez de trouver l'excuse idéale pour des suggestions variées.

Exemple: *Suggestion: Si on allait au cinéma?*
Excuse idéale: Je me lave les cheveux.

Verbes	
devoir *to have to, ought to*	
je dois	nous devons
tu dois	vous devez
il/elle/on doit	ils/elles doivent

A Jeu-test

This unit covers:
- personal qualities
- family relationships
- friendships

🎧 **1** Écoutez et lisez.

Pour toi, quelle est la qualité la plus importante chez un garçon? Regarde la liste et choisis!

Pour moi, le garçon idéal est...

- ☐ amusant
- ☐ cool
- ☐ pas renfermé
- ☐ relax

- ☐ réfléchi
- ☐ sensible
- ☐ optimiste
- ☐ généreux

- ☐ gentil
- ☐ poli
- ☐ pas égoïste
- ☐ assez calme

- ☐ pas paresseux
- ☐ marrant
- ☐ réservé
- ☐ un peu fou

- ☐ moins bavard que moi
- ☐ plus travailleur que moi
- ☐ aussi intelligent que moi

Pour toi, quelle est la qualité la plus importante chez une fille?

Pour moi, la fille idéale est...

- ☐ amusante
- ☐ cool
- ☐ pas renfermée
- ☐ relax

- ☐ réfléchie
- ☐ sensible
- ☐ optimiste
- ☐ généreuse

- ☐ gentille
- ☐ polie
- ☐ pas égoïste
- ☐ assez calme

- ☐ pas paresseuse
- ☐ marrante
- ☐ réservée
- ☐ un peu folle

- ☐ moins bavarde que moi
- ☐ plus travailleuse que moi
- ☐ aussi intelligente que moi

Et la caractéristique que tu aimes le moins?

Je déteste les garçons qui sont...

- ☐ bêtes
- ☐ trop extravertis
- ☐ très timides
- ☐ frimeurs
- ☐ collants
- ☐ casse-pieds

> Il a l'air travailleur, mais en fait il est paresseux.

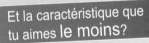

Et la caractéristique que tu aimes le moins?

Je déteste les filles qui sont...

- ☐ bêtes
- ☐ trop extraverties
- ☐ très timides
- ☐ frimeuses
- ☐ collantes
- ☐ casse-pieds

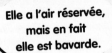

> Elle a l'air réservée, mais en fait elle est bavarde.

Comment ça marche

Some adjectives follow different patterns in the feminine and in the plural.
(See also page 11.)

masculine	le garçon est	gentil	fou	paresseux	travailleur
	les garçons sont	genti**ls**	fou**s**	paresseux	travailleur**s**
feminine	la fille est	genti**lle**	fo**lle**	paresseu**se**	travailleu**se**
	les filles sont	genti**lles**	fo**lles**	paresseu**ses**	travailleu**ses**

Some adjectives (often those with a colloquial meaning) are *invariable*. This means
that they *don't* agree with the noun or the pronoun:

Ils sont cool.   Elles sont relax.   Elle est casse-pieds.   Ils sont sympa.

➤ p.170

2 À deux. Faites le jeu-test à la page 22. Donnez au moins six qualités.

Exemple: **A**: Pour toi, le garçon idéal, il (la fille idéale, elle) est comment?

B: Pour moi, le garçon idéal (la fille idéale) est...

> Il/Elle a l'air..., mais en fait il/elle est...
> Il/Elle est plus/aussi/moins... que moi.

3 Maintenant, écrivez vos réponses à la question "Je déteste les garçons/les filles qui sont..."

Exemple: Je déteste les filles qui sont bêtes, égoïstes, paresseuses, ...

4 Décrivez
- une personnalité britannique, américaine ou francophone que vous admirez
- une personnalité que vous détestez.

Exemple: J'admire Stephen Hawking parce qu'il est très intelligent...

Je déteste X parce qu'il/elle est...

Comment ça marche

This is how you compare two people or things:

Le garçon idéal est **moins** bavard que moi.
*The ideal boy is **less** chatty than me.*

Amélie est **plus** travailleur **que** Kévin.
*Amélie is **more** hard-working **than** Kévin.*

Pierre est **aussi** intelligent **que** le professeur.
*Pierre is **as** intelligent **as** the teacher.*

➤ p.170

Adverbs change the meaning of adjectives slightly:

un peu fou – *a bit crazy*
assez calme – *rather quiet*
trop extraverti – *too extroverted*
très timide – *very shy*

➤ p.173

To give an instruction or a piece of advice, you use the *imperative*. The singular form of the imperative is the **tu** form of the present tense, without the pronoun. With regular –**er** verbs like **regarder**, you also have to take off the final **s**:

tu regardes – *you look*
Regarde la liste. *Look at the list.*

tu choisis – *you say, you tell*
Choisis. *Choose./Make a choice.*

➤ p.164

Épeler et prononcer

The syllables highlighted in red contain a **é** sound and those highlighted in green contain a **è** sound. Look how varied the spellings can be.

g**é**n**é**reux	j**eu**-test
ch**ez**	qu**e**lle est...?
ass**ez**	pa**re**sseux
id**é**al	int**e**lligent
casse-pi**e**ds	tu **ai**mes
	tr**è**s b**ê**te
	ex**tra**verti

Listen again to the text on page 22 and follow it in the book. Can you hear the two different sounds?

sourire

pour

Je suis gentille, amusante, intelligente, pas égoïste et très modeste.

1   Écoutez et lisez.

Cher Victor
Mes parents sont divorcés et mon père est remarié. Tous les samedis, je rends visite à mon père et à ma belle-mère. Ils ont deux petits garçons (mes deux demi-frères). Mais il y a un problème: je ne supporte pas ma belle-mère. Elle critique tout: mes vêtements, mes livres, mes cheveux, ma façon de parler, la musique que j'écoute... Ça m'énerve!

Aurélien, 16 ans

Ta belle-mère est pénible, tu ne la supportes pas, d'accord. Et ton père? Est-ce que tu t'entends bien avec lui?
Si tu t'entends bien avec ton père, je pense que l'attitude de ta belle-mère n'est pas importante. Tu rends visite à ton père, pas à ta belle-mère.

Cher Victor
Je ne m'entends pas avec mon père. Il me traite comme un bébé. Je n'ai pas le droit de sortir le soir, je n'ai pas le droit de mettre du rouge à lèvres, je n'ai pas le droit de faire du camping avec mes copines. Bien sûr, je n'ai pas le droit d'avoir un petit copain. Et pourtant, j'ai de bonnes notes à l'école. Ce n'est pas juste!

Élodie, 15 ans

Je pense qu'il faut parler avec ton père. Explique-lui ton point de vue. Dis à ton père: "J'ai 15 ans. Je suis raisonnable et responsable. Je ne suis plus un bébé!" Présente tes copains à ton père. C'est rassurant, pour les parents!

Cher Victor
Samedi dernier, j'ai fait les courses au supermarché et j'ai préparé le dîner pour mes parents et pour moi. Après le dîner, je n'ai pas regardé la télé, mais j'ai fait la vaisselle. À neuf heures, mon copain Lucas a téléphoné et nous avons parlé pendant une demi-heure. Après, mes parents ont crié: "Tu es toujours au téléphone! Et tu n'as pas essuyé la vaisselle!".
Ce n'est pas juste ,parce que je travaille beaucoup à la maison.

Leïla, 15 ans

En effet. Leïla, ce n'est pas juste. Tes parents sont peut-être stressés. Avez-vous parlé ensemble?

2 Écoutez et faites correspondre avec la phrase ou la fin de phrase appropriée.

Exemple: **1** = c (Mes parents sont divorcés et mon père est remarié.)

a Explique-lui ton point de vue.
b et nous avons parlé pendant une demi-heure.
c et mon père est remarié.
d Il me traite comme un bébé.
e pas à ta belle-mère.
f mes livres, mes cheveux, ma façon de parler...

3 À deux. Exprimez vos sentiments!
A ne s'entend pas avec X.
B donne un conseil.

Changez de rôle.

Pour aider A

Je ne m'entends pas avec...

Je ne supporte pas...

Je n'ai pas le droit de...

X critique...

X est pénible.

X me traite comme un bébé.

Ça m'énerve.

Ce n'est pas juste.

Pour aider B

Je pense que...

Il faut...

Explique-lui...

Dis...

4 À deux. Qu'avez-vous fait chez vous le week-end dernier? Et votre famille? Faites au moins trois phrases.

Exemple: Le week-end dernier, j'ai fait la cuisine, mais mon frère et ma sœur n'ont pas travaillé: ils ont regardé la télé.

Verbes

Rendre visite à (un ami) means "to visit (a friend)". **Rendre** is a regular **-re** verb. Remember the forms in the present tense:
je rends visite à
tu rends visite à
il/elle/on rend visite à
nous rendons visite à
vous rendez visite à
ils/elles rendent visite à

S'entendre (bien) avec means "to get on (well) with". **S'entendre** is similar to **rendre**, but it has an extra pronoun because it is a *reflexive verb*:
je **m**'entends bien avec
tu **t**'entends bien avec
il/elle/on **s**'entend bien avec
nous **nous** entendons bien avec
vous **vous** entendez bien avec
ils/elles **s**'entendent bien avec

Comment ça marche

Il faut is a simple way to say what someone must or should do, or what must or should be done. It is followed by an *infinitive*.
Il faut parler avec ton père. *You must talk to your father.*
Il faut manger des fruits. *One (You) should eat fruit.*
➤ p.166

To talk about what happened in the past, you need the *perfect tense*. For this, you normally use:
• the present tense of **avoir**
• the *past participle* of the verb.

	regular **-er** verbs (e.g. **préparer**)	**faire**
j'ai / tu as / il/elle/on a / nous avons / vous avez / ils/elles ont	prépar**é**	fai**t**

J'ai fait la vaisselle. *I did the washing up.*
J'ai préparé le dîner. *I prepared the dinner.*

To say what did <u>not</u> happen in the past, you use **ne ... pas** around the form of **avoir**. (The form of **avoir** used in the perfect tense is called the *auxiliary*.)
Je **n**'ai **pas** regardé la télé. *I didn't watch TV.*
➤ p.161

pour **sourire**

Je ne m'entends pas bien avec ma grand-mère.

Des cheveux bleus! Tu es folle, ma fille!

🎧 **1**   Écoutez et lisez.

Sarah avec son pull rose

Louise avec sa casquette jaune

Ma meilleure amie s'appelle Sarah. C'est la fille la plus sympa de la classe. J'adore son sens de l'humour... et ses vêtements! Nos goûts sont les mêmes: on adore le rap, les grands pulls et les pizzas margherita. Je lui donne des cassettes et elle me prête des pulls. Surtout, je peux compter sur elle. C'est très important, pour moi.

Louise

Ma meilleure amie s'appelle Louise. C'est la fille la plus amusante de la classe. Notre passion, c'est la musique. On aime beaucoup le hip-hop et le rap. Louise est une fille super. J'admire son courage et sa bonne humeur. Je lui fais confiance. Pour moi, le plus important dans l'amitié, c'est la confiance.

Sarah

Mon meilleur ami s'appelle Ali... mais ce n'est plus mon meilleur ami. Il ne me parle plus, il ne fait plus de vélo avec moi. Maintenant, il est toujours avec Moussa. Il fait comme si je n'existais pas. Je ne comprends pas. Je suis jaloux de Moussa!

Jérémie

Jérémie n'est plus mon meilleur ami. Maintenant, mon meilleur ami, c'est Moussa. Jérémie n'écoute pas les autres. Il est frimeur et égoïste. C'est vrai, je ne lui parle plus. Je ne lui fais plus confiance. Et maintenant, je pense qu'il est jaloux de Moussa. Ça m'énerve!

Ali

Comment ça marche

The *superlative* is the form of the adjective used to compare something or somebody with everything else in its category. With the superlative, you use two articles, one with the noun and one with the adjective. Note that you say **c'est**, even for a girl, and <u>de la classe</u> (<u>du monde</u>, etc.).

C'est **la** fille **la** plus sympa de la classe.
She is the most friendly girl in the class.

But if the adjective normally comes before the noun, you only use one article:

C'est **le** plus grand bateau du monde.
It's the largest ship in the world.

➤ p.171

2 Qui est-ce? Sarah, Louise, Ali, Jérémie ou Moussa?

Exemple: 1 = L

1 Elle donne des cassettes à son amie.
2 Elle aime le rap.
3 Son meilleur ami, maintenant, c'est Ali.
4 Elle a beaucoup de courage.
5 Il ne fait plus de vélo avec Jérémie.
6 Elle a le sens de l'humour.
7 Maintenant, c'est l'ami de Moussa.
8 Il est triste et jaloux.
9 Elle prête des pulls à son amie.
10 Il ne parle plus à Jérémie.

3 À deux. Parlez de votre meilleur(e) ami(e).

Mon meilleur ami/Ma meilleure amie s'appelle...
C'est le garçon le plus /la fille la plus...
J'adore son.../sa.../ses...
J'admire son.../sa.../ses...
Nos goûts sont les mêmes: ...
Je lui fais confiance.
Je peux compter sur...
Pour moi, le plus important dans l'amitié, c'est...

pour sourire

Pour moi, le plus important dans l'amitié, c'est la confiance

Comment ça marche

In English, you use the possessive adjective "his" for something that belongs to a man/boy and "her" for something that belongs to a woman/girl. It is different in French: the possessive adjective changes according to the gender and the number of the *thing* which belongs:

masculine singular	feminine singular	plural
le pull	**la** casquette	**les** vêtements
son pull	**sa** casquette	**ses** vêtements
(*his/her jumper*)	(*his/her cap*)	(*his/her clothes*)

In English, when you say "his jumper", you know you are talking about a boy or a man.
In French, when you say "son pull", you could be talking about either a boy/man or a girl/woman.

➤ p.171

There are only two words for "our" – one singular, one plural:

(*singular*): **Notre** passion, c'est la musique.
*Music is **our** passion.*
(*plural*): **Nos** goûts sont les mêmes.
***Our** tastes are the same.*

➤ p.172

Note the pronoun which goes after the prepositions **avec**, **pour**, **sur**, **chez**, etc.:

avec/pour/sur/chez **moi**
toi
lui
elle

➤ p.175

Lui can be used as an *indirect object pronoun* meaning "(to) him" or "(to) her", for example in sentences like:

Je **lui** parle. *I am talking **to him/her**.*
Il **lui** envoie des cassettes. *He is sending some cassettes **to him/her**.*
Elle **lui** dit… *She tells **him/her**…*
Tu **lui** téléphones. *You phone **him/her**.*
Explique-**lui**. *Explain **to him/her**.*

Lui goes <u>before</u> the verb, unless it is an imperative like **explique-lui**.

If the verb is negative, **ne ... pas**, **ne ... plus**, etc. go around **lui** and the verb:

Je **ne** lui parle **plus**. *I don't talk to him/her any more.*
Il **ne** lui envoie **pas** de cassettes. *He's not sending him/her any cassettes.*

➤ p.174

Verbes

Comprendre (to understand) is an irregular verb, but the singular forms of the present tense are similar to **rendre**:

je comprends	nous comprenons
tu comprends	vous comprenez
il/elle/on comprend	ils/elles comprennent

J'ai raison et ils ont tort

 1   Écoutez et lisez.

2 Recopiez les phrases et remplissez les blancs
avec les mots de la liste.

Exemple: **1** = devoirs

Les jeunes ne font pas leurs ____ (**1**) , ils ne rangent pas

____ (**2**) chambre, ils ne ____ (**3**) pas leurs examens,

ils ne parlent jamais à leurs ____ (**4**) , ____ (**5**) écoutent de

la musique nulle. Pour les parents, c'est agaçant! Ils ne

____ (**6**) pas l'attitude de leurs enfants.

Les parents ____ (**7**) sévères, ils sont ____ (**8**) , ils ne sont

____ (**9**) disponibles, ils ____ (**10**) de la musique nulle.

Pour les ____ (**11**) , c'est agaçant! Ils ne comprennent pas

l'attitude de ____ (**12**) parents.

comprennent	devoirs	écoutent
jeunes	ils	jamais
leur	leurs	négatifs
parents	préparent	sont

3 Regardez encore la page 28. Donnez votre avis.
Qui a raison? Les passants ou les SDF? Écrivez
50 mots environ.

> Je ne comprends pas l'attitude des...
> Je pense que...
> Les passants/Les SDF pensent que...
> Les... ont raison.
> Les... ont tort.

pour **sourire**

Vous avez besoin
d'argent?
Je comprends...
Voilà 2 euros!

Comment ça marche

You already know **ton**, **ta**, **tes**, meaning "your"
when you are talking to one person. When you talk
to more than one person, there are two more words
for "your", a singular word and a plural word:

> (singular – *several people sharing one bedroom*)
> **votre** chambre – **your** bedroom

> (plural – *several people, taking several exams*)
> **vos** examens – **your** exams

Remember that you also use **votre**, **vos** and
vous when talking to one adult:

> Madame, est-ce que je peux utiliser **votre**
> téléphone, s'il **vous** plaît?

➤ p.172

Similarly, there are two words for "their", a singular
word and a plural word:

> (singular– *several people sharing one attitude*)
> **leur** attitude – **their** attitude
> (plural – *several people, several houses*)
> **leurs** maisons – **their** houses

➤ p.172

The plural of **lui** (meaning "to him" or "to her", see
page 27) is **leur** (meaning "them" or "to them"). It
is *invariable* (unlike **leur/leurs** meaning "their"):

> On vend un magazine aux passants. ➜
> On **leur** vend un magazine.
> *We sell a magazine to the passers-by.* ➜
> *We sell **them** a magazine.*

➤ p.174

You put **ne ... jamais** around the verb in the same
way as **ne ... pas**:

> Vous **n'**êtes **jamais** disponibles.
> *You are never available.*

➤ p.168

Attention!

Remember these useful French idioms:

> J'ai raison. *I am right.*
> J'ai tort. *I am wrong.*
> J'ai besoin de... *I need...*

A   Moi, j'habite à...

 1   Écoutez et lisez.

Céleste

J'habite à Pontaix. Pontaix est un petit village de 100 habitants dans la vallée de la Drôme dans le sud-est de la France. Il se trouve à environ 60 kilomètres de Valence et c'est un très beau village avec un vieux pont et beaucoup de vieilles maisons de chaque côté de la rivière. Le paysage est beau et vallonné et le climat est très agréable – mais il n'y a rien à faire. Absolument rien! En plus, il n'y a pas d'emplois à Pontaix et alors il y a beaucoup de chômage.

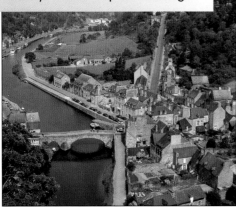

Yannick

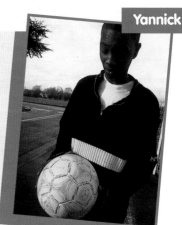

Moi, j'habite à Moulins. Moulins, c'est une petite ville industrielle de 40 000 habitants dans le centre de la France, dans le Massif Central près de Clermont-Ferrand.
Le paysage dans la région est plat et ennuyeux, mais le climat est doux. Il y a beaucoup d'emplois et peu de chômage. Il n'y a pas grand-chose pour les jeunes, mais malgré tout ça j'aime habiter ici.

Habib

Et moi, j'habite à Casablanca. Casablanca, c'est une grande ville d'un million d'habitants dans le nord-ouest de l'Afrique, au Maroc. Le paysage est très, très plat et laid, et il y a beaucoup d'usines, de pollution, etc., mais le climat est très agréable et il pleut très rarement.
C'est facile de trouver un emploi et il y a beaucoup de choses intéressantes au centre-ville et beaucoup de choses à faire pour les jeunes.

2 Répondez à ces questions en français.

Exemple: Il y a 40 000 d'habitants à Moulins.

1 Il y a combien d'habitants à Moulins?
2 Moulins se trouve où?
3 Pontaix, c'est comment?
4 Qu'est-ce qu'on peut faire à Pontaix?
5 Le paysage autour de Casablanca, c'est comment?
6 Le climat à Casablanca, c'est comment?
7 Est-ce que c'est facile de trouver un emploi à Pontaix?
8 Qu'est-ce qu'il y a pour les jeunes à Moulins?
9 Il y a combien d'habitants à Casablanca?

Comment ça marche

To say "there is" or "there are" in French, you use **il y a**. **Il y a** is an invariable.
When you are using **beaucoup** after **il y a**, don't forget that **beaucoup** is always followed by **de** or **d'**.

> À Pontaix **il y a** beaucoup de chômage.
> À Moulins **il y a** beaucoup d'usines.

➤ p.163

To say "not any" or "none" in French, you use **ne... rien** (or **n'... rien** before a vowel or **y**).
As with **ne/n'... pas**, the **ne/n'** goes before the verb and the **rien** after it.

> À Pontaix il **n'**y a **rien** à faire.
> À Moulins il **n'**y a **rien** pour les jeunes.
> Je **n'**ai **rien** à faire.

➤ p.168

3 Combien d'opinions positives ou négatives pouvez-vous trouver dans les textes sur chaque ville?

Exemple:

Positif: C'est un très beau village. (Pontaix)

Négatif: Il n'y a rien à faire. (Pontaix)

4 À deux. **A** dit un avantage de votre village/ville. **B** continue la phrase en donnant un inconvénient. Voici des phrases utiles pour commencer.

> Oui, mais (d'un autre côté)…
> Certes, mais (d'un autre côté)…
> J'avoue que…, mais (d'un autre côté)…
> D'accord…, mais (d'un autre côté)…
> C'est vrai que…, mais (d'un autre côté)…

Exemple: **A**: Il y a beaucoup de pollution ici à Scunthorpe.

B: Certes, mais d'un autre côté il y a beaucoup d'emplois.

5 Faites un sondage sur votre région et notez les réponses. Interrogez au moins dix personnes, et trouvez deux opinions pour chaque.

> Comment…?   Qu'est-ce que/qu'…?
> Est-ce que/qu'…?   Depuis quand…?
> Combien de…?

Exemple: **A**: Comment trouves-tu Fazakerley?

B: Il y a beaucoup d'usines et beaucoup de pollution, mais…

6 Écrivez une petite description (90 mots environ) de votre ville/village. Les textes à la page 30 vont vous aider.

Exemple: Nottingham est une grande ville industrielle près de Derby…

1   Écoutez et lisez.

Céleste

À Pontaix il n'y a rien à faire pour les jeunes – en fait il n'y a rien à faire pour les adultes! Il n'y a pas de cafés, pas de magasins, pas de stade et pas de parc. Il n'y a pas d'hôpital, pas de cinéma et pas de collège. Il y a une rivière, un pont et quelques maisons, et c'est tout. On peut… rester à la maison, lire dans le jardin, se promener.
Le week-end dernier j'ai fait… mes devoirs. La belle affaire! En été c'est mieux – on peut se baigner dans la rivière, et il y a un petit étang où on peut se baigner ou bronzer. Mais en hiver…

Yannick

À Moulins il y a des services, comme par exemple des supermarchés, d'autres magasins, des cafés, des patinoires, des piscines et des restaurants. Il y a un hôpital, des centres commerciaux, une gare, beaucoup de stations-service, etc. On peut aller au club des jeunes, aux matchs de foot, faire du vélo…
Le week-end dernier, j'ai joué au football et j'ai fait du vélo. En banlieue il n'y a pas grand-chose pour les jeunes, mais si on va au centre-ville, il y a plein de choses intéressantes à faire.

Habib

J'aime beaucoup habiter à Casablanca parce qu'il y a presque tout. Au centre-ville il y a une zone piétonnière où on peut se promener sans danger, et en plus il y a des salles de concert, des théâtres et des centres commerciaux. On peut visiter les musées, aller au cinéma, etc. Le week-end dernier, j'ai fait des courses, et j'ai acheté des vêtements, des livres et des jeux vidéo. Il y a toujours beaucoup de choses à faire, et il y a beaucoup d'activités possibles à Casablanca – mais c'est trop bruyant parce qu'il y a trop de gens et de circulation!

2 Regardez les dessins. Écrivez une phrase pour chaque dessin. N'oubliez pas de dire de quelle ville/quel village vous parlez!

Exemple: **1** À Moulins il y a des restaurants.

Comment ça marche

To say what you can do in a place, use **on peut**:

> **On peut** faire les magasins.
> **On peut** lire dans le jardin.

➤ p.160

To say "there isn't" or "there aren't", use **il n'y a pas de** or **d'** (before a vowel). The **de** or **d'** is invariable, regardless of the gender and number of what follows.

> **Il n'y a pas de** magasins.
> **Il n'y a pas de** parc.

➤ p.169

3 Qui a fait quoi, le week-end dernier?
Écrivez une phrase pour chaque personne.

Exemple: Le week-end dernier Céleste a fait ses devoirs.

Attention!

Il n'y a pas grand-chose à faire.
There's not much to do.

4 Écrivez un résumé des activités possibles et impossibles (c'est-à-dire, ce qu'on **ne peut pas** faire) à chaque endroit.

Exemple: À Moulins on peut aller au concert...

 5 À deux. **A** dit quelque chose sur un endroit dans le texte. Puis **B** dit deux choses. Après ça **A** doit dire trois choses (etc.). Qui peut continuer le plus longtemps?

Exemple: **A**: À Pontaix il n'y a pas de cafés.

B: À Pontaix il n'y a pas de cafés mais il y a une rivière.

A: À Pontaix il n'y a pas de cafés mais il y a une rivière et quelques maisons.

6 Écrivez une description d'un endroit (un endroit dans votre région ou un endroit dans le texte). Est-ce que votre partenaire peut dire le nom de l'endroit?

Exemple: Il y a une zone piétonnière...

 7 Écrivez 100 mots sur votre ville/village (ou sur un endroit imaginaire). Puis faites une présentation d'une minute sur cet endroit.

Exemple: À Belper il y a beaucoup d'usines...

C Chez moi, chez toi

1 Écoutez et lisez.

James vient de Cambridge, en Angleterre. Il rend visite à son correspondant, Olivier, à Angers en France. Ici, James compare les deux régions:

C'est plus tranquille à Cambridge qu'à Angers. La ville est plus ancienne et il y a moins de circulation et moins de bruit. Mais je trouve le Cambridgeshire très, très plat – à Cambridge le paysage est beaucoup moins vallonné. Le climat est plus agréable à Angers – dans le Cambridgeshire il y a moins de pluie, mais il y a aussi moins de soleil! Il y a des nuages presque tous les jours! Angers est une assez belle ville, et il y a beaucoup de choses à voir. Cependant, je préfère Cambridge parce que la ville est plus belle, et parce qu'elle est moins polluée. Mais Cambridge, c'est très, très plat…

Florence vient de Séguéla, en Côte d'Ivoire. Elle rend visite à sa correspondante, Angeline, à Grenoble, dans les Alpes. Voici l'opinion de Florence sur Grenoble:

La vie à Grenoble n'est pas du tout comme la vie chez moi à Séguéla. Pour commencer, c'est beaucoup plus bruyant à Grenoble. La ville est grande et industrielle et il y a plus de circulation. Cependant, il y a des tramways électriques. Ils sont plus silencieux et créent moins de pollution que les bus à gazole chez nous. Le paysage dans la région est très beau et montagneux, et le centre de la ville est assez beau, mais en banlieue il y a beaucoup d'usines. En plus il y a beaucoup moins de soleil (ce qui ne me surprend pas du tout!). Et il y a du monde partout, partout, partout. Chez moi c'est plus tranquille. En plus, il fait plus froid ici, et je découvre qu'il faut porter des pulls même en été. Ce que je trouve le mieux – il y a des stations à la montagne où on peut faire du ski en hiver.

2 Complétez les phrases.

Exemple: **1** = c

1 Il y a moins de circulation
2 Le climat est plus agréable
3 Angers est une assez belle ville,
4 C'est beaucoup plus
5 Ils sont plus silencieux et créent
6 Chez moi c'est
7 Je découvre qu'il faut porter
8 Il y a des stations à la montagne où

a moins de pollution que les bus à gazole chez nous.
b on peut faire du ski en hiver.
c et moins de bruit.
d et il y a beaucoup de choses à voir.
e des pulls même en été.
f bruyant à Grenoble.
g à Angers.
h plus tranquille.

3 Quelle ville est-ce qu'on décrit?

Exemple: **1** Grenoble

1 Ici on trouve des tramways électriques.
2 Cette ville est assez belle et il y a beaucoup de choses à voir.
3 Dans cette ville ancienne il y a moins de circulation qu'à Angers.
4 Dans cette grande ville industrielle il y a beaucoup de circulation.
5 Dans cette ville la vie est beaucoup plus tranquille qu'à Grenoble.
6 Il y a des stations à la montagne et on peut faire du ski en hiver.

> **Attention!**
>
> **à** Angers – *in* Angers
> **en** Côte d'Ivoire (**la** Côte d'Ivoire) – *in the Ivory Coast*
> **au** Maroc (**le** Maroc) – *in Morocco*

4 Et vous? Regardez les images et donnez votre opinion.

Exemple: **A**: Biarritz est plus pollué que St Malo.

B: Oui, mais il y a plus d'emplois à St Malo qu'à Biarritz.

> **Attention!**
>
> Remember to use **plus... que** and **moins... que** to make comparisons:
>
> C'est **plus** tranquille à Cambridge **qu**'à Angers.
> C'est **moins** pollué à Séguéla **qu**'à Grenoble.
> Il y a **moins de** circulation.

Saint Malo

Biarritz

5 Faites la comparaison entre votre région et une autre région que vous connaissez bien. Écrivez 90 mots environ.

Exemple: À Southampton c'est plus bruyant qu'à Dublin.

6 Faites une présentation sur votre ville en la comparant avec une autre ville.

Exemple: C'est beaucoup plus pollué à Derby qu'à...

1   Écoutez et lisez.

Pour aller en ville, j'ai des amis qui prennent le train, mais moi je prends d'habitude l'autobus. Je le choisis parce qu'il y a un bus qui passe devant chez moi tous les quarts d'heure, et le trajet ne dure que dix minutes. **RENAUD, 15 ANS**

Moi, j'habite en banlieue parisienne et je choisis d'habitude le métro pour aller en ville. Pour moi, le métro est le moyen de transport le plus pratique – c'est aussi le plus confortable! Pour aller de chez moi au centre de Paris, ça ne prend que 20 minutes. **SYLVIE, 14 ANS**

J'habite à Montpellier, et pour réduire la pollution en ville il y a des tramways électriques. Mes amis choisissent le bus, mais moi, je choisis toujours le tramway pour aller en ville. Je le trouve très pratique. Il y a une ligne, le numéro 14, qui va directement de chez moi au centre-ville, et le trajet ne prend qu'un quart d'heure. **CHRISTELLE, 16 ANS**

Pour aller en ville, moi et mes copains, nous choisissons le vélo. Il n'y a plus d'autobus en banlieue ici, mais il y a des pistes cyclables qui vont directement au centre-ville. Ça fait trois ou quatre kilomètres mais le trajet ne prend que dix minutes. **AKIM, 15 ANS**

Je vais en ville à pied. J'habite en banlieue et personne n'a de voiture chez nous. Il y a un bus qui ne passe que toutes les heures – mais aller au centre-ville à pied ne prend que dix minutes. **FLORENCE, 14 ANS**

Moi, je choisis le train pour aller en ville. J'habite en banlieue, et il y a un train qui part toutes les 20 minutes. Le trajet ne dure que dix minutes, le train que je prends arrive à la gare centrale et j'arrive plus vite qu'en autobus. **SIMON; 16 ANS**

Dans mon village il n'y a pas de trains et il n'y a plus de bus, et mon vélo est cassé. Mais je n'ai pas de problèmes! J'ai une mobylette que je prends tous les jours pour aller au collège. Sur la mobylette, le trajet ne dure que 20 minutes – mais en autobus il dure une heure! Ma mobylette est super – elle représente ma liberté. Je l'adore. **CHARLOTTE, 17 ANS**

8

Pour aller en ville? Dans mon village il n'y a plus de bus, et de nos jours personne ne prend plus sa voiture! Et les trains, ce n'est plus cool! Moi, je choisis l'avion. En avion, le trajet ne dure que 20 secondes.
OK, je rigole – mais ça serait bien, n'est-ce pas?
WILLIAM, 15 ANS

2 Qui se déplace comment? Écrivez une phrase pour chaque personne.

Exemple: **1** Renaud se déplace en autobus.

3 Complétez les phrases ci-dessous.
Puis écrivez qui a dit ça.

Exemple: Il y a un bus qui passe devant chez moi tous les quarts d'heure. (Renaud)

1 Il y a un bus…
2 Il y a des pistes…
3 Pour moi, le métro…
4 Aller à pied…
5 Mes amis choisissent le bus, mais moi, …
6 Il y a un train…
7 De nos jours…
8 Il n'y a plus de bus…

4 À deux. Faites des dialogues pour parler des rendez-vous en ville et des moyens de transport pour y arriver. Jouez le rôle des personnes dans les textes, si vous voulez.

Exemple: **A**: Salut Simon! Tu veux faire les magasins du centre-ville?

B: Super, on prend le train.

A: Oui, il y a un train qui part toutes les 20 minutes. À bientôt!

5 Décrivez des trajets et parlez de leur durée. Écrivez 100 mots environ.

Exemple: Pour aller à Londres, je prends le train. Il y a un train qui part tous les quarts d'heure, et le trajet ne dure que 50 minutes…

6 Faites une présentation sur un trajet que vous faites.

Exemple: Pour aller à Paris je prends l'avion.

The *subject* of a verb is the person or thing which is <u>doing</u> the action described by the verb.

The *object* of a verb is the person or thing which is having the action <u>done</u> to it/them.

Subject	Verb	Object
(person/thing doing the action)	(action)	(person/thing having the action done to it)
Je	prends	le bus.

Qui and **que** mean "which" or "that".

You use **qui** as the *subject* of a verb:
Il y a un train **qui** part à 10 heures.
*There is a train **which** leaves at 10 o'clock.*

You use **que** as the *object* of a verb:
Le train **que** je prends part à 10 heures.
*The train (**that**) I am taking leaves at 10 o'clock.*

p.173

Verbes

prendre to take
(see **comprendre**, page 27)
je prends
tu prends
il/elle/on prend

Choisir (to choose) is a regular **-ir** verb. Remember the forms of the present tense:

je choisis
tu choisis
il/elle/on choisit
nous choisissons
vous choisissez
ils/elles choisissent

Ne… que (only), **ne… plus** (no more, no longer) and **ne… personne** (no one) are similar to **ne… pas**, in that **ne** comes before the verb and the other part comes after it. (However, if you <u>start</u> a sentence with **personne**, this is <u>reversed</u> – **personne** goes before the verb and the **ne** immediately after it.)

Le voyage **ne** prend **qu'**un quart d'heure.
Il **n'**y a **plus** de bus.
Ça **ne** prend **que** cinq minutes.
Je **ne** vois **personne**.
Personne ne prend sa voiture.

 p.168

A Mon appartement, ta maison

This unit covers:
- house and home
- sharing a room

 1 Écoutez et lisez.

J'habite à Saint-Maximin, dans le département du Var, dans le sud de la France.

Mon adresse, c'est appartement 297, Résidence des Rossignols, Saint-Maximin. Le code postal, c'est 83470.

L'immeuble est moderne. C'est un immeuble de quatre étages, construit il y a quatre ans.

Il y a deux ascenseurs, mais nous n'avons pas besoin d'ascenseur parce que notre appartement est au rez-de-chaussée.

Il n'y a pas de jardin, mais il y a quelques arbres autour de l'immeuble.

L'appartement est neuf et confortable.

Chaque appartement a son garage et son balcon.

On a choisi le quartier parce qu'il est joli et tranquille. De l'appartement, on voit les montagnes.

Moi, j'habite à Earley, à côté de Reading, dans le comté du Berkshire.

Mon adresse, c'est 19, Whiteknights Avenue, Earley, Reading. Le code postal, c'est RG6 7BW.

J'habite dans une maison jumelle. C'est une maison assez ancienne: elle date du début du XXème siècle. On s'entend bien avec les voisins.

Il y a un petit jardin avec une pelouse, mais pas de garage. Mes parents garent la voiture dans la rue.

Earley, c'est la banlieue de Reading. Pour aller en ville, il faut prendre le bus. Mais mes parents ont choisi le quartier parce qu'il y a un parc et plusieurs magasins à côté.

Attention!

Remember that some numbers are quite different in French:

17	dix-sept
18	dix-huit
19	dix-neuf
21	vingt et un
70	soixante-dix
71	soixante et onze
72	soixante-douze
80	quatre-vingts
81	quatre-vingt-un
82	quatre-vingt-deux
90	quatre-vingt-dix
91	quatre-vingt-onze
92	quatre-vingt-douze
100	cent
101	cent un
201	deux cent un

To talk about the *order* of things ("first", "second", "third", etc.), add **-ième** to the number, dropping the final **e** if necessary. The only exception is "the first". Note too what happens to **neuf**:

un → le premier/la première
deux → le/la deuxième
trois → le/la troisième
quatre → le/la quatrième
neuf → le/la neu**v**ième
vingt → le/la vingtième
vingt et un → le/la vingt et unième

2 Complétez les phrases avec les mots de la liste. Attention: il y a un mot de trop.

Exemple: **1** *immeuble*

Stéphanie habite dans un _____ (**1**) assez _____ (**2**), construit à la fin du XIXème siècle. Son _____ (**3**) est au rez-de-chaussée: heureusement, parce qu'il n'y a pas d' _____ (**4**). Sa grand-mère habite au troisième _____ (**5**). Elle a _____ (**6**) l'appartement parce qu'il a un petit _____ (**7**), et elle aime les fleurs. Stéphanie aime rendre visite à son correspondant à Swindon: elle aime sa _____ (**8**) moderne (_____ (**9**) il y a deux ans), le petit jardin et la jolie _____ (**10**). Il y a même _____ (**11**) arbres dans le jardin: le luxe, pour Stéphanie!

ancien	balcon	immeuble
appartement	choisi	maison jumelle
arbre	construite	pelouse
ascenseur	étage	quelques

3 À deux. **A** habite dans cet immeuble ou dans cette maison. **B** pose des questions. Changez de rôle.

Exemple: *Tu habites dans une maison ou un appartement? C'est ancien ou c'est moderne? Pourquoi avez-vous choisi le quartier?*

4 À deux. Décrivez votre maison ou votre appartement.

J'habite à.../dans…
Mon adresse, c'est…
Il y a.../Il n'y a pas…
C'est dans la banlieue de.../dans le centre de.../dans un village
On a choisi le quartier parce qu'il est…

France is divided into about 100 *départements* (the equivalent of a county). These are numbered in alphabetical order (with the exception of a few newly-created *départements* around Paris). All cars carry a *département* number as the last two numbers on their registration plate, so it is quite easy to tell which part of France a car comes from. For instance, 75 stands for the Seine *département*, where Paris is. This number is also found at the start of French postcodes.

1 Écoutez et lisez.

> C'est une maison britannique typique. Je te la montre?

> Euh... d'accord.

> des lits, des armoires, des étagères, un bureau, quelques livres sur les étagères, une chaîne stéréo, quelques CD à côté de la chaîne stéréo...

> Au rez-de-chaussée, il y a une cuisine, une salle à manger et un séjour. Attention! L'escalier est raide... Au premier étage, il y a trois chambres et une salle de bains. Il y a un lavabo dans chaque chambre. C'est très différent de chez toi?

> Euh, oui, parce que... parce que... j'habite dans un appartement! Chez moi, toutes les pièces sont au rez-de-chaussée...

> Et les meubles? Tu me les décris?

> Les meubles sont les mêmes... Chez moi aussi, on trouve une télévision, un magnétoscope sous la télévision, un canapé et des fauteuils en face de la télévision...

> des toilettes, une baignoire... Ah, chez nous, il y a aussi une douche.

> Ici aussi, il y a une douche...

> une table et des chaises...

> une cuisinière, un micro-ondes, un frigo, un congélateur, un lave-linge et un lave-vaisselle, quelques placards...

2 À deux. **A** veut voir les objets extraordinaires dans la maison de **B** (page 40). **A** pose les questions.

Exemple: **A**: Je voudrais voir ta télévision. Tu me la montres?

B: (montre la télévision à la page 40)

Ensuite, changez de rôle.

3 À deux. **A** veut une description des objets extraordinaires dans la maison de **B**. **A** pose les questions.

Exemple: **A**: Tes étagères... tu me les décris?

B: Elles sont en forme de chauve-souris.

Ensuite, changez de rôle.

4 Écrivez une lettre à votre correspondant et décrivez votre maison. (Vous pouvez inventer des détails.)

Exemple:

Cher Alexis
J'habite...

Comment ça marche

To say where something (or somebody) is, you use a *preposition*:

au rez-de-chaussée – **on** *the ground floor*
dans chaque chambre – **in** *each bedroom*
de l'appartement, on voit... **from** *the flat, you can see...*
sous la télévision – **under** *the TV*
en face de la télévision – **opposite** *the TV*
sur les étagères – **on** *the shelves*
à côté de la chaîne stéréo – **next to** *the hi-fi*
autour de l'immeuble – **around** *the block of flats*

▶ p.176

Chez is a useful word for talking about where someone lives:

chez moi – *at/to my house*
chez toi – *at/to your house*
chez lui/chez elle – *at/to his/her house*
chez Lucie – *at/to Lucie's house*
chez nous – *at/to our house*

▶ p.175

In the phrases below, **tout** is an adjective meaning "all" and it agrees with the noun:

tout le chocolat   *(m)*
toute la crème   *(f)*
tous les sports   *(m pl)*
toutes les pièces   *(f pl)*

▶ p.170

When combining a direct object pronoun (**le**, **la** or **les** – see page 13) with one of the indirect object pronouns **me**, **te**, **nous** or **vous**, the indirect object pronoun always comes first.

Je **te la** montre?
Shall I show **it** *to you* ?

Tu **me les** décris?
Will you describe **them** *to me* ?

▶ p.174

Épeler et prononcer

Be very careful about the difference between the **u** and **ou** sounds. Listen to and repeat the following sentences.

Le chat est **sous** la table **ou sur** la table?
Veux-**tu tous** les livres ce soir?
Le chien **tour**ne au**tour** de la voi**ture**.
Il y a de la pein**ture rou**ge **sur tous** les **murs**.

---

pour sourire ☺

C'est un peu bizarre, chez toi...

C Ma chambre à moi

🎧 **1** Écoutez et lisez.

1
Maxime, est-ce que tu as ta chambre à toi?

Non, malheureusement. Chez moi, il n'y a que trois chambres: une pour mes parents, une pour ma sœur jumelle Pauline, une pour mon frère Clément et moi. Quand j'étais petit, je partageais une chambre avec ma sœur. Maintenant, je partage la chambre de mon frère et Pauline a sa chambre à elle. Elle a de la chance!

2
Tu voudrais ta chambre à toi?

Pourquoi?

Oui, bien sûr!

Pour être indépendant. Partager une chambre avec Pauline, c'était pénible. Avec Clément, c'est pareil. Clément et moi, on a des goûts très différents.

Décris ta chambre idéale.

3
Dans ma chambre idéale, les murs sont orange, les rideaux sont verts. Le lit est dans un coin de la pièce. Il y a un très grand bureau avec mon ordinateur et tous mes papiers. Il y a aussi quelques posters de mes sportifs préférés sur les murs.

4
Et toi, Clément, tu voudrais ta chambre à toi?

Oh, oui! Quand j'étais petit, j'avais ma chambre à moi. C'était mieux. Partager une chambre avec Maxime, c'est pénible...

Il est très désordonné. Il ne range jamais ses affaires. Alors je ne suis pas content.

Ta chambre idéale, tu me la décris?

5
Dans ma chambre idéale, les murs sont jaune clair et les rideaux sont bleu foncé. Le lit est au milieu de la pièce. La moquette est grise. Il n'y a pas de posters sur les murs, mais il y a un fauteuil très confortable entre ma chaîne stéréo et mon porte-CD.

Comment ça marche

To describe how things "used to be", you use the *imperfect* tense.

> Quand **j'étais** petit, **je partageais** une chambre avec ma sœur.
> When **I was** small, **I used to** share a room with my sister.

Here are the forms of the verbs **être**, **avoir**, **partager** and **habiter** in the imperfect. **Partager** and **habiter** are both regular –er verbs, but note that **partager** keeps its –e before –ai endings.

je/j'	étais	avais	partageais	habitais
tu	étais	avais	partageais	habitais
il/elle/on	était	avait	partageait	habitait
nous	étions	avions	partagions	habitions
vous	étiez	aviez	partagiez	habitiez
ils/elles	étaient	avaient	partageaient	habitaient

Remember these two useful phrases:
> c'était – *it was/it used to be*
> il y avait – *there was/there used to be*

➤ p.162

Some adjectives of colour, like **orange**, **marron** and compound adjectives such as **jaune clair**, **bleu foncé**, are *invariable*.

Remember that adjectives that end with an **e**, like **jaune**, don't add an extra **e** in the feminine, and adjectives that end with an **s**, like **gris**, don't add an extra **s** in the masculine plural.

	masculine	feminine
singular	un mur orange	une chaise orange
	un mur marron	une chaise marron
	un mur jaune clair	une chaise jaune clair
	un mur gris	une chaise gris**e**
	un mur jaune	une chaise jaune
	un mur bleu	une chaise bleu**e**
plural	des murs orange	des chaises orange
	des murs marron	des chaises marron
	des murs jaune clair	des chaises jaune clair
	des murs gris	des chaises gris**es**
	des murs jaun**es**	des chaises jaun**es**
	des murs bleu**s**	des chaises bleu**es**

 p.170

You can use an extra pronoun to talk about "my own", "your own", etc.

> ma chambre **à moi** – *my own bedroom*
> ta chambre **à toi** – *your own bedroom*
> sa chambre **à lui** – *his own bedroom*
> sa chambre **à elle** – *her own bedroom*

 p.175

You know how to say "I would like" – **je voudrais**. Here are all the forms:

je voudrais	nous voudrions
tu voudrais	vous voudriez
il/elle/on voudrait	ils/elles voudraient

 p.166

2 Voici la chambre de Laetitia. Qu'a-t-elle choisi? Écoutez ses amis. Ils font tous une erreur. Corrigez l'erreur.

Exemple: **1** (Les murs sont noirs et le lit est blanc.) Le lit est marron.

3 À deux. Regardez la chambre de Laetitia dans l'activité 2. **A** dit une chose fausse et **B** corrige l'erreur.

Exemple: **A**: Elle a choisi des murs bleus.

B: Non! Elle a choisi des murs noirs.

4 À deux. Laetitia a changé sa chambre, mais elle n'a pas fini! Décrivez les changements.

Exemple: **A**: Son bureau était rose. Maintenant, il est vert fluo.

B: Les murs...

Pour aider

noir(e) = black
blanc/blanche = white
rouge = red
violet/violette = purple
rose = pink
marron = brown
argenté(e) = silver
doré(e) = gold
crème = cream
(vert) fluo = fluorescent (green)

1

13ème FESTIVAL de PEINTURE
21-22 juillet
magné 2001

Mode d'emploi

Chaque 3ème week-end de Juillet, les artistes peintres réalisent des œuvres inspirées d'un paysage maraîchin, situé exclusivement sur la commune de Magné, sur un support au préalable estampillé par les organisateurs. Chaque participant ne peut présenter qu'une seule œuvre, signée et non encadrée.

À partir du dimanche, 16 h 30, les œuvres sont exposées dans les jardins de la Mairie et soumises à l'appréciation du Jury. Dans le même temps, le public est admis à les découvrir et à faire son choix parmi les tableaux présentés. Celui qui aura recueilli le plus grand nombre de suffrages deviendra le Prix du Public.

Lors de la 12ème édition du Festival qui s'est déroulée en juillet 2000, 272 artistes ont concouru pour 29 prix attribués dans les catégories Huile, Aquarelle, Dessin, Jeunes, dont plusieurs Prix spéciaux .

Un Rendez-vous incontournable

Aujourd'hui, le Festival de peinture de MAGNE figure parmi les tout premiers rendez-vous de peintres en France ; il est peut-être même le premier dans sa catégorie.
Il est soutenu par des Salons nationaux prestigieux comme la Société des Artistes Français, le Salon Violet et le Salon de Marly-le-Roi.
Chaque année enfin, il accueille quelques artistes étrangers attirés par sa renommée et désireux de figurer à son palmarès.
Son Jury est composé des parrains de l'organisation et de nombreux artistes mondialement connus dont la présence confère à cette manifestation noblesse et crédibilité..

2

Le passager du taxi était le fils perdu de vue

Un chauffeur de taxi de Brighton (Angleterre) a été stupéfait de reconnaître dans le passager qu'il venait de prendre le fils qu'il avait perdu de vue depuis 34 ans.

« Je ne l'ai pas reconnu dans un premier temps mais quand je l'ai fait, cela a été fantastique », a déclaré Barry Bagshaw, 61 ans. « Je pensais qu'il était peut-être mort », a dit de son côté son fils de 39 ans, Colin. « C'était choquant, mais un choc très agréable. Nous allons maintenant commencer à nous connaître ».

Colin avait pris ce taxi en compagnie de sa petite amie, qui a remarqué que le chauffeur avait le même nom. « C'est drôle, vous avez le même nom que mon ami », a-t-elle dit au chauffeur.

« L'homme m'a alors demandé si mon prénom était bien Barry et j'ai dit oui », a déclaré le chauffeur. « Il a répondu : Je suis Colin. C'est à ce moment-là que j'ai compris », a dit Barry Bagshaw.

« J'étais stupéfait, je n'arrivais pas à le croire », a poursuivi le chauffeur de taxi. « J'ai arrêté ma voiture et nous avons discuté pendant un moment. C'était quelque chose, un moment très émouvant », a-t-il ajouté.

« Quelques jours plus tard il est passé à la maison et nous avons sablé le champagne. » Barry Bagshaw avait perdu le contact avec ses fils alors qu'il était sous les drapeaux à Hong Kong. « Ma femme est partie avec mon meilleur ami », a-t-il expliqué. « Je me suis très vite rendu compte que mes enfants appelaient papa quelqu'un d'autre et je me suis dit qu'il valait mieux les laisser faire. »

« J'ai réussi à revoir Nigel et Julie », a-t-il poursuivi en faisant référence à ses deux autres enfants. « Mais je n'avais jamais pu revoir Colin. Maintenant je l'ai de nouveau, c'est merveilleux. »

1 Est-ce qu'un adolescent britannique peut participer au Festival de Magné?

2 (a) Qui le chauffeur de taxi anglais a-t-il vu dans son taxi?
(b) Qui était avec Colin dans le taxi?
(c) Qu'a fait la femme du chauffeur de taxi?

3 Quelle est la maison la plus appropriée pour un peintre amateur?

4 Pourquoi les adolescents ont-ils des héros? Donnez un exemple (en anglais).

3

10 KM SUD DE CHARTRES – SORTIE AUTOROUTE THIVARS
Très belle villa. Hall avec bar, grand séjour, salon, cuisine aménagée, salle de jeux, buanderie. Étage : 3 chambres, salle de bains, grande pièce aménageable, chauffage électrique, très bonne isolation - Grande véranda, garage 2 voitures, terrasse, piscine chauffée, beau jardin planté. L'ensemble sur 2 159 m².

A 1 HEURE DE PARIS DANS PLAISANT VILLAGE
Ancien presbytère, très bon état. 160 m² habitables. Hall d'entrée. Petit salon. Salon/séjour, cheminée. Cuisine aménagée et équipée. 1er étage : palier, 3 belles chambres, dressing, cabinet de toilette, belle pièce ouverte sur salle de bains. 2e étage : atelier d'artiste, poutres. Belle terrasse, jardin arboré.

Trop fan de son héros ?

4

Sa chambre est placardée de posters de son héros favori. Mais votre ado veut en plus lui ressembler en tout point. Faut-il laisser faire ou lui ouvrir les yeux ?

« Physiquement, les stars sont irréprochables, note Claire Laroussinie. Leur coiffure, leurs vêtements et jusqu'à l'éclat de leur teint, tout est sous contrôle… » Ces exemples de réussite remontent le moral des ados dont le corps est en pleine transformation. Ils leur proposent un idéal au moment même où ils doutent d'eux-mêmes, traversent des périodes d'angoisse et s'interrogent sur leur avenir. Autre avantage de la «fan mania» : ceux qui aiment les mêmes idoles peuvent entrer dans le clan des initiés, partager les mêmes codes et donc mieux communiquer avec les autres.

Une manière de se sentir un peu moins seul, en somme. Et puis, lorsqu'on aime, on adopte parfois les passions de la star adulée, ce qui amène à s'engager à fond dans une discipline nouvelle (sport, peinture, nature…) et à se dépasser. Les soucis commencent toutefois lorsque cette passion devient dévorante. A force de vouloir s'identifier à l'autre, on finit par oublier d'être soi-même.

Considérez cette étape d'adulation comme normale. La plupart des ados la traversent, avec plus ou moins d'intensité, s'y arrêtant plus ou moins longtemps. Souvenez-vous de vos idoles d'autrefois. Elles ne vous ont pas empêché d'ouvrir les yeux. Laissez-le choisir ses héros comme il l'entend. Par définition, ils ne ressembleront pas aux vôtres. Pour exister et être vraiment lui-même, l'ado doit se sentir différent de vous et tracer son propre sillon.

Grâce à l'humour et aux clins d'œil, aidez-le à prendre un peu de distance, mais évitez les crises d'autorité: cela ne ferait qu'attiser sa passion et créer des tensions inutiles.

A   Je prends le bus à sept heures et quart

This unit covers:
- school (routine, subjects, facilities, etc.)
- future plans

1   Écoutez et lisez.

1

Je suis très contente d'être ici, Édouard. On va à ton collège demain, n'est-ce pas? Est-ce qu'il faut porter l'uniforme scolaire en France? Et quand commencent les cours ici?

Chez nous les cours commencent à huit heures. Et non, il n'y a pas d'uniforme scolaire…

Pas d'uniforme scolaire – formidable ! Mais huit heures du matin, c'est très tôt, non? Chez nous, les cours ne commencent qu'à neuf heures. Dis-moi, comment vas-tu au collège?

4

On déjeune entre midi et deux heures, et les repas ne sont pas mal. Beaucoup d'élèves rentrent chez eux pour manger, mais moi, je reste au collège.

Deux heures pour prendre le déjeuner? Nous n'avons qu'une heure. Cool!

2

Je prends le bus. Le bus part à sept heures et quart, et alors il faut quitter la maison à sept heures.

À sept heures? Moi, je ne quitte la maison qu'à huit heures et quart!

3

Oui. L'arrêt de bus est à un kilomètre d'ici et il faut y aller à pied. En hiver il fait encore nuit!

Brrr! Quand est-ce qu'on déjeune à ton collège? Et comment trouves-tu les repas?

5

Peut-être – mais l'après-midi, les cours durent trois heures et demie! Ils commencent à deux heures et durent jusqu'à cinq heures et demie. Et nous avons trois heures de devoirs en plus…

Trois heures et demie?? Et trois heures de devoirs? C'est insupportable!

6

Oui. Il y a une récréation de quatre heures à quatre heures et quart, mais les cours finissent à cinq heures et demie.

C'est dur! La vie chez nous n'est peut-être pas mal, après tout!

COLLÈGE

7

Oui, c'est très dur! Et puis je prends le bus. Le bus arrive à mon village à six heures et quart – mais ensuite il faut faire un kilomètre à pied.

Et est-ce qu'il y a des activités après les cours?

2 Répondez aux questions en français (phrases entières).

Exemple: **1** Les cours en France commencent à huit heures.

1 À quelle heure commencent les cours en France?
2 Est-ce qu'il faut porter l'uniforme scolaire en France?
3 À quelle heure est-ce qu'on prend le bus?
4 À quelle heure est-ce qu'on déjeune?
5 Est-ce qu'il y a une récréation, l'après-midi?
6 À quelle heure est-ce que les cours finissent?
7 Est-ce qu'on a beaucoup de devoirs, en France?
8 Est-ce qu'il y a beaucoup d'activités après les cours?

3 Répondez aux questions pour résumer la journée d'Édouard.

Exemple: **1** L'arrêt de bus est à un kilomètre.

1 Où se trouve l'arrêt de bus?
2 À quelle heure part le bus?
3 À quelle heure commencent les cours?
4 On déjeune entre quelle heure et quelle heure?
5 Les repas sont comment?
6 Combien de temps durent les cours, l'après-midi?
7 Il y a une récréation à quelle heure, l'après-midi?
8 Le bus arrive dans le village à quelle heure, le soir?

4 À deux. Posez des questions sur le collège en France à votre partenaire. Puis changez de rôle. Servez-vous des questions ci-dessus, si vous voulez.

Exemple: **A:** À quelle heure est-ce qu'il faut quitter la maison en France?

B: Il faut quitter la maison à sept heures.

5 À deux. **A** donne les inconvénients du collège en France ou dans votre collège. **B** doit répondre avec les avantages.

Exemple: **A:** En France les cours commencent à huit heures. Ça, c'est dur!

B: Oui, mais en France on a deux heures pour le déjeuner. Ça, c'est bien.

6 Écrivez des phrases pour décrire ou la vie dans votre collège ou la vie au collège en France. Écrivez 100 mots environ et n'oubliez pas de donner votre opinion.

Exemple: Les cours commencent à huit heures et demie...

> **Attention!**
>
> Here is how you tell the time in French:

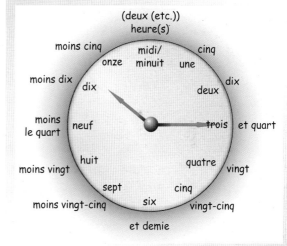

> **Il est** dix heures et quart.
> *It is* quarter past ten.
>
> **À** dix heures et quart...
> *At* quarter past ten...

> **Attention!**
>
> Remember to use **il faut** followed by the *infinitive* to say "you must" or "it is necessary to".
>
> **Il faut** quitter la maison à sept heures.

B   Les repas sont de première qualité

1   Écoutez et lisez.

1 Dans mon collège idéal il y a environ 800 élèves. C'est assez petit et très agréable, et il n'y a que 20 élèves par classe…

2 Le collège est très bien situé dans une rue calme près du centre-ville, à côté de la gare centrale. Il y a un bus tous les quarts d'heure, et les bus sont électriques, modernes et propres.

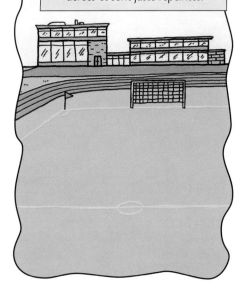

3 Les installations sont excellentes et il y a un grand terrain de sport, un nouveau gymnase et beaucoup de laboratoires modernes. Les salles de classe sont bien éclairées et bien aérées et sont juste repeintes.

4 On mange dans une nouvelle cantine, et les repas sont très nourrissants et de première qualité. Les professeurs sont jeunes, gentils et dynamiques, et le directeur est très sympa.

5 RICHARD! JE TE PARLE! SI TU NE TE RÉVEILLES PAS, TU AURAS UNE RETENUE! ÉCOUTE! JE T'AI DEMANDÉ "TON COLLÈGE, C'EST COMMENT?"

6 Ah, pardon… Mon collège est assez grand et très sinistre, avec 3 000 élèves environ. Dans la plupart des classes il y a 35 élèves, et beaucoup d'élèves sont agressifs et bruyants.

7 Le collège se trouve près d'une vieille zone industrielle en banlieue, à cinq kilomètres du centre-ville, loin de la gare. Il y a un bus toutes les deux heures, et les bus sont vieux et sales avec des moteurs à gazole qui fument.

8 Il y a un petit terrain de sport et un vieux laboratoire. Il n'y a pas de gymnase. Les salles de classe sont sombres et mal aérées et il y a des fuites dans la plupart des toits.

On mange dans une très vieille cantine, et les repas sont dégoûtants. Les professeurs sont vieux, de mauvaise humeur et peu dynamiques, et le directeur n'est jamais disponible.

2 Faites une liste de tous les adjectifs dans la bande dessinée.
Puis écrivez deux listes – les adjectifs positifs et les adjectifs négatifs.
Après ça, dessinez des lignes comme ci-dessous et marquez
la position de votre collège entre chaque paire d'adjectifs.

Exemple (2): calme ————————— X ———→ bruyant

3 Richard décrit deux collèges – un collège idéal et son vrai collège.
Lisez la première partie de la bande dessinée (1–4) et répondez aux questions.

Exemple: **1** Il y a environ 800 élèves.

1 Il y a combien d'élèves dans le collège idéal de Richard?
2 Il y a combien d'élèves par classe?
3 Est-ce qu'il y a un terrain de sport?
4 Les bus sont comment?
5 Comment sont les salles de classe?
6 Comment sont les repas?

4 Maintenant, lisez la deuxième partie de la bande dessinée (5–9).
Choisissez **a**, **b** ou **c**.

Exemple: **1** = c

1 Le collège se trouve **a)** au centre-ville **b)** dans un village **c)** près d'une zone industrielle.
2 Le collège se trouve **a)** près de la gare **b)** loin de la gare **c)** derrière la gare.
3 Des gouttes d'eau entrent dans la plupart des **a)** professeurs **b)** élèves **c)** toits.
4 Les élèves prennent leurs repas dans **a)** une vieille cantine
   b) la salle de classe **c)** les laboratoires.
5 Les professeurs sont **a)** jeunes **b)** sympa **c)** peu dynamiques.
6 Le directeur **a)** n'est jamais disponible **b)** est quelquefois disponible **c)** est toujours disponible.

5 Écrivez dix phrases pour décrire votre collège idéal et cinq phrases
pour décrire votre collège réel.

Exemple:

Mon collège	Mon collège idéal
Il y a des fuites dans la plupart des toits.	...

6 À deux. **A** décrit son collège idéal. **B** prend des notes,
et après il/elle doit décrire le contraire.

Exemple: **A**: Les salles de classe sont bien éclairées.

   B: Les salles de classe sont sombres.

C   Le lundi à huit heures…

1   Écoutez et lisez.

Le lundi à huit heures, j'ai anglais. Je n'aime pas ça, car je trouve l'anglais difficile et ennuyeux. Après ça nous avons histoire, géographie et maths et je trouve ça beaucoup plus intéressant. Ces matières sont au moins utiles plus tard dans la vie professionnelle…

Ma journée préférée, c'est le mardi, parce que j'ai beaucoup de cours que j'aime. Le mardi, j'ai sport à dix heures cinq, français après le déjeuner et maths à deux heures vingt-cinq – fantastique! J'adore le sport parce que ça m'amuse et c'est bon pour la santé, et j'aime le français et les maths parce que je les trouve intéressants et très utiles dans la vie.

À part ça, les matières que j'aime sont le dessin, l'art dramatique et les sciences. Je déteste l'instruction civique parce que c'est inutile et l'informatique et la technologie parce que je déteste les ordinateurs.

Le mercredi, il n'y a pas de cours l'après-midi. Génial – mais en revanche nous avons des cours le samedi matin. Et le samedi matin, c'est l'horreur – musique, allemand et histoire. Ce sont les cours les moins utiles et les plus ennuyeux!

En hiver, nous avons des cours de ski le jeudi. Notre ville, Annecy, se trouve dans une région montagneuse près des Alpes, et de janvier à mars nous faisons du ski le jeudi après-midi. En février nous avons deux semaines de classes de neige. Ça, c'est génial – même avec les jambes cassées qui se produisent presque chaque année…

J'adore toutes les vacances parce j'ai plus de temps libre. Les vacances d'été durent du début de juillet jusqu'à la fin d'août – presque deux mois. C'était nécessaire autrefois pour le travail agricole – mais c'est bon pour nous aussi maintenant!

Cependant, mes vacances préférées sont les vacances de Noël, parce qu'à cette époque de l'année la famille est d'habitude ensemble. À Noël on a deux semaines de vacances, nous passons cette période à faire des promenades à la montagne, échanger des cadeaux, sortir pour manger, etc.

2   Écrivez l'opinion de Chloé sur les choses suivantes.

Exemple: 1 *L'anglais, c'est difficile et ennuyeux.*

1 l'anglais
2 la technologie
3 le mardi
4 le sport

5 le samedi matin
6 l'allemand et l'histoire
7 les classes de neige
8 les vacances de Noël

3 Pourquoi est-ce que...

Exemple: **1** Parce qu'elle trouve ça difficile et ennuyeux.

1 ...Chloé n'aime pas l'anglais?
2 ...Chloé n'aime pas la technologie?
3 ...Chloé aime le mardi?
4 ...Chloé aime le sport?

5 ...Chloé aime le français et les maths?
6 ...Chloé adore les vacances?
7 ...les vacances préférées de Chloé sont les vacances de Noël?

de	à	lundi	mardi	mercredi	jeudi	vendredi	samedi
8H00	8H55	anglais	espagnol	allemand	dessin	maths	musique
8H55	9H50	histoire	anglais	art dramatique	dessin	informatique	musique
RÉCRÉATION							
10H05	11H00	géographie	sport	maths	anglais	français	allemand
11H00	11H55	maths	sport	sciences	anglais	sciences	histoire
DÉJEUNER							
13H30	14H25	dessin	français		dessin	technologie	
14H25	15H20	français	maths		anglais	histoire	
RÉCRÉATION							
15H35	16H30	allemand	maths		instruction civique	géographie	

Les dates des congés			
Vacances d'été:	30 juin – 5 septembre	**Hiver:**	10 février – 26 février
Toussaint:	28 octobre – 6 novembre	**Printemps:**	7 avril – 24 avril
Noël:	23 décembre – 8 janvier		

> **Attention!**
> **commencer** to begin
> **finir** (finissent) to finish

4 Regardez l'emploi du temps et les opinions de Chloé à la page 50. Répondez aux questions en français.

Exemple: **1** Non, parce qu'elle déteste l'anglais et l'instruction civique.

1 Vous pensez que Chloé aime le jeudi après-midi? Pourquoi?
2 À votre avis, est-ce que Chloé est contente le vendredi après-midi?
3 Le vendredi matin, Chloé aime quels cours et elle n'aime pas quels cours?
4 Le jeudi matin, Chloé aime quels cours et elle n'aime pas quels cours?
5 Est-ce que Chloé est contente le samedi matin? Pourquoi (pas)?
6 Les vacances de Noël commencent et finissent quand?

5 Faites un sondage en classe. Interrogez vos camarades sur les journées qu'ils/elles aiment et n'aiment pas, et pourquoi. Notez les réponses.

Exemple: **A**: Tu aimes le lundi matin?

B: Non, je n'aime pas le lundi matin.

A: Pourquoi?

B: Parce que je déteste les maths...

6 Écrivez un reportage sur les résultats du sondage.

Exemple: Dix élèves n'aiment pas le lundi parce que nous avons maths et sciences, et ils détestent ça...

D Qu'est-ce que tu vas faire?

1 Écoutez et lisez.

ÉCLAIR-JEUNES   ÉCLAIR-JEUNES   ÉCLAIR-JEUNES

Éclair-jeunes demande "Qu'est-ce que tu vas faire après les examens?"
Voici notre interview avec **Baptiste Leclerc, 15 ans,** et **Amandine Ducellier, 16 ans,** qui habitent à Mulhouse.

EJ: Est-ce que tu vas faire le voyage de classe la semaine prochaine, Baptiste?

BL: Oui, bien sûr. On va visiter un jardin hydroponique – c'est-à-dire, un jardin où les plantes poussent entièrement sans terre – et je m'intéresse beaucoup à la biologie. Et au jardin hydroponique il y a des papillons incroyables qui vivent en liberté!

EJ: Et qu'est-ce que tu vas faire après ton brevet?

BL: Je ne sais pas encore. Je n'ai pas encore décidé – je vais peut-être quitter l'école et suivre une formation de jardinier, ou…

EJ: Oui?

BL: Je vais peut-être passer mon bac professionnel. Ça dépend de mes notes, bien sûr! Je voudrais aller au lycée si mes notes le permettent, mais j'aimerais bien gagner de l'argent, en plus…

EJ: Et qu'est-ce que tu vas faire pendant les vacances d'été?

BL: Je voudrais acheter une mobylette, et donc j'ai besoin de gagner de l'argent. Je vais travailler à la station-service de mon oncle. C'est bien payé et on peut faire la connaissance de beaucoup de monde.

EJ: Et toi, Amandine – qu'est-ce que tu vas faire après ton brevet? Est-ce que tu as les mêmes projets que Baptiste?

AD: En partie. Mais ça dépend de mes notes, bien sûr! Si je n'ai pas de bonnes notes, il n'y aura pas de choix!

EJ: Naturellement. Mais qu'est-ce que tu vas faire, si tu as de bonnes notes?

AD: Je vais aller au lycée pour préparer mon bac. Ma sœur va déjà au lycée, et en plus on va y construire une nouvelle salle de sports.

EJ: Vraiment? Et tu trouves ça important?

AD: Pour moi, oui. J'aime le sport et l'informatique et je vais me spécialiser dans ces matières. Et on va construire aussi une nouvelle salle d'informatique.

EJ: Tu as de la chance, alors…

AD: Oui, c'est vrai. Et je suis sûre que je vais être heureuse au lycée. Mais d'abord il y a le brevet…

EJ: Tu trouves le brevet très important, n'est-ce pas?

AD: Oui, bien sûr. Mais après le brevet, je vais aller en vacances. Je vais aller en Corse avec un groupe de copines.

2 Répondez en français (phrases entières).

Exemple: **1** Amandine va aller en Corse avec des copines.

1 Qui va aller en Corse avec des copines?
2 Qui trouve le brevet très important?
3 Qui va peut-être préparer son bac professionnel?
4 Qui va aller au lycée pour passer son bac?
5 Qui va aller en vacances après le brevet?
6 Qui va visiter un jardin hydroponique?

3 Répondez à ces questions. Servez-vous du futur proche ou de "il/elle voudrait".

Exemple: **1** Elle va aller au lycée.

1 Qu'est-ce qu'Amandine va faire, si elle a de bonnes notes?
2 Où est-ce qu'Amandine va aller en vacances?
3 Baptiste va travailler où?
4 Pourquoi Baptiste a-t-il besoin de gagner de l'argent?
5 Qu'est-ce qu'Amandine va faire après le brevet?
6 Après l'école, qu'est-ce que Baptiste va faire?

4 À deux. A ferme le livre. Puis **B** l'interviewe sur les projets mentionnés dans le texte.

Exemple: **B**: Qui va travailler dans la station-service de son oncle?

A: Baptiste.

5 Et vous? Qu'est-ce que vous allez faire après les examens? Écrivez 90 mots pour décrire vos projets.

Exemple: Pendant les vacances d'été, je vais travailler dans un supermarché...

6 Maintenant faites des interviews et prenez des notes sur les projets de vos camarades. Après, écrivez un reportage sur leurs projets.

Exemple: **A**: Qu'est-ce que tu vas faire après les examens?

B: Je vais...

Comment ça marche

To say what you are "going to do" in the *near future* (**future proche**), you use the verb **aller** and the infinitive.

(You use a similar construction (**je voudrais** + infinitive) for saying what you "would like to do".)

Qu'est-ce que tu **vas** faire après ton brevet? *What are you **going to** do after your brevet?*

Je **vais** aller au lycée pour préparer mon bac. *I am **going to** go to the lycée to do my baccalauréat.*

Je **voudrais** acheter une mobylette. *I **would like** to buy a moped.*

➤ p.164

Pour aider

Beaucoup de mes camarades vont...

Quelques-un(e)s vont...

Joe voudrait...

Personne ne va..., mais Annie va...

A L'argent de poche

This unit covers:
- pocket money and weekend jobs
- work experience

 1 Écoutez et lisez.

◆ **Renaud, tu reçois de l'argent de poche?**

Oui, je reçois 60 euros d'argent de poche par mois. Pour moi, c'est assez. Avec mon argent de poche, je paie mes sorties, mes vêtements, les cartes pour mon portable, et s'il m'en reste, j'achète des cadeaux d'anniversaire pour mes amis.

◆ **Émilie, les parents de Renaud lui donnent 60 euros par mois. Et les tiens? Ils te donnent de l'argent de poche?**

Oui, les miens me donnent de l'argent de poche, et ils sont un peu plus généreux que les siens, parce qu'ils me donnent 80 euros par mois. Mais en échange... je dois aider à la maison. Tous les jours, je vide le lave-vaisselle. Quand mes parents sortent, je garde mon petit frère. Quelquefois, je fais du repassage.

◆ **Et toi, Hacène, tu as de l'argent de poche?**

Non, je n'ai pas d'argent de poche, mais j'ai un petit travail. Le mercredi après-midi, je distribue des journaux ou des prospectus. Ce n'est pas bien payé: je gagne 10 euros par mercredi. À mon âge, c'est difficile de trouver un travail bien payé. Tous les jeunes essaient de trouver un travail, mais les employeurs préfèrent les plus âgés.

◆ **Alix, tes parents te donnent de l'argent de poche?**

Ma mère me donne 10 euros par mois. Ce n'est pas assez! J'en voudrais plus, alors je dois travailler.

◆ **Ah, tu as un petit travail, comme Hacène?**

Oui, mais le mien est bien payé. Dans mon quartier, c'est facile de trouver un travail: je fais du babysitting, je lave les voitures, je promène des chiens... Je gagne environ 20 euros par semaine.

2 Qui est-ce? Renaud, Émilie, Hacène ou Alix?

Exemple: **1** Renaud

1

2

3

4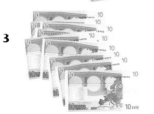

5

6

7

8

9
10

Verbes

The verbs **sortir** (to go out), **recevoir** (to get, receive), **essayer** (to try) and **acheter** (to buy) are all *irregular* in the present tense:

je sors	je reçois
tu sors	tu reçois
il/elle/on sort	il/elle/on reçoit
nous sortons	nous recevons
vous sortez	vous recevez
ils/elles sortent	ils/elles reçoivent

j'essaie	j'achète
tu essaies	tu achètes
il/elle/on essaie	il/elle/on achète
nous essayons	nous achetons
vous essayez	vous achetez
ils/elles essaient	ils/elles achètent

Payer (to pay) follows the same pattern as **essayer**.

Note the use of **de** after **essayer**:

Ils essaient **de** trouver un travail.
They try to find a job.

Comment ça marche

Remember that you also need to use **de** after adjectives like **facile** and **difficile**:

C'est **facile/difficile de** trouver un travail.
*It is **easy/difficult to** find a job.*

➤ p.170

3 À deux. Jouez les rôles.

Julien/Juliette reçoit de l'argent de poche.
Il/Elle paie/achète...
Il/Elle a un petit travail...

Stéphane/Stéphanie ne reçoit pas d'argent de poche.
Il/Elle doit travailler...
Il/Elle paie/achète...

Exemple: **A**: Je m'appelle Julien/Juliette. Je reçois 20 euros d'argent de poche par semaine.

Je paie.../J'achète...

Pour aider

le maquillage

le vernis à ongle

les billets pour le foot

les places de cinéma

les cartes de portable

les vêtements (de marque)

etc.

Comment ça marche

Just like possessive adjectives (**mon**, **ma**, **mes**, etc.), *possessive pronouns* (**le mien**, **la mienne**, etc.) agree with the gender and the number of the thing (or person) that is "owned".

	masculine singular	feminine singular	masculine plural	feminine plural
1st person singular mine	(mon travail) le mien	(ma sœur) la mienne	(mes parents) les miens	(mes lunettes) les miennes
2nd person singular yours	(ton travail) le tien	(ta sœur) la tienne	(tes parents) les tiens	(tes lunettes) les tiennes
3rd person singular his/hers	(son travail) le sien	(sa sœur) la sienne	(ses parents) les siens	(ses lunettes) les siennes

➤ p.175

1   Écoutez et lisez.

| **Lundi, 10 heures...** | **Mardi, 15 heures...** |

Allô? Je voudrais parler à madame Denis, s'il vous plaît.

Oui, c'est de la part de qui?

J'appelle de la part de Peter Williams, de la société Midlands Plastics.

. . .

Ah, madame Denis est absente.

Est-ce que je peux rappeler cet après-midi?

Non, elle est en réunion tout l'après-midi. Pouvez-vous rappeler demain vers 15 heures?

D'accord, je vais rappeler demain vers 15 heures.

Je regrette, madame Denis est encore absente! Voulez-vous laisser un message sur son répondeur?

D'accord, merci.

"Ici le répondeur d'Isabelle Denis. Je suis absente pour le moment, mais laissez un message après le bip. Merci!"

Ici Tom Pearson. J'appelle de la part de Peter Williams, de Midlands Plastics. C'est à propos de votre rendez-vous du 1er juin. Pouvez-vous me rappeler au 00 44 12 34 09 87 65, avant demain soir? Vous pouvez aussi nous contacter par mail: p.williams@midlands-plastics.co.uk. Merci.

2 À deux. **A** est Tom (ou Tamsin), **B** est le (ou la) réceptionniste **et** monsieur/madame Denis. Complétez les phrases et jouez les rôles. Ensuite, changez de rôle.

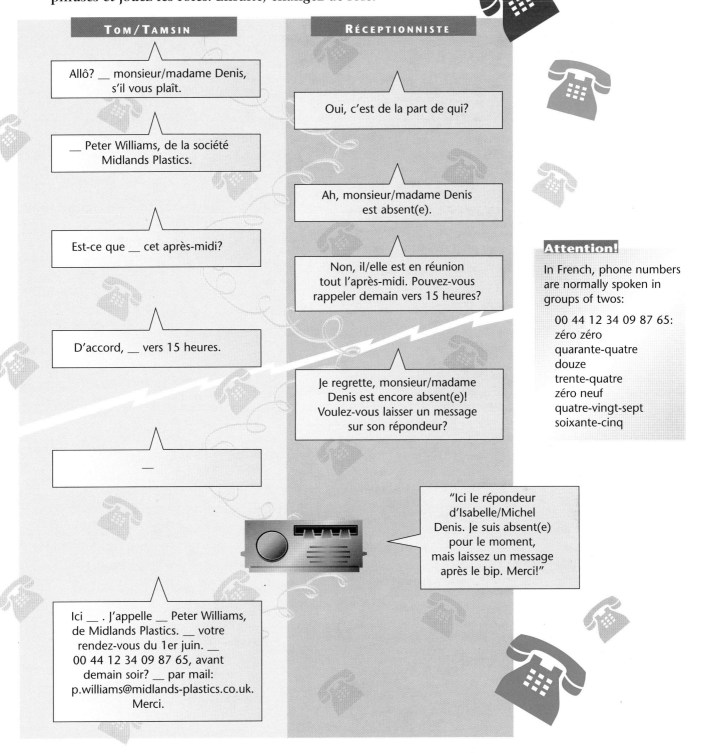

TOM/TAMSIN	RÉCEPTIONNISTE
Allô? __ monsieur/madame Denis, s'il vous plaît.	
	Oui, c'est de la part de qui?
__ Peter Williams, de la société Midlands Plastics.	
	Ah, monsieur/madame Denis est absent(e).
Est-ce que __ cet après-midi?	
	Non, il/elle est en réunion tout l'après-midi. Pouvez-vous rappeler demain vers 15 heures?
D'accord, __ vers 15 heures.	
	Je regrette, monsieur/madame Denis est encore absent(e)! Voulez-vous laisser un message sur son répondeur?
—	

"Ici le répondeur d'Isabelle/Michel Denis. Je suis absent(e) pour le moment, mais laissez un message après le bip. Merci!"

Ici __ . J'appelle __ Peter Williams, de Midlands Plastics. __ votre rendez-vous du 1er juin. __ 00 44 12 34 09 87 65, avant demain soir? __ par mail: p.williams@midlands-plastics.co.uk. Merci.

> **Attention!**
>
> In French, phone numbers are normally spoken in groups of twos:
>
> 00 44 12 34 09 87 65:
> zéro zéro
> quarante-quatre
> douze
> trente-quatre
> zéro neuf
> quatre-vingt-sept
> soixante-cinq

3 À deux. Laissez votre numéro de téléphone (ou vos numéros de téléphone) en français sur un répondeur en France.

Exemple:
Ici Patrick Jones. Pouvez-vous me rappeler au 00 44 12 02 08 98 67 (zéro zéro quarante-quatre douze zéro deux zéro huit quatre-vingt-dix-huit soixante-sept)? Merci.

1 Écoutez et lisez.

MIDLANDS PLASTICS FAX

To Isabelle Denis
From Tom Pearson

URGENT

Madame

Peter Williams, directeur commercial de Midlands Plastics, a rendez-vous avec vous le vendredi 1er juin à 14 heures. Mais il a un empêchement. Est-il possible de changer la date?
Vous pouvez me contacter par fax, ou par téléphone (00 44 12 34 09 87 65), ou par email.
Voici notre adresse email:
p.williams@midlands-plastics.co.uk
Pouvez-vous me donner la vôtre, s'il vous plaît?

Je vous prie d'agréer, Madame, l'assurance de mes sentiments distingués.

Tom Pearson

Subject: rendez-vous avec Peter Williams
Date: 13/05 12:00:42
From: i.denis@pisc-aqua.fr
          (Isabelle Denis)
To: p.williams@midlands-plastics.co.uk
          (Peter Williams)

Cher Tom Pearson

Aucun problème! Disons le lundi 4 juin à 16 heures, par exemple.

Cordialement

Isabelle Denis
Directrice des ventes

PS Merci pour votre adresse email. Les nôtres vont changer. À partir du 1er août, la mienne va être:
i.denis@plasgeco-ventes.com

Objet: rendez-vous avec Peter Williams
Date: 13/05 15:00:24
De: p.williams@midlands-plastics.co.uk
        (Peter Williams)
À: i.denis@pisc-aqua.fr
        (Isabelle Denis)

Chère Madame

Merci pour votre coopération. Je vais transmettre votre message à Peter Williams. J'ai noté votre changement d'adresse.

Cordialement

Tom Pearson

Comment ça marche

In France, the 24-hour clock is normally used for business arrangements.
You can't use **et quart**, **et demie**, **moins le quart**, with 24-hour clock times. You have to say the minutes instead:

13 heures 15 – treize heures quinze

13 heures 30
– treize heures trente

13 heures 45
– treize heures quarante-cinq

2 Sam Osborne est un collégien qui travaille pour Linda Smith. Recopiez les phrases dans le bon ordre pour reconstituer la lettre de Sam. Attention: il y a deux phrases qui ne font pas partie de la lettre, mais qui font partie de la **réponse** à la lettre.

Exemple: **j** (Monsieur),

h (Linda Smith, directrice commerciale de Kwik Fix,...)

a Voici notre adresse email: l.smith@kwik-fix.co.uk

b Est-il possible de changer la date?

c Mais elle a un empêchement.

d Pouvez-vous me donner la vôtre, s'il vous plaît?

e Je vous prie d'agréer, Monsieur, l'assurance de mes sentiments distingués.

f Il n'y a pas de problème: disons le jeudi 4 janvier à 10 heures.

g Vous pouvez me contacter par fax, ou par téléphone (00 44 34 12 09 65 87), ou par email.

h Linda Smith, directrice commerciale de Kwik Fix, a rendez-vous avec vous le mardi 2 janvier à 16 heures.

i Merci pour votre adresse email.

j Monsieur

k Sam Osborne

3 Vous faites un stage en entreprise. Vous travaillez pour Clare Nesbitt, directrice commerciale de Grantham Fireworks. Regardez les notes et écrivez une lettre. Pour vous aider, regardez la page 58.

MEMOMEMOMEMO

meeting with Pierre Floirac

3pm, Thursday, March 3rd

CN can't make it

phone: 00 44 12 34 87 65 09

email: c.nesbitt@grantham-fireworks.co.uk

✳ CN needs his email address

pour ☺ **sourire**

Tu as une retenue! Jeudi soir, à 16 heures.

J'ai un empêchement. Est-il possible de changer la date?

D On a bien ri

1 Écoutez et lisez.

Lætitia • Tu as fait un stage en entreprise, Tom?

Tom • Oui, un stage super! J'ai travaillé pour une entreprise qui s'appelle Midlands Plastics. J'ai passé deux semaines avec le directeur du marketing, Peter Williams. Il est très dynamique et j'ai appris beaucoup de choses. D'abord, il m'a donné du travail intéressant. J'ai répondu au téléphone, j'ai tapé des lettres, j'ai envoyé des fax, j'ai fait des recherches sur Internet. À la fin, il m'a confié quelques responsabilités. Par exemple, il a des clients en France, et j'ai donc téléphoné en France – en français!

Lætitia • C'est une entreprise près de chez toi?

Tom • Non, il faut prendre le train jusqu'à Morley. À la gare de Morley, j'ai pris la navette qui emmène les employés aux bureaux.
Et toi, Lætitia? Tu as aussi fait un stage?

Lætitia • Oui, j'ai fini vendredi! J'ai passé trois semaines à la mairie de ma ville. J'ai préparé le café, j'ai rangé les fichiers, j'ai affranchi le courrier avec la machine à affranchir. Ah oui: j'ai fait des photocopies. Tous les jours! J'en ai fait des milliers...

Tom • Tu as trouvé le travail intéressant?

Lætitia • Non, mais j'ai trouvé les gens sympa. Il y avait d'autres jeunes comme moi. On a bien ri!

Tom • Alors tu n'as pas perdu ton temps... Est-ce que tu as écrit un rapport à la fin de ton stage?

Lætitia • Non, je n'en ai pas écrit. J'ai oublié, et mon prof aussi a oublié...

2 Qui est-ce? Tom, Lætitia ou personne?

Exemple: **1** Tom

You know how to form the perfect tense of a regular **–er** verb (e.g. **préparer**, see page 25), a regular **–ir** verb (e.g. **choisir**, see page 39), and the irregular verb **faire** (see page 25).

To form the perfect tense of a regular **–re** verb, replace the **–re** with a **u**, e.g.:

répondre
J'ai répond**u**

Here are a few more *irregular* past participles:

prendre → pris
écrire → écrit
rire → ri

 p.161

If you use an adverb with a verb in the perfect tense, you put the adverb between the form of **avoir** and the past participle.

On a ri.   On a **bien** ri.
We laughed.   *We laughed **a lot***

p.173

Verbes

Trouver (to find) is a useful verb for expressing your opinions:

Tu as trouvé le travail intéressant?
Did you find the work interesting?
J'ai trouvé les gens sympa.
I found the people nice.

 3 Écoutez Cécile, Mehdi et Sylvain. Leur stage en entreprise a été une expérience positive ou négative? Expliquez pourquoi.

Exemple: Cécile = expérience positive: la directrice était...

 4 À deux. Regardez encore les dessins de l'activité 2. Expliquez qui a fait quoi. Ajoutez un commentaire.

Exemple: **1** Tom a tapé des lettres. Il a trouvé ça intéressant.

2 Laetitia a...

In the following sentences, **en** is an invariable pronoun meaning "of it", "of them", or, sometimes, "one". It is often not translated in English.

En comes before the verb, or before the form of **avoir** or **être** in the perfect tense.

Ma mère me donne de l'argent de poche – j'**en** voudrais plus.
*My mother gives me pocket money – I would like more (**of it**).*

J'ai fait des photocopies – j'**en** ai fait des milliers.
*I did photocopies – I did thousands (**of them**).*

Tu as écrit un rapport? Non, je n'**en** ai pas écrit.
*Did you write a report? No, I didn't write **one**.*

p.176

pour ☺ sourire

Elle a dit qu'elle voulait plus de responsabilités.

A Pour aller à… ?

 1 Écoutez et lisez.

2 Combien de questions différentes pouvez-vous trouver dans le texte? Écrivez-les dans votre cahier.

Exemple: *Pour aller à la gare, Madame?*

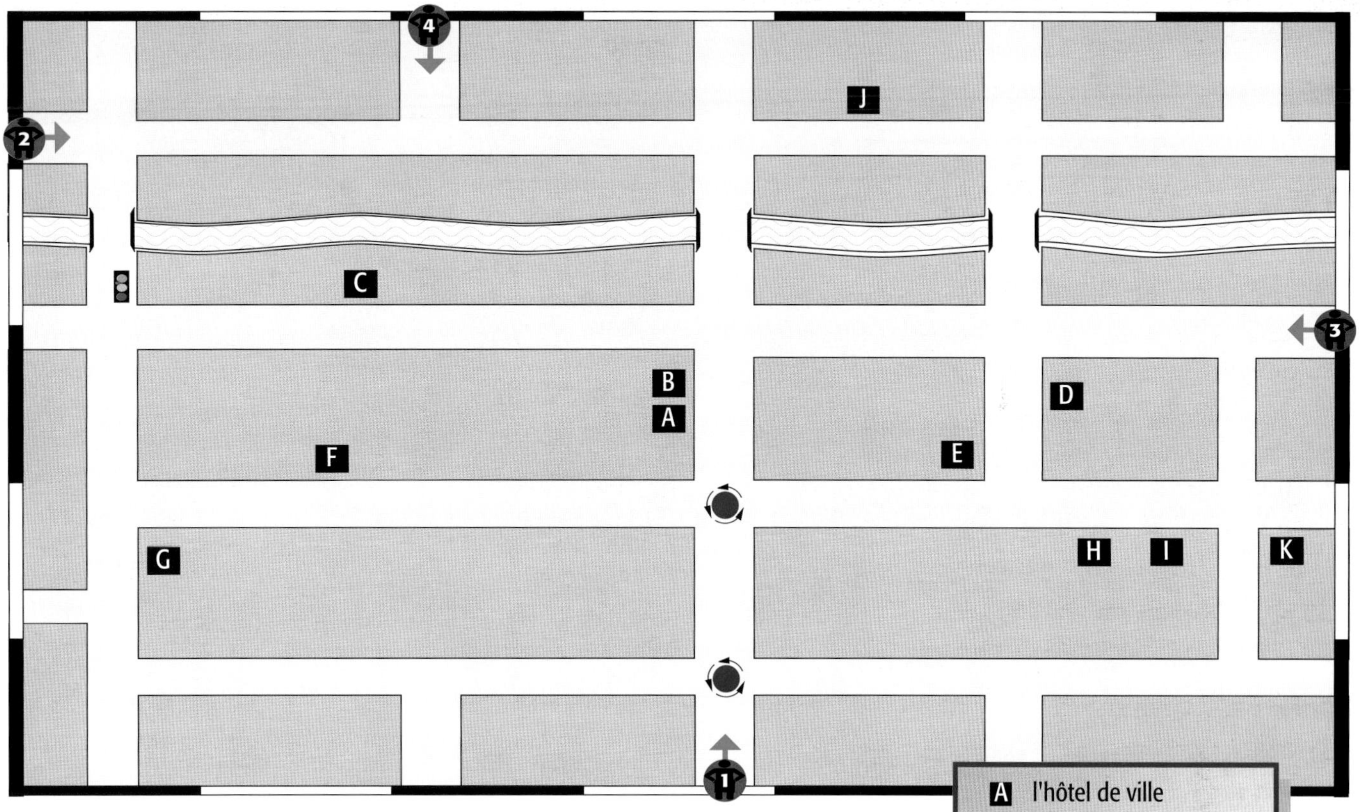

- **A** l'hôtel de ville
- **B** le supermarché
- **C** le syndicat d'initiative
- **D** la banque
- **E** le marché
- **F** le parking
- **G** la bibliothèque
- **H** l'hypermarché
- **I** le château
- **J** la gare
- **K** la poste

3 Regardez la carte, lisez les indications ci-dessous et choisissez une destination pour chaque personne. Les numéros sur la carte indiquent leur position.

Exemple: 1 = la gare

1. Allez tout droit et traversez deux ronds-points. Passez devant l'hôtel de ville et le supermarché, et puis prenez la deuxième à droite. Après ça c'est à 100 mètres à votre gauche.
2. Prenez la première à droite et allez jusqu'au feux. Aux feux, prenez la première à gauche. Puis prenez la deuxième à droite et passez devant la banque, et c'est à votre droite à 50 mètres.
3. Allez tout droit, et prenez la deuxième à gauche et la première à droite. Puis traversez le rond-point, passez par le parking et prenez la première à gauche, et c'est à votre gauche.
4. Allez tout droit et puis prenez la première à gauche. Puis prenez la deuxième à droite et traversez le pont. Après le pont prenez la deuxième à gauche et passez par l'hypermarché et c'est à votre droite. Si vous voyez la poste vous êtes allé trop loin.

4 À deux. Regardez la carte et faites des dialogues avec votre partenaire.

Exemple: A: (1) Pour aller à la banque?

B: Prenez la deuxième à droite...

5 À deux. Regardez la carte et expliquez le chemin à votre partenaire sur une feuille. (N'oubliez pas de dire où il faut commencer!) Échangez les feuilles. Qui arrive le plus vite à destination?

Exemple: Allez tout droit. Puis prenez...

Comment ça marche

To give instructions to more than one person or to someone you don't know well, you use the **vous** form of the verb, but without the pronoun.

Prenez la première à gauche. ***Take*** *the first on the left.*
Allez tout droit. ***Go*** *straight on.*
Traversez le pont. ***Cross*** *the bridge.*

p.164

You have met some new prepositions: **au bout de** (at/to the end of) and **jusqu'à** (as far as).

Allez **jusqu'au** pont. *Go* ***as far as*** *the bridge.*
La gare est **au bout de** la rue. *The station is* ***at the end of*** *the road.*

p.176

1   Écoutez et lisez.

2 **Faites correspondre.**

Exemple: **1** = d

1 Correspondance
2 Passage souterrain
3 Voie 3
4 Compostez votre billet
5 Toilettes
6 Billets
7 Guichet

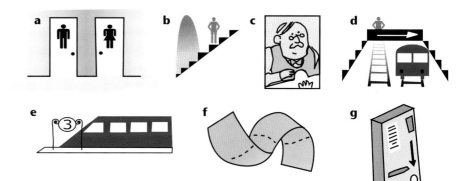

3 **Complétez le dialogue.**

Exemple: **A**: Bonjour, Monsieur. Vous désirez?

B: Je voudrais aller à Paris. Est-ce qu'il y a un train pour Paris?

A: Bonjour, Monsieur. Vous désirez?
B: [*Say you'd like to go to Paris and ask if there is a train.*]
A: Oui, il y a dix trains par jour pour Paris.
B: [*Ask what time the next train goes.*]
A: Il part à 17 heures 45.

B: [*Ask if you have to change.*]
A: Oui, il faut changer à Rouen.
B: [*Ask what time it arrives.*]
A: Il arrive à 22 heures 30.

4 **À deux. Faites le dialogue avec votre partenaire.**

Exemple: **A**: Bonjour, Monsieur. Vous désirez?

5 **Changez le dialogue pour faire vos propres dialogues. Puis pratiquez les dialogues.**

Exemple: **A**: Bonjour, Madame. Vous désirez?

B: Est-ce qu'il y a un train pour Bordeaux?

Aller simple ou aller-retour?

1 Écoutez et lisez.

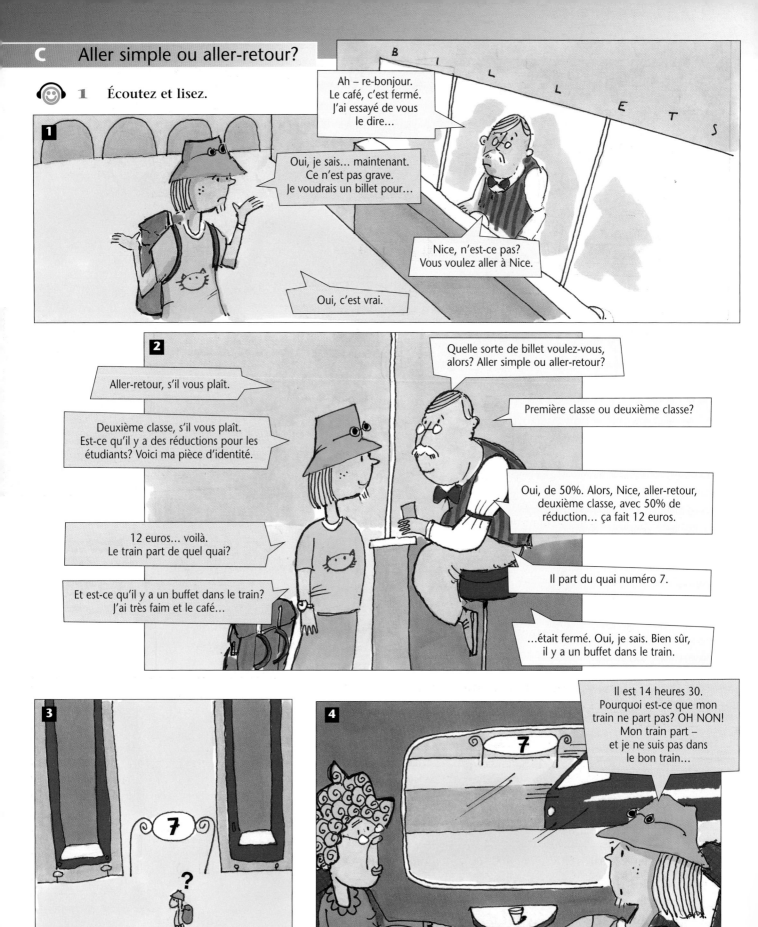

2 Regardez encore la bande dessinée et complétez ces phrases. Puis mettez-les dans le bon ordre pour faire un dialogue

Exemple: *Je voudrais un billet pour Nice.*

12 euros…	Deuxième…	Je voudrais…
Aller simple…	Est-ce qu'il y a…	Oui, de 50%…
Aller-retour…	Il part…	Première…
Le train part…		

3 Écrivez ces phrases correctement.

Exemple: **1** = *Je voudrais un aller–retour pour Grenoble.*

1 Je voudrais un lapin pour Grenoble.

2 Aller simple ou allez-vous-en?

3 Aller-retour, s'il vous pluie.

4 Première classe ou deuxième étage?

5 Deuxième étage, s'il vous plaît.

6 Ça fait 100 pour cent.

7 100 pour cent… voilà. L'avion part de quel jardin?

8 Il part du jardin numéro 7.

4 Complétez les dialogues. Utilisez des mots de la case. Copiez les dialogues dans votre cahier et puis pratiquez-les avec un(e) partenaire.

Exemple: *Bonjour, Monsieur. Vous désirez?*

– Bonjour, [____]. Vous désirez?

– Je voudrais un billet pour [____].

– Aller simple ou aller-retour?

– [____], s'il vous plaît.

– Première classe ou deuxième classe?

– [____], s'il vous plaît.

– Est-ce qu'il y a des réductions pour les étudiants?

– [____]. Ça fait [____].

– [____]… voilà. Le train part de quel quai?

– Il part du quai numéro [____].

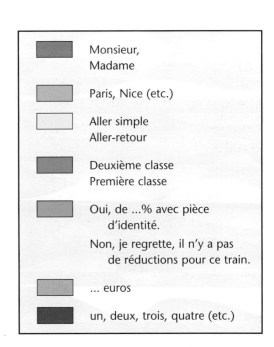

[■]	Monsieur, Madame
[■]	Paris, Nice (etc.)
[■]	Aller simple Aller-retour
[■]	Deuxième classe Première classe
[■]	Oui, de …% avec pièce d'identité. Non, je regrette, il n'y a pas de réductions pour ce train.
[■]	… euros
[■]	un, deux, trois, quatre (etc.)

D Il faut prendre le bus

 1 Écoutez et lisez.

1

2

3

4

5

6

7

Attention!

un **billet** de train, cinéma, etc.
un **ticket** de bus

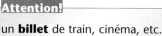

2   Faites correspondre.

Exemple: **1 = d**

1   Pelouse interdite
2   Ne pas fumer
3   Arrêt d'autobus
4   Sens unique
5   Toutes directions
6   Centre-ville

3   À deux.

- **A** recopie le plan et marque la position de cinq arrêts d'autobus.
- Puis **A** explique à **B** comment les trouver. **B** prend des notes.
- **A** et **B** discutent pour savoir si **B** a raison.
- Puis changez de rôles.

Exemple: **A**: L'arrêt de la ligne numéro 12 est en face de la boulangerie.

           B: ...

4   Vous préparez une brochure sur la ville. Expliquez où se trouvent les arrêts d'autobus.

Exemple: L'arrêt de la ligne numéro 10 est derrière la bibliothèque.

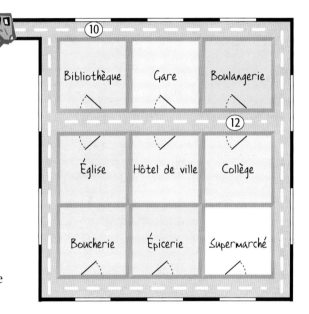

5   Corrigez les erreurs et recopiez le dialogue dans votre cahier. Puis pratiquez-le avec un(e) partenaire.

Exemple: **A**: Bonjour, <u>Monsieur</u>. Vous <u>désirez</u>?

A: Bonjour, idiot. Vous chantez?
B: Je voudrais une poubelle de la ville, s'il vous plaît.
A: Voilà… une poubelle de la ville. C'est jaune?
B: Non. Avez-vous une roue de la camionnette?
A: Non, bien sûr. Voilà.
B: Et avez-vous des bananes sur la ville?
A: Euh… oui, voici des bananes sur la ville. Voulez-vous une liste des prisons et des hôpitaux?
B: Non, je veux bien.

6   Choisissez le bon mot pour compléter les phrases. Puis mettez-les dans le bon ordre pour faire un dialogue. Recopiez le dialogue dans votre cahier.

Exemple: Bonjour, Monsieur. Avez-vous des tickets pour le <u>bus</u>?

– Ligne numéro <u>un/deux</u> (etc).
– Oui. Un carnet de <u>cinq/dix</u> (etc.) tickets coûte <u>trois/quatre</u> (etc.) euros.
– Quelle ligne?
– Bonjour, Monsieur. Avez-vous des tickets pour le <u>bus/tramway/métro</u>?
– Oui, l'arrêt est <u>à côté/en face</u> (etc.).
– <u>Trois/Quatre</u> (etc.) euros… et est-ce qu'il y a un arrêt près d'ici?
– Merci. Au revoir

> **Comment ça marche**
>
> With some verbs you use **être** rather than **avoir** to form the perfect tense. Unlike the perfect tense with **avoir**, the past participle agrees with the subject of the verb. The verbs you have met here are **arriver**, **partir** and **aller**.
>
> arriver (*to arrive*) → arrivé(e)(s)
> partir (*to leave*) → parti(e)(s)
> aller (*to go*) → allé(e)(s)
>
> There is more on this in the next unit.
>
> ➤ p.162

A Les feux de la Saint-Jean

This unit covers:
- holidays in a French-speaking country
- types of holiday, weather, accommodation
- sightseeing, local customs

 1 Écoutez et lisez.

1
Ce soir, c'est la Saint-Jean. Il y a une fête sur la plage.

Sur quelle plage?

2

Ici, sur cette plage, la Grande Plage.

Est-ce qu'il y a un feu d'artifice?

3

Non, mais on va faire un grand feu sur la plage. S'il fait beau, on va aussi faire un barbecue.

4
Un barbecue? Qu'est-ce qu'on va manger, alors?

Des grillades, des brochettes, des merguez... Si on ne mange pas de viande, il y a aussi des poissons locaux.

5

Et ces tentes, c'est pour quoi faire?

6

C'est pour danser. Après le barbecue, il va y avoir un bal costumé.

Est-ce qu'on peut se déguiser?

Oui, si on veut, on peut se déguiser.

7

Mais bien sûr, ça dépend du temps. J'espère qu'il va faire beau. Mais s'il pleut, ou s'il fait de l'orage, on va faire le barbecue sous les halles.

8

Pour le moment, il fait beau et chaud, mais il y a vent.

Mais regarde ces nuages! Que dit la météo, pour ce soir?

Il va pleuvoir, mais ça ne va pas durer. Une petite averse, peut-être, mais ça n'est pas gênant! Qui veut aller à la fête?

Moi, moi, moi!

2 Vrai (V), faux (F) ou on ne sait pas (?)?

Exemple: **1** = V

1 On va faire un feu sur la plage.
2 On va avoir un feu d'artifice sur la Grande Plage.
3 Pour le barbecue, il y a seulement de la viande.
4 Pour le bal, on peut se déguiser.
5 On va danser sous les halles.
6 S'il pleut, on va faire le barbecue sous la tente.
7 Le soir, on va faire le barbecue sous les halles.
8 Le soir, il va pleuvoir longtemps.
9 Le soir, il va y avoir une averse.
10 Pour le moment, il fait du soleil et du vent, avec quelques nuages.

3 À deux. **A** est un visiteur français et **B** un jeune Britannique. Dimanche, il y a une fête dans votre ville/village. Expliquez. Et s'il pleut?

Exemple: **B**: Dimanche, il y a une fête au centre-ville.

A: Quelle sorte de fête?

B: Il y a... On va...

Ensuite, changez de rôle.

Exemple: **A**: Et s'il pleut?

B: J'espère que...

Mais s'il pleut,...

Super, le déguisement!

Comment ça marche

Ce means "this". It changes according to the gender and the first letter of the noun which follows. **Ces** means "these" or "those".

masculine	**ce** soir *tonight – literally, **this** evening*
masculine (in front of a vowel)	**cet** été *this summer*
feminine	**cette** plage *this beach*
plural (masculine or feminine)	**ces** nuages *these clouds* **ces** tentes *these tents*

➤ p.172

Attention!

Remember how to describe the weather:

present	perfect	
il fait	il a fait	beau/mauvais
		chaud/froid
		du soleil
		du vent
		de l'orage
il pleut	il a plu	
il neige	il a neigé	
il y a	il y a eu	des nuages
		une averse

This is how you make a prediction about the weather, e.g. "It's going to be hot":

il va	faire	beau
		mauvais
		chaud
		froid
		du soleil
		du vent
		de l'orage
il va	pleuvoir	
	neiger	
	y avoir des nuages	
	y avoir une averse	

Verbes

Vouloir (to want) is an irregular verb:

je veux	nous voulons
tu veux	vous voulez
il/elle/on veut	ils/elles veulent

1   Écoutez et lisez.

Racontez un souvenir de vacances!

À Pâques, je suis allée dans les Pyrénées avec mes parents et ma sœur. Nous sommes restés trois semaines. Quand nous sommes arrivés, il neigeait. Le dernier jour, nous sommes montés au Pic de Vignemale, la plus haute montagne des Pyrénées. Quand nous sommes descendus, je suis tombée et je me suis cassé la jambe. Une ambulance du SAMU* est venue me chercher. Je suis rentrée à Paris avec la jambe dans le plâtre. Voilà des vacances que je ne vais pas oublier...

Sonia

*SAMU: service d'aide médicale urgente

En mai, pour la première fois, je suis parti en vacances avec des copains. On est allés à Paris pour une semaine. On a visité beaucoup d'endroits: la Cité de la Villette, le Centre Pompidou... C'est très animé! On a surtout aimé les musiciens sur l'esplanade. Le dernier soir, on n'est pas rentrés à l'auberge de jeunesse. On a dormi dans un parc (heureusement, il n'a pas plu). C'est un incident que je n'ai pas raconté à ma mère...

Adrien

L'été dernier, je suis allé en Vendée. Sur la côte, il y a beaucoup de choses à faire: on peut se baigner, faire de la planche à voile...
Nous avons aussi visité le Marais Poitevin. C'est une région pittoresque, mais tranquille. Ce n'est pas devenu trop touristique. Nous avons fait des promenades en barque. Malheureusement, quand mon père est sorti de la barque, ses lunettes sont tombées dans l'eau...

Cyril

2   Quel jeune est-ce? Sonia, Cyril ou Adrien?

Exemple: **1** Adrien

1 Ce jeune est resté une semaine en vacances.
2 Ce jeune est allé au bord de la mer.
3 Ce jeune est monté dans un bateau.
4 Ce jeune est monté très haut.
5 Ce jeune est parti avec ses amis.
6 Ce jeune n'a pas dormi dans un lit.
7 Ce jeune n'est allé ni à la mer ni à la montagne.
8 Ce jeune est monté dans un véhicule différent.
9 Ce jeune est allé dans une région froide.
10 Ce jeune est allé dans une région assez chaude.

 3   À deux. **A** regarde la page 72 et dit une phrase avec "je". **B** dit "Tu es Sonia/Cyril/Adrien".

Exemple: **A**: Je suis tombée et je me suis cassé la jambe.

B: Tu es Sonia!

 4   À deux. **A** prend la personnalité de Sonia, Cyril ou Adrien. **B** pose des questions et devine.

Exemple: **B**: Est-ce que tu es allé à Paris?

A: Non.

 5   À deux. Racontez des vacances intéressantes. Parlez pendant une minute. Dites:

• où vous êtes allé(e) (à la montagne? à la mer?)
• avec qui (avec vos parents? vos copains?)
• pour combien de temps (une semaine? un mois?)
• quand (l'été dernier? en juin?)
• ce que vous avez fait (dites au moins trois choses)
• pourquoi vous avez aimé
• ce que vous avez préféré
• si vous voulez y retourner l'année prochaine.

Comment ça marche

Remember that some verbs (usually verbs of movement) form their perfect tense with **être**, not **avoir**. The past participle agrees with the subject.

je suis allé   je suis all**e**

une ambulance est venu**e**

nous (= *Sonia and family*) sommes rest**é**s

on (= *Adrien and friends*) n'est pas rentr**é**s

ses lunettes sont tomb**ées**

je suis	allé	(e)
tu es	arrivé	(e)
il est	descendu	
	devenu	
elle est	monté	e
on est	parti	(e)s
nous sommes	rentré	(e)s
vous êtes	resté	(e)(s)
	sorti	
ils sont	tombé	s
elles sont	venu	es

➤ p.162

In the imperfect, **neiger** follows the same pattern as **partager** (see page 42):

Il neig**e**ait.
It was snowing.

➤ p.160

 Épeler et prononcer

The final consonant of a word, which is normally silent, can sometimes be sounded if the following word starts with a vowel. This is called a *liaison*. In many cases it is <u>optional</u> – the liaison sounds a bit posher, omitting it sounds a bit casual:

Je sui**s a**llée.
Mai**s o**n va faire un feu.
Je ne vais pa**s o**ublier.

Sometimes you <u>have to</u> make the liaison, for instance after **très**, an article or a pronoun, etc.:

nou**s a**vons visité
o**n a** dormi
trè**s a**nimé
le**s A**lpes
de**s a**mis
je vou**s e**nvoie
un peti**t a**mi

In some cases you <u>must not</u> make the liaison, for instance after **et** and before some words starting with an **h**:

sous les **h**alles
la plus **h**aute montagne
Je m'intéresse aux bateaux
et à la voile.

C Moi, je préfère le camping

1 Écoutez et lisez.

1 Moi, je préfère le camping. Cet été, je vais faire du camping avec trois copains. Nous partons moins loin que l'année dernière: nous allons en Bretagne, pas dans les Alpes. Le camping, ce n'est pas cher, et on peut visiter beaucoup d'endroits différents.

2 Moi, j'ai horreur du camping! Ce n'est pas confortable. Je préfère l'hôtel. Cet été, je vais à Monaco. Nous avons trouvé un hôtel près de la plage. C'est idéal. Et puis, Monaco est aussi près de la montagne que de la mer.

3 Oui, mais l'hôtel, c'est cher! Et les vacances à la plage, c'est trop passif pour moi. Je préfère des vacances actives. Le plus souvent, je pars avec des amis. Cet été, on va prendre nos sacs à dos et on va faire de la randonnée. On va dormir dans des auberges de jeunesse.

4 La randonnée, c'est trop fatigant! L'été, mes parents aiment louer un gîte à la campagne. C'est tranquille et reposant. C'est moins cher que l'hôtel, et c'est plus confortable que le camping. Les vacances que j'aime le moins, ce sont les vacances sous la tente. Moi, j'aime le confort.

5 Oui, mais c'est ennuyeux: il n'y a rien à faire à la campagne. Je préfère visiter une ville intéressante, pendant les vacances. À Paris, par exemple, il y a beaucoup de musées, de vieilles églises, de monuments... Mais la ville que j'aime le plus, c'est Londres, parce que c'est une ville très variée.

2 Faites correspondre les types de vacances et les descriptions.

Exemple *Le camping = ce n'est pas cher.*
On peut visiter...

Type de vacances:	Description:
le camping	C'est cher.
l'hôtel	Ce n'est pas cher.
les vacances à la plage	C'est confortable.
les vacances actives/la randonnée	Ce n'est pas confortable.
l'auberge de jeunesse	C'est fatigant.
le gîte à la campagne	C'est passif.
une ville intéressante	C'est tranquille et reposant.
	C'est ennuyeux.
	On peut visiter des endroits différents.
	C'est varié.

3 Écoutez les descriptions. C'est quel type de vacances? (Regardez la liste de l'activité 2.)

Exemple: *1 (Je n'aime pas ça, c'est fatigant.)*
= les vacances actives/la randonnée.

4 À deux. A choisit un type de vacances.
B donne une description, avec les côtés positifs et négatifs.

Exemple: **A**: *Le camping.*

B: *Ce n'est pas cher, mais quelquefois ce n'est pas très confortable.*

5 Un magazine français organise un concours. Le premier prix: des vacances! Complétez la phrase en 20 mots exactement pour dire où vous aimeriez aller en vacances et pourquoi.

Exemple: *Cet été, je voudrais aller en vacances...*

Comment ça marche

Many verbs can simply be followed by an infinitive.

Mes parents **aiment louer** un gîte.
Je **préfère visiter** une ville intéressante.
Je **vais faire** du camping.

➤ p.164

Partir (to go away, to leave) is an irregular verb which follows the same pattern as **sortir** (see page 55).

Je pars avec des amis.
I go away with friends.

➤ p.160

Adverbs, like adjectives, can be be used in the *comparative*:

Nous partons **moins loin que** l'année dernière.
*We're going **less far than** (we're not going as far as) last year.*

Monaco est **aussi près** de la montagne **que** de la mer.
*Monaco is **as close** to mountains **as** to the sea.*

You can also use adverbs in the *superlative*:

Le plus souvent, je pars avec des amis.
***Most of the time**, I go with friends.*

Les vacances que j'aime **le moins**, ce sont les vacances sous la tente.
*The holidays I enjoy **least** are camping holidays.*

La ville que j'aime **le plus**, c'est Londres.
*The town I like **best** is London.*

➤ p.173

Verbes

Préférer (to prefer) is a regular –er verb, but watch out for the accents:

je préfère	nous préférons
tu préfères	vous préférez
il/elle/on préfère	ils/elles préfèrent

Espérer (to hope) follows the same pattern.

pour ☺ **sourire**

Qu'est-ce que c'est, tes vacances préférées?

Mes vacances préférées, c'est la *fin* des vacances...

1 Écoutez et lisez.

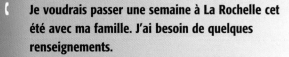

a

b

c

d

e

f

☏

Allô, le syndicat d'initiative de La Rochelle?

– Oui.

Je voudrais passer une semaine à La Rochelle cet été avec ma famille. J'ai besoin de quelques renseignements.

– Certainement. Quels renseignements?

D'abord, je voudrais la liste des hôtels, des terrains de camping et des locations meublées.

– Oui. Je vous l'envoie. Désirez-vous autre chose?

Oui. Est-ce que je pourrais avoir une liste des restaurants et aussi des renseignements sur les endroits à visiter?

– Bien sûr. La Rochelle est réputée pour ses restaurants de poissons! Je vous envoie aussi une brochure sur les musées et les monuments historiques, une brochure sur le Grand Aquarium, et une brochure sur les environs de La Rochelle.

Qu'est-ce qu'il y a à faire le soir à La Rochelle?

– Il y a beaucoup de choses! Il y a des cinémas, des salles de concert, des animations dans la rue, des cirques, des boîtes de nuit... Alors, quelle est votre adresse, s'il vous plaît?

g

h

i

j

k

l

m

De: nicky.bale@hotmail.com
À: cécile.courrée@silarochelle.fr

Madame
Merci pour les brochures sur La Rochelle. J'ai une autre question: est-ce qu'il y a des fêtes ou activités particulières à La Rochelle du 2 au 10 août? Ma famille s'intéresse aux bateaux et à la voile.
Merci pour votre aide!
Nicky Bale

from: cécile.courrée@silarochelle.fr
to: nicky.bale@hotmail.com

À La Rochelle, du 5 au 12 août, il y a la Semaine de la Voile. Il y a des courses de voiliers, des initiations à la voile, un marché de la voile. Si on s'intéresse à la voile, c'est l'occasion idéale.
Cécile Courrée

2 Écoutez la conversation au téléphone.
Nicky va recevoir des informations sur quels aspects de
La Rochelle? Regardez les illustrations à la page 76 et
mettez-les dans l'ordre.

Exemple: **1** = g (le Grand Aquarium)

 3 À deux. **A** veut passer une semaine à Sarlat (Dordogne), avec
sa famille. Il/elle voudrait des renseignements sur:

- les hôtels
- les endroits à visiter.

B travaille pour le syndicat d'initiative de Sarlat.

Exemple: **A**: Allô, le syndicat d'initiative de Sarlat?

B: Oui.

A: Je voudrais passer une semaine à Sarlat…

Ensuite, changez de rôle. **B** veut passer trois semaines
à Pont-Aven (Bretagne) avec sa famille.
Il/elle voudrait des renseignements sur:

- les terrains de camping
- les environs.

A travaille pour le syndicat d'initiative de Pont-Aven.

4 Écrivez un mail comme à la page 76. Votre famille
va à La Rochelle, Sarlat ou Pont-Aven.
Votre famille s'intéresse:

- à la musique *ou*   • aux courses de chevaux *ou*
- aux courses automobiles *ou*   • … ?

Exemple: Merci pour les brochures sur Sarlat.
J'ai une autre question: est-ce qu'il y a…

Pour aider

www.sarlat.com
www.ville-pont-aven.fr

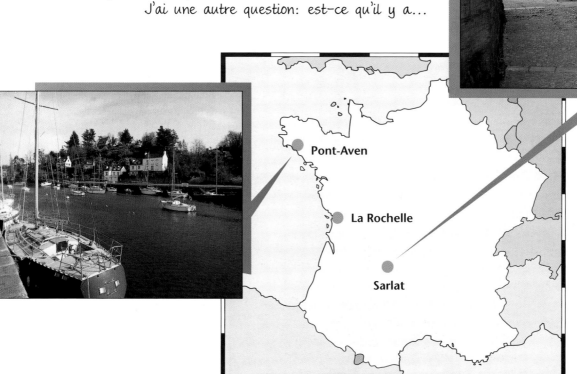

Pont-Aven

La Rochelle

Sarlat

A   Où est notre chambre?

This unit covers:
- location of rooms and facilities in a hotel
- asking about and booking hotel rooms
- making a complaint

 1   Écoutez et lisez.

1 Soyez les bienvenus à l'hôtel "La Crémaillère". D'abord, voici des renseignements utiles. Suivez-moi.

2 Les toilettes se trouvent au troisième étage. Ne vous servez pas des toilettes après 23 heures, s'il vous plaît. Mon mari ne peut pas dormir.

DÉFENSE DE FUMER

DÉFENSE DE SE SERVIR DES TOILETTES APRÈS 23 HEURES

DÉFENSE DE

3 La salle de bains se trouve à côté des toilettes. Pour prendre un bain, il faut payer trois euros. Et nettoyez la baignoire après, s'il vous plaît.

Ah… un bain. Ça serait bien. Nous sommes sales…

4

DÉFENSE DE CHANTER

INTERDIT AUX ENFANTS

NETTOYER LA BAIGNOIRE SVP

INTERDIT AUX ANIMAUX

5 Vous voulez voir le restaurant, j'en suis sûre. Le restaurant se trouve au rez-de-chaussée. Suivez-moi.

6 La cuisine se trouve devant le restaurant, comme vous voyez. Et derrière le restaurant se trouve un séjour privé. Il faut être silencieux pendant les repas. Mon mari est nerveux.

PRIVÉ

7 Il y a un ascenseur, mais l'ascenseur ne commence qu'au premier étage. Et ne vous servez pas de l'ascenseur après 20 heures, s'il vous plaît. Mon mari, vous comprenez…

8 Vous avez une voiture? Il y a un garage avec un portail électrique.

Non. Nous n'avons pas de voiture. Nous sommes arrivés par le train.

Je vous montre le garage quand même. Il se trouve au sous-sol. Suivez-moi.

9 Il est tout neuf.

Euh… très intéressant.

Et c'est tout. Je vous souhaite un bon séjour. Venez à l'accueil si vous avez des problèmes. Mais pas après 23 heures…

Comment ça marche

To say where something is, you can use the verb **se trouver**:

Le salon **se trouve** au rez-de-chaussée.

Les toilettes **se trouvent** au troisième étage.

➤ p.161

2 Écrivez chaque interdiction.

Exemple: **1** Défense de fumer

3 Qu'est-ce que vous voulez interdire dans votre collège?
Inventez des panneaux! Pour chaque panneau, écrivez ce qu'il faut ou ne faut pas faire.

Exemple: Défense de faire les devoirs!
(Il ne faut pas faire les devoirs.)

Défense de courir dans les couloirs!
(Il ne faut pas courir dans les couloirs.)

Attention!

To say that something is "forbidden" or "not allowed" use **défense de**. To say that things or people are not allowed somewhere, use **interdit**.

Défense de chanter – *No singing*
Interdit aux enfants – *No children*

4 Lisez encore et répondez aux questions.

Exemple: **1** Les toilettes se trouvent au troisième étage.

1 Où se trouvent les toilettes?
2 Où se trouve le garage?
3 Où commence l'ascenseur?
4 Où se trouve le restaurant?
5 Où se trouve la cuisine?
6 Où se trouve le séjour privé?
7 Où se trouve la salle de bains?

Attention!

Remember to use **il faut** to say you "must" or "have to" do something:

Il faut être silencieux. *You have to be silent. /One must be quiet.*

5 Faites le plan d'un hôtel et décrivez-le à vos client(e)s.

Exemple: Le restaurant se trouve derrière les toilettes.

6 À deux. **A** pose des questions sur l'hôtel de **B**. **B** donne les renseignements nécessaires. Après, regardez le plan ensemble pour vérifier si les instructions sont correctes.

Exemple: **A**: Où se trouvent les toilettes, s'il vous plaît?

B: Les toilettes se trouvent au troisième étage, derrière la salle de bains.

Verbes

pouvoir *to be able to, can*

je peux
tu peux
il/elle/on peut
nous pouvons
vous pouvez
ils/elles peuvent

1 Écoutez et lisez.

1
Les inspecteurs du Guide Michelin arrivent ce soir – mais attention! Ils sont assez jeunes et ils sont probablement déguisés en auto-stoppeurs…

C'est bon à savoir, Éric. Merci bien – c'est très gentil à toi.

2
Bonsoir. Est-ce que vous avez une chambre de libre s'il vous plaît? Nous sommes très fatigués.

Oui, oui, oui. Bien sûr. Vous allez avoir la chambre la plus confortable de l'hôtel. Pour combien de nuits?

Ah! Les inspecteurs! Jeunes, peu de bagages…

3
Pour deux nuits. Nous sommes de passage.

Pour deux nuits… C'est pour combien de personnes? Juste vous et votre femme?

4
Oui, c'est ça. Pour deux personnes.

Avec douche ou bain? Ou avec les deux, peut-être?

5
Avec douche et WC, s'il vous plaît. Nous n'aimons pas les bains.

Moi non plus. Un choix très prudent – les bains sont sales. Toutes nos chambres ont WC et lavabo. Elles sont nettoyées tous les jours. Et oui, nous avons une chambre avec douche de libre pour ces dates.

6
Ça fait combien? Nous n'avons pas beaucoup d'argent.

Ha ha ha – le *Guide Michelin* – peu d'argent!

Pardon?

Pension complète, demi-pension ou juste le petit déjeuner?

7
Pension complète, s'il vous plaît.

Bonne décision! Nos repas sont excellents! Ils sont préparés par notre chef espagnol, Jaime. Je suis sûr que vous allez être contents. Ça fait 30 euros la nuit tout compris. C'est à quel nom?

8
Dubosc. Étienne et Marie Dubosc. Et 30 euros, c'est une affaire! Je prends la chambre. Le dîner est à quelle heure? Nous travaillons à la station-service à 21 heures.

De 19 heures à 22 heures. Mais… vous n'êtes pas les inspecteurs?!

9

Ha ha ha! Inspecteurs? Non, nous sommes étudiants! Nous travaillons à la station-service le soir pour gagner un peu d'argent. Ha ha ha!

Je suis désolé, mais je viens de me souvenir…

10 Hôtel

…les étudiants ne sont pas admis. Au revoir.

11

Est-ce que vous avez un emplacement pour une tente pour deux personnes?

Pour combien de nuits? …

2 Voici des réponses – mais quelles sont les questions?

Exemple: **1** *Pour combien de nuits?*

1 Pour deux nuits.
2 Avec douche s'il vous plaît.
3 Demi-pension, s'il vous plaît.
4 De 19 heures 30 à 22 heures 30.
5 Dubosc. Étienne Dubosc.

3 Remplissez les blancs avec des mots de la case pour faire votre dialogue à vous. Puis pratiquez le dialogue avec un(e) partenaire.

A: Est-ce que vous avez une chambre de libre s'il vous plaît?

B: Pour combien de nuits?

A: Pour [____] nuits, du [____] au [____].

B: Du [____] au [____] … c'est pour combien de personnes?

A: Pour [____] personnes.

B: Avec douche ou bain?

A: Avec [____] et [____], s'il vous plaît.

B: Oui, nous avons une chambre de libre pour ces dates.

A: Ça fait combien?

B: Pension complète, demi-pension ou juste le petit déjeuner?

A: [____], s'il vous plaît.

B: Ça fait 45 euros la nuit.

Je comprends!
Je viens de me souvenir.
= I've just remembered.

Comment ça marche

The *passive voice* is used for describing events from the point of view of the thing or person they are *done to*. So instead of saying "The cat *eats* the mouse" (**le chat *mange* la souris**), you can say "The mouse *is eaten* by the cat" (**la souris *est mangée* par le chat**).

The *passive* voice is formed in much the same way as in English – you use the *past participle* of the verb, along with the right part of the verb **être**. Remember that the past participle needs to have the correct masculine, feminine, singular or plural ending.

If you need to say who or what the action is done *by*, you use **par**.

Ils **sont** probablement **déguisés**.
Elles **sont nettoyées** tous les jours.
Ils **sont préparés par** notre chef.
Les étudiants ne **sont** pas **admis**.

➤ p.167

deux / trois / quatre, etc.	
premier / deuxième / troisième / quatrième, etc.	

janvier / février, etc.

douche / bain / WC / lavabo

pension complète / demi-pension / juste le petit déjeuner

Il y a un rat dans mon lit!

1 Écoutez et lisez.

Bienvenue, Messieurs-dames! Bienvenue au "Hit-parade des réclamations dans des hôtels"! Ce soir nous présentons les résultats de notre sondage auprès de nos auditeurs. Voici les six réclamations les plus fréquentes – et les six réponses que vous aimez le mieux.

D'abord, les réclamations! Nous commençons naturellement avec la dernière.

Numéro six – **les voisins/les trains/ les oiseaux font trop de bruit.**

Numéro cinq – **il fait froid/trop chaud dans ma chambre.**

Numéro quatre – **il n'y a pas de serviettes/savon/bonde.**

Numéro trois – **la prise électrique/la télé/la fenêtre/ la porte/le robinet/ la baignoire est cassé(e).**

Numéro deux – **le chauffage/la télé/ la radio/la lampe/la douche ne marche pas.**

Et celle que vous attendez... le numéro un, la réclamation la plus fréquente de l'année...

Il y a un rat/un cafard/ une limace/un crapaud dans mon lit.

Et maintenant, chers auditeurs et chères auditrices, les *réponses* les plus fréquentes. D'abord, le numéro six:

Le numéro six, c'est **Je vais envoyer le gérant/l'armée/la concierge tout de suite.**

En cinquième place, nous avons **Je vais m'en occuper/m'en aller tout de suite.**

Le numéro quatre, c'est **Je vais vous donner un coup de poing/une autre chambre. En plus, vous n'allez rien payer.**

2 Écrivez une liste des réclamations les plus fréquentes, en commençant avec le numéro 6. Puis écrivez une autre liste pour les réponses.

Exemple:

Réclamations	Réponses
6 Les voisins/les trains/les oiseaux font trop de bruit.	...

3 Inventez de nouvelles réclamations et de nouvelles réponses.

Exemple: Il y a un vélo dans mon lit.

4 À deux. Combien de mini-dialogues pouvez-vous faire avec votre partenaire en une minute?

Exemple: **A**: Il y a une limace dans mon lit.

B: Qu'est-ce que vous attendiez, pour 30 euros? Un chien?

5 Écrivez une lettre à l'hôtel pour vous plaindre. Servez-vous de la lettre mais inventez vos propres réclamations! Attention! Il faut écrire les réclamations à l'imparfait (voir la page 42).

Exemple: Il y **avait** un crapaud dans mon lit.

> Exeter, le 14 février
>
> Monsieur le directeur/Madame la directrice
>
> Je suis désolé(e) de vous informer que je ne suis pas satisfait(e) de mon séjour dans votre hôtel. Votre hôtel n'a pas du tout répondu à mon attente, pour les raisons suivantes:
>
> [Insérez vos propres réclamations ici]
>
> J'espère que vous pourrez donner une suite favorable à ma demande, et je vous prie d'agréer, Monsieur/Madame, l'assurance de mes sentiments distingués.

Pages lecture

1

La chaleur et le soleil dominent

Le soleil brille largement de la péninsule Ibérique à la France, l'Angleterre, le Benelux, l'Allemagne, les pays alpins, l'Italie et les Balkans. Les températures avoisinent souvent 30 degrés sur ces régions avec un maximum de 32 degrés pour Paris. En Turquie, le temps est lourd avec une menace orageuse. Le ciel est très nuageux et il ne fait guère chaud de l'Irlande aux pays scandinaves et à la Russie.

Édimbourg 18° · Dublin 20° · Cork 18° · Londres 24° · Brighton 21° · Bruxelles 28° · Paris 32° · Amsterdam 26° · Bonn 31° · Luxembourg 29° · Hambourg 27° · Copenhague · Oslo 21°

3

2

VOL AU-DESSUS DE L'OCÉAN PACIFIQUE. – Le milliardaire américain, Steve Fossett, a franchi mardi la côte est australienne pour se diriger vers l'océan Pacifique, au troisième jour de son tour du monde en ballon en solo. Steve Fossett tente pour la sixième fois de boucler un tour du monde en ballon en solitaire et a décollé dimanche de Northam, dans l'ouest de l'Australie pour un périple qui devrait durer entre 15 et 18 jours. Le premier tour du monde en ballon a été réussi en 1999 par le Suisse Bertrand Piccard et le Britannique Brian Jones à bord du Breitling Orbiter.

CAEN NORMANDIE
Cité de Guillaume le Conquérant

Château ducal (photo 1)
Guillaume a choisi Caen. Il y construit son château. Derrière ses murs, entouré de ses barons, Guillaume se prépare à chasser d'Angleterre le traître Harold : sa victoire à Hastings fera de lui le Conquérant.

Abbaye-aux-Hommes (photos 2 et 3)
Guillaume le Conquérant, duc de Normandie et roi d'Angleterre, en fit sa dernière demeure. Son tombeau repose dans l'abbatiale Saint-Etienne, mélange harmonieux d'architectures romane et gothique

Son et lumière Pegasus Bridge
"La nuit où tout a commencé"

Bénouville (direction Ouistreham)
Tél : 02 31 44 62 01 (boutique : 02 31 78 15 06)
Fax : 02 31 95 30 26

Le spectacle relate **la prise audacieuse du pont "Pegasus bridge"**, sur le canal de Caen à la mer, ainsi que la vie du village et le travail obscur de la résistance pendant l'occupation allemande sur les lieux mêmes où se sont déroulés les combats de 1944. **Il associe le spectateur**, à travers les jeux de lumières, le bruitage et les dialogues, à l'action et à l'émotion. Spectacle en version simultanée français/anglais.

Ouverture : du 5 mai au 3 septembre, du mardi au samedi à la tombée de la nuit. *Tarifs :* adultes 30F, gratuit moins de 12 ans. *Durée du spectacle :* 42 minutes. *Parking :* à proximité. *Services :* accès handicapés, boutique. *Bus verts :* ligne n°I.

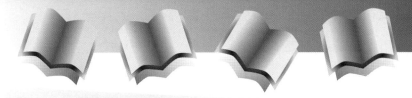

le canoë
Le plus simple

Retour aux sources assuré, à bord de cette embarcation nous venant des Indiens d'Amérique. Le canoë de randonnée se pratique à genoux dans un canot, à l'aide d'une pagaie simple. Veillez à bien coordonner vos mouvements pour mieux vous laisser glisser au fil de l'eau. Idéal pour contempler le paysage des vallées traversées. Une nuit à la belle étoile est même possible : le volume du canot, avec ses caissons étanches fournis par les clubs ou les loueurs, permet d'emporter le matériel nécessaire au bivouac.
Notre conseil : cette longue barque prévue pour une à quatre personnes est plus facile à mener sur des rivières calmes.

le kayak
Le plus audacieux

Affrontez les remous de la rivière avec cette embarcation à une place empruntée aux Esquimaux. Le kayak est un bon moyen de se mesurer aux obstacles de la nature et de retrouver confiance en soi. Indispensable : la pagaie double avec laquelle vous vous propulsez afin d'utiliser les courants. Le plus : une jupette à porter en position assise, empêchant l'eau de couler dans le bateau. En plus, vous aurez droit à une vue imprenable sur les sites cachés bordant votre parcours.
Notre conseil : gardez bien l'équilibre sur le siège de cette embarcation légère réservée aux intrépides. Mais si vous vous retournez, vous pourrez vous dégager facilement.

le rafting
Le plus convivial

Vous avez l'âme d'un aventurier ? Les impressionnants parcours de descente en rafting sont pour vous. Ce sport d'équipe par excellence se prête aux virées en famille avec des ados. A bord de cet imposant bateau très stable, composé de boudins gonflés, explorez, au gré des eaux tumultueuses, les coins et recoins d'une rivière ou d'un torrent. Le raft est mené par un moniteur-guide qui manœuvre l'équipage et vous aide à synchroniser vos gestes avec la pagaie simple afin de franchir au mieux les rapides. Un raid aventure avec action et suspense à la clé !
Notre conseil : surtout, écoutez bien les conseils du moniteur-guide pour vous orienter. Et faites attention aux coups de pagaie de vos coéquipiers.

4

5

C'est facile ! En bordure de l'Avenue de Paris, à Niort, **Atoll Hôtel** vous simplifie la route.
C'est jeune ! Beau à voir, exotique dans son décor avec ses 33 chambres confortables 2 étoiles.
C'est moderne et pratique ! Dans chaque chambre : 1 ou 2 lits, Salle de bains équipée de douche , WC privés, Téléphone direct, TV couleur (canal +). Sans oublier la mezzanine pour votre enfant.
Parking individuel devant l'hôtel. Salle pour séminaires de 35 à 50 personnes. *C'est la sécurité !* Dormez en paix
Mais **Atoll Hôtel** *c'est aussi gourmand !*
Son restaurant " *la lagune* ", vous propose, au menu et à la carte, une cuisine savoureuse et soignée faite par un vrai professionnel.

Notre terrasse vous accueillera sous le soleil de l'été juste à côté de la piscine chauffée où vous passerez un agréable moment.

1 **Où est-ce que le temps n'est pas très agréable?**

2 **Qui a réussi le premier tour du monde en ballon?**

3 **Vous êtes en vacances à Caen. Où allez-vous, si vous aimez l'histoire ancienne? Et si vous aimez l'histoire récente?**

4 **Dans quel bateau est-ce qu'on peut emmener ses parents? Dans quel bateau est-ce qu'on peut mettre une tente? Dans quel bateau est-ce qu'il faut être courageux?**

5 **Est-ce que l'hôtel Atoll convient pour les réunions de travail? Pour les familles?**

A À table

1 Écoutez et lisez.

1

Alors, Harry, pour le dîner, il y a de la soupe, du poulet rôti avec des pommes de terre, du fromage et de la salade. Et en ton honneur, il y a de la mousse au chocolat comme dessert.

C'est quelle sorte de soupe?

C'est de la soupe aux légumes. Est-ce que que tu aimes ça?

2

Oui, j'aime ça. Mais je suis allergique aux produits laitiers...

Non, non, il n'y a pas de lait dans la soupe aux légumes.

3

La soupe est délicieuse.

Tu en veux encore?

Non merci. C'est très bon mais je n'en veux plus.

4

Qu'est-ce que tu veux boire? De l'eau? Du vin?

Je veux bien un peu de vin, s'il vous plaît.

Est-ce que tu bois du vin en Angleterre?

5

Oui, dans ma famille, nous buvons du vin... mais ce n'est pas du vin anglais!

Un peu de salade?

Oui, je veux bien, merci.

6

Est-ce que tu veux du fromage avec la salade? Voici du fromage de chèvre de la région.

Non, merci, je suis allergique aux...

Tu es allergique aux produits laitiers! Bien sûr! Je suis désolée...

7

Est-ce que tu veux encore de la mousse au chocolat? Ne t'inquiète pas, il n'y a pas de lait dans la mousse au chocolat.

Non, merci. C'est délicieux, mais j'ai assez mangé. Je n'ai plus faim. Je n'ai pas l'habitude de beaucoup manger le soir.

This unit covers:

- visiting a French home
- choosing and visiting a restaurant
- discussing holiday activities and interests

2 Lisez encore la page 86. Écoutez les phrases.
Quelle est la bonne réponse?

Exemple: **1** (Est-ce que tu veux encore de la mousse au chocolat? ...) = d

a C'est quelle sorte de soupe?
b Je veux bien un peu de vin, s'il vous plaît.
c Non merci. C'est très bon mais je n'en veux plus.
d Non, merci. C'est délicieux, mais j'ai assez mangé. Je n'ai plus faim.
e Non, merci, je suis allergique aux produits laitiers.
f Oui, dans ma famille, nous buvons du vin... mais ce n'est pas du vin anglais!
g Oui, j'aime ça. Mais je suis allergique aux produits laitiers.

3 À deux. **A** est l'hôte français. **B** est le visiteur britannique.
Inventez deux nouveaux dialogues.

Exemple: **A**: Pour le dîner, il y a des...
B: C'est quelle sorte de... ?

Menus possibles:

les crudités
le rosbif et les haricots verts
la salade
le fromage
(le camembert, le roquefort)
la tarte aux pommes

la salade de tomates
l'omelette aux champignons
la salade
le fromage
(l'emmental, le brie)
la crème brûlée

Verbes

Boire (to drink) is an irregular verb. Here is the present tense:

je bois
tu bois
il/elle/on boit
nous buvons
vous buvez
ils/elles boivent

The past participle (which is used for the perfect tense) is **bu**:

j'ai **bu** – I drank

Attention!

La vérité sur les grenouilles

Do the French really eat snails and frogs' legs? You sometimes see them on menus in restaurants, but this is largely for the benefit of tourists. Frogs' legs in particular are rarely served in French homes.

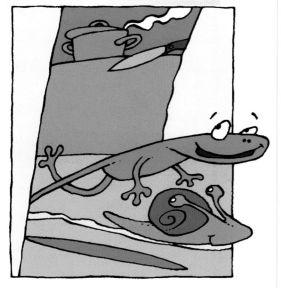

Attention!

Remember to use **vous** forms when talking to a French adult:

Je veux bien un peu de vin, s'il **vous** plaît.

Comment ça marche

Il y a **de la** soupe et **du** poulet rôti avec **des** pommes de terre.
*There is (**some**) soup and (**some**) roast chicken with (**some**) potatoes.*

When talking about things like food, you use a *partitive article*. In English, this can be translated as "some", "any" or "no", but very often, it isn't translated at all.

Il n'y a pas **de** lait, mais il y a **de l'**eau.
*There is no milk (There isn't **any** milk), but there is (**some**) water.*

Note what happens with an adjective: Il y a **de** <u>grosses</u> pommes de terre.

	masculine singular	feminine singular	plural
affirmative	il y a **du** poulet	il y a **de la** soupe	il y a **des** pommes de terre
		il y a **de l'**eau	<u>il y a **de** grosses pommes de terre</u>
negative	il n'y a pas **de** poulet	il n'y a pas **de** soupe	il n'y a pas **de** pommes de terre
	il n'y a pas **d'**alcool	il n'y a pas **d'**eau	

➤ p.169

Je connais un petit café

 1 Écoutez et lisez.

1 Tu aimerais aller à Buffalo Grill ce soir? Ils font des burgers et des milkshakes fantastiques.

Je n'aime pas beaucoup les burgers. Les burgers et les milkshakes, c'est pareil dans tous les pays. J'aimerais bien aller dans un restaurant français typique.

2 Moi non plus, je n'aime pas les burgers. Je suis végétarienne, donc je ne mange pas de viande. Si on allait à la crêperie? C'est un restaurant bien français.

Qu'est-ce qu'on mange, à la crêperie?

3 On y mange des crêpes, bien sûr. On y sert des crêpes au fromage, des crêpes au jambon, des crêpes au chocolat... Et on y boit du cidre ou du coca. On n'a pas besoin de réserver.

4 Des crêpes, toujours des crêpes, ce n'est pas très varié... Avec mes parents, je suis allé dans un restaurant gastronomique, "La Vieille Auberge". La cuisine est excellente et les serveurs sont très polis.

Oui, mais c'est très cher! C'est trop cher pour moi.

5 Oui, pour moi aussi. Je connais un petit café. On y mange bien et il n'est pas très cher. Mais il faut réserver.

D'accord.

6 Allô, le café "Chez Martine"? Je voudrais réserver une table pour ce soir, s'il vous plaît.

Oui, pour combien de personnes?

7 Pour quatre personnes. Nous allons venir à 20 heures.

Nous n'avons plus de table de libre pour 20 heures. Voulez-vous venir à 21 heures?

8 Entendu.

Quatre personnes à 21 heures, c'est noté! C'est à quel nom?...

2 Lisez encore la page 88 et faites correspondre les restaurants et les descriptions. Attention: il y a plusieurs possibilités.

Exemple: Buffalo Grill = 3, ...

1 C'est un restaurant gastronomique.
2 Ce n'est pas très cher.
3 Ils font des milkshakes fantastiques.
4 On y mange bien.
5 C'est un restaurant très français.
6 On y boit du cidre ou du coca.
7 La nourriture est excellente.
8 Ce n'est pas très varié.
9 Il faut réserver.
10 C'est très cher.
11 Ils font des burgers.

3 Regardez encore l'activité 2. Trouvez les autres possibilités.

Exemple: Ce n'est pas très cher:

Chez Martine = Ce n'est pas très cher.

La crêperie = Ce n'est pas très cher non plus.

4 Votre correspondant(e) français(e) vient au Royaume-Uni en juillet. Envoyez-lui un mail sur votre restaurant préféré.

Exemple: Cher.../Chère...

Tu aimerais aller dans un restaurant britannique, en juillet?
Mon restaurant préféré, c'est Buddy's Diner. Ils font... C'est...
Ce n'est pas... On y mange... On y boit... On y sert...

Pour aider

doughnut = **le beignet**	curry = **le curry**
beer = **la bière**	food, cooking = **la cuisine**
dish = **le plat**	English/Indian = **anglais/indien**

5 À deux. Réservez une table dans un restaurant. N'oubliez pas de donner votre nom!
Attention: à la Brasserie du Château et au restaurant La Provence, il y a beaucoup de monde...

Exemple: Allô, le café "Chez Marie"? Je voudrais réserver...

Café Chez Marie – 3 personnes – demain soir – 19 heures 30

Brasserie du Château – 5 personnes – samedi soir – 20 heures 30

Le Rosier – 2 personnes – dimanche midi – 12 heures 30

La Provence – 4 personnes – ce soir – 21 heures

Attention!

moi aussi = me too
moi non plus = me neither

Verbes

Manger (to eat) is a regular verb, but it keeps its **e** in the **nous** form:

je mange
tu manges
il/elle/on mange
nous mang**e**ons
vous mangez
ils/elles mangent

This is because the letter **g** followed by the letter **o** always sounds "hard", (as in **frigo)**. To make the **g** sound soft, you have to keep the **e**.

Connaître (to know – something or somebody) is an irregular verb:

je connais
tu connais
il/elle/on connaît
nous connaissons
vous connaissez
ils/elles connaissent

Servir (to serve) is irregular too:

je sers
tu sers
il/elle/on sert
nous servons
vous servez
ils/elles servent

C Chez Martine

 **1** Écoutez et lisez.

2 Regardez les panneaux. Comment dit-on en français...?

Exemple: meat = viande

meat   fast food   Moroccan cooking   closed   main course   vegetable   take-away

toasted ham and cheese sandwich   top quality   open   free-range and organic

Au bon légume

**Restaurant végétarien
Produits fermiers et
biologiques**

Fermé le lundi

Vite Fait
Cuisine rapide

**Sandwiches, salades,
Croque-monsieur,
omelettes**

Grill Express

Viande premier choix
Steaks et grillades
Ouvert 7 jours sur 7

La Médina
Cuisine marocaine

Couscous, tajines
Plats à emporter
Fermé le dimanche soir

L'Hippo

Formule rapide,
entre 12 et 14 heures seulement
un plat principal + un verre de vin + un café = 15 euros seulement

3 Regardez encore les panneaux de l'activité 2. Lisez les phrases. Faites correspondre.

Exemple: **1** Grill Express

1 On y mange beaucoup de viande.
2 On n'y mange pas de plats français.
3 On n'y mange pas de viande.

4 On y mange beaucoup de légumes.
5 On n'y mange pas de plats végétariens.
6 On y mange rapidement.

7 On n'y mange pas le dimanche soir.
8 On y mange tous les jours.
9 On y mange des produits sains.

4 À deux. A est le serveur/la serveuse.
B choisit une raison appropriée et se plaint.
Ensuite, changez de rôle.

Exemple: **A**: Voici le poisson.

B: Ce n'est pas assez cuit!

A: Je suis désolé(e).

Pour aider A

Voici le poisson.	Voici la tarte.
Voici le vin rouge.	Voici la ratatouille.
Voici le poulet.	Ça fait 500 euros.
Voici le vin blanc.	Ça fait 1000 euros, etc.

Pour aider B

C'est froid.   Il y a une erreur dans l'addition.

Ce n'est pas assez cuit.

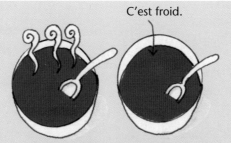

Ce n'est pas ce que j'ai commandé.

C'est mal décongelé.

C'est trop salé.

Mon couteau est sale.

Ce n'est pas frais.

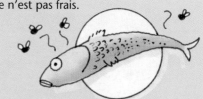

1   Écoutez et lisez.

1

VACANCES

Pour moi, les vacances, c'est le voyage et la découverte. J'ai découvert un château de la Loire, le château de Blois. J'ai vu le spectacle son et lumière. Je l'ai trouvé ennuyeux. Ma visite préférée, c'était la Maison de la Magie. C'est un endroit unique en Europe. On y découvre des tours de magie, des illusions d'optique. On peut assister à un spectacle de magie.
Clémence

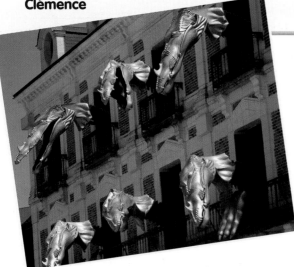

2

VACANCES

Pour moi, les vacances, c'est un rythme différent, et aussi l'enrichissement personnel. Cet été, je suis resté chez moi, mais tous les jours, je suis allé à la Maison de Quartier. Je me suis fait des amis au Club Net. Ensemble, nous avons créé un site web pour le club. Il existe un concours pour le meilleur site web créé par des jeunes. J'espère que nous allons gagner!
Baptiste

4

VACANCES

Pour moi, les vacances, c'est la détente. Pendant les vacances, je dors jusqu'à 11 heures du matin. Je ne fais pas grand-chose. Je vois mes amis, je traîne en ville, je regarde la télé. Mais à la fin des vacances, je suis bien reposé.
Sylvain

3

VACANCES

Pour moi, les vacances, c'est le sport et les rencontres. J'aime ce genre de vacances parce qu'on se fait de nouveaux amis. J'ai fait un stage de tennis à Cauterets, dans les Pyrénées. J'y ai passé quinze jours. J'ai appris beaucoup de choses. J'ai amélioré mon service et surtout, j'ai rencontré des gens intéressants.
Magali

2 Répondez aux questions. C'est Clémence, Baptiste, Magali, Sylvain ou personne? Attention: il y a plusieurs réponses.

Exemple: **1** Clémence

Qui...
1 a trouvé un spectacle intéressant?
2 est resté(e) chez lui/elle?
3 a voyagé?
4 a visité un endroit unique en Europe?
5 a adoré le spectacle son et lumière?
6 a fait une visite fascinante?
7 espère gagner un concours?
8 s'est fait de nouveaux amis?
9 est allé(e) à la montagne?
10 est parti(e) trois semaines?
11 a passé ses vacances avec d'autres jeunes?
12 a appris quelque chose?

3 Écoutez. C'est Clémence, Baptiste, Magali, ou Sylvain?

Exemple: **1** (Elle aime se faire de nouveaux amis. Elle a beaucoup joué au tennis.) = Magali

4 À deux. Préparez des questions sur Clémence, Baptiste, Magali et Sylvain. Posez les questions à un partenaire.

Exemple: **A:** Qui a visité un château?
           B: Clémence.
               Où Baptiste a-t-il passé ses vacances?
           A: ...

Pour aider

Qui... ?   Est-ce que... ?
Quand... ?   Que... ?
Où... ?   Qu'est-ce que... ?
Combien de temps... ?   Quel/quelle/quels/quelles... ?
Pourquoi... ?

Verbes

Voir (to see) is an irregular verb. The past participle is **vu**:

j'ai vu – *I saw*

Découvrir (to discover) is another irregular verb. Here are the forms of the present. They are the same as the forms of **ouvrir** (to open):

je découvre
tu découvres
il/elle/on découvre
nous découvrons
vous découvrez
ils/elles découvrent

The past participle is **découvert**:

j'ai **découvert** – *I discovered*

Apprendre (to learn) is also an irregular verb, but its forms are similar to **prendre** (see page 61).

j'ai **appris** – *I learnt*

Dormir (to sleep) is another irregular verb. You met it in the perfect tense in unit 9:

j'ai **dormi** – *I slept*

Here are the forms of the present:

je dors
tu dors
il/elle/on dort
nous dormons
vous dormez
ils/elles dorment

Épeler et prononcer

Most verbs end in **–ent** in the third person plural of the present tense, but these letters are not pronounced. In all other words ending in **–ent**, the letters *are* pronounced.

Read and listen to these words from the unit. With a partner, take it in turns to say them aloud.

ils boivent   rapidement
comment   différent
le parent   l'enrichissement
excellent   elles découvrent
elles mangent   ils dorment
ils connaissent   elles aiment
seulement

A Je me lave dans ma chambre…

This unit covers:
- daily routine
- helping around the house
- important festivals

 1 Trois habitants de Dijon décrivent leur vie quotidienne. Écoutez et lisez.

Chez nous on se réveille à sept heures. D'habitude je lis pendant une demi-heure, et à sept heures et demie je me lave au petit lavabo dans ma "chambre". Après ça je m'habille et je descends pour prendre le petit déjeuner. On prend le petit déjeuner ensemble à la cantine. Le matin je travaille ou je fais du bricolage, et à midi on déjeune ensemble. L'après-midi on travaille ensemble dans le jardin ou on fait le ménage.

À six heures on dîne à la cantine. De sept heures à neuf heures je regarde la télé dans la salle de jeux ou je fais des jeux de société avec les autres. À neuf heures je rentre dans ma "chambre", et je lis jusqu'à dix heures quand on éteint la lumière. À dix heures je me couche, mais je partage une "chambre" et d'habitude je ne m'endors pas avant minuit.
Christophe, Dijon

Je me réveille d'habitude très tôt – c'est-à-dire à cinq heures et demie. Je me lève et je me lave tout de suite, et de six heures à sept heures je travaille. À sept heures je prends très vite mon petit déjeuner, et je quitte la maison à sept heures et quart. J'arrive à sept heures et demie, et de sept heures et demie à huit heures je prépare mon travail. D'habitude, je déjeune à la cantine, mais on ne mange pas bien là. Quelquefois, si je n'ai pas trop de travail, je rentre chez moi pour manger et pour me calmer un peu. L'après-midi je travaille encore, et je rentre chez moi à six heures environ. Le soir, je dîne avec ma femme et je prépare mon travail. Je vais au lit à dix heures et demie, et je m'endors aussitôt couché.
Bernard, Dijon

Je me réveille à six heures moins le quart environ, et je me lève tout de suite parce que j'ai peu de temps le matin. Je prends un bain et je m'habille très vite dans la salle de bains. Puis je prends mon petit déjeuner et je me brosse les dents, et je quitte la maison à sept heures. Je prends le bus à sept heures et quart, et j'arrive à huit heures moins le quart.

Je travaille jusqu'à midi, et à midi je rentre déjeuner chez moi. Je déjeune entre midi et deux heures. Après ça, je travaille encore, et à cinq heures je prends le bus pour rentrer chez moi. Le soir, je travaille et je regarde la télé. À dix heures je me lave et je me brosse les dents, et je me couche à dix heures et quart.
Elsa, Dijon

2   Qui...

Exemple: **1** Elsa

1   ...travaille et regarde la télé, le soir?
2   ...se réveille à sept heures?
3   ...se lève à cinq heures et demie du matin?
4   ...dîne avec sa femme?
5   ...se couche à dix heures et quart?
6   ...s'endort à dix heures et demie?
7   ...se lave dans sa chambre?
8   ...prend le petit déjeuner avec ses copains à la cantine?
9   ...prend le bus à sept heures et quart?

> **Comment ça marche**
>
> *Reflexive* verbs use a *reflexive pronoun* (**me**, **te**, **se**, etc.) as well as the normal subject pronoun and verb form. The reflexive pronoun goes between the subject pronoun and the verb.
>
> Je **m'**habille à six heures et demie.
> Je **me** lave dans ma chambre.
> Il **se** réveille à six heures.
>
> ➤ **p.161**

3   Lisez encore et devinez le métier des trois personnes.
Puis écoutez la cassette.
Est-ce que vous aviez raison?

4   Lisez encore et répondez aux questions.

Exemple: **1** Il se réveille à sept heures.

1   Christophe se réveille à quelle heure?
2   Où est-ce que Christophe prend le petit déjeuner?
3   Christophe se couche à quelle heure? Est-ce qu'il s'endort tout de suite?
4   À quelle heure est-ce qu'Elsa arrive au collège?
5   Que fait Elsa entre midi et deux heures?
6   Elsa se lave et se brosse les dents à quelle heure, le soir?
7   Que fait Bernard de six heures à sept heures du matin?
8   Où est-ce que Bernard déjeune?
9   Bernard s'endort à quelle heure?

5   À deux. A prend le rôle d'une de ces trois personnes et dit quelque chose sur sa vie quotidienne.
B dit ce qui se passe après.
Puis **B** dit le nom de la personne.

Exemple: **A**: Je me réveille à six heures.

B: Je m'habille à six heures et demie.

6   Écrivez une description de votre vie quotidienne en 140 mots environ. Parlez de six choses au moins.

Exemple: Je me lève à six heures et demie...

Le week-end de Sébastien

 1 Écoutez et lisez.

1
Le week-end chez nous, d'habitude on fait le ménage. Ce n'est pas pour nous reposer – pas du tout! Le samedi matin, on se lève de bonne heure.

2
Le week-end, mes parents organisent tout. Mais d'abord on prend le petit déjeuner ensemble.

Après ça, les travaux commencent! Chaque personne a deux rôles.

3
Mon père aime travailler dans la cuisine, où il peut écouter la radio et boire du café. Il met toujours le couvert et il fait la cuisine et le linge.

4
En général, ma mère s'occupe de la maison en haut. Elle fait les lits et nettoie les chambres et la salle de bains.

Mon grand-père ne monte pas bien l'escalier, et alors d'habitude il nettoie la maison en bas.

5
Ma grand-mère aime travailler dans le jardin, et alors au printemps et en été elle tond le gazon. En hiver et en automne elle allume les feux et elle s'occupe du chauffage.

6
Normalement, ma sœur cadette passe l'aspirateur dans le salon et la salle à manger. De temps en temps mon frère cadet passe l'aspirateur dans les chambres – mais il n'aime pas travailler et quelquefois il disparaît dans sa chambre...

Mon frère aîné nettoie toujours les vitres et les meubles, parce qu'il aime bien ce travail et il le fait très bien. En général, ma sœur aînée fait la vaisselle.

Et moi – mon rôle est de nettoyer la voiture et de ranger l'abri. Nettoyer la voiture, ce n'est pas mal (parce que j'aime jouer avec l'eau!) mais ranger l'abri, c'est casse-pieds! Heureusement j'ai un génie qui fait tout pour moi.

2 **Qui fait quoi? Remplissez les blancs.**

Exemple: **1** Le week-end, les parents de Sébastien organisent tout.

1 Le week-end, _____ organisent tout.
2 Son _____ aime travailler dans la cuisine.
3 En général, sa _____ fait les lits et nettoie les chambres et la salle de bains.
4 Son _____ nettoie d'habitude la maison en bas.
5 Quelquefois son _____ disparaît dans sa chambre.
6 _____ aime jouer avec l'eau.

3 **Remplissez les blancs avec la bonne expression.**

Exemple: **1** Le week-end, d'habitude on fait le ménage.

1 _____ , d'habitude on fait le ménage.
2 _____ et _____ la grand-mère de Sébastien tond le gazon.
3 _____ , sa sœur cadette passe l'aspirateur dans le salon.
4 Son frère aîné nettoie _____ les vitres et les meubles.
5 _____ , sa sœur aînée fait la vaisselle.
6 _____ Sébastien a un génie qui fait tout pour lui.

4 **Jeu de mémoire – qui fait quoi, et quand? A prend le rôle de Sébastien et ferme le livre. B pose des questions. Puis changez de rôle.**

Exemple: **B**: Qui passe l'aspirateur dans les chambres?

A: Mon frère cadet.

5 **Et vous? Faites des interviews en classe sur qui fait quoi dans la famille de vos camarades. Notez les résultats.**

Exemple: **A**: Qui passe l'aspirateur chez toi?

B: Normalement, mon père passe l'aspirateur dans le salon, mais...

6 **Est-ce que votre famille est stéréotypée ou "moderne"? Est-ce que vous partagez le ménage entre vous? Écrivez 150 mots pour justifier votre opinion.**

Exemple: Dans ma famille, on est "moderne". On partage le ménage. Mon père...

Comment ça marche

Adverbs such as **normalement**, **en général**, etc. are useful for giving extra information.

En général, ma sœur aînée fait la vaisselle.
Mon père fait **toujours** la cuisine.
En hiver et en automne ma grand-mère rentre le bois.
De temps en temps mon frère cadet passe l'aspirateur.
Heureusement j'ai un génie.
Le week-end les parents de Sébastien organisent tout.

➤ p.173

Attention!

Sébastien   Le père de Sébastien

C   Des fêtes pour toi?

1   Écoutez et lisez.

Des jeunes parlent de leurs fêtes préférées – et des fêtes qu'ils n'aiment pas tellement.

Agnès

Les fêtes? Ma fête préférée, c'est Halloween. Halloween m'amuse beaucoup. Je me déguise en sorcière avec un foulard, des bottes orange et le balai de ma grand-mère. Puis je sors pour faire peur aux voisins…

Audrey

Ce que j'aime le moins, ce n'est pas une vraie fête – mais pour moi la rentrée, c'est affreux! C'est en septembre, et c'est le jour le plus triste de l'année. C'est le commencement de l'année scolaire, tu comprends…

Claire

La fête que j'aime le plus c'est le Mardi gras, en février. Le Mardi gras on s'amuse beaucoup, et il y a des défilés, des carnavals, des fêtes foraines, etc., et on se déguise et on danse dans les rues. C'est super!

Tony

La fête que j'aime le moins, c'est Noël. Je trouve que la plupart des gens boivent trop, mangent trop et échangent des cadeaux idiots. Je préfère penser au vrai sens de Noël et aux personnes moins heureuses que moi.

Ali

Ma fête préférée, c'est Aïd-el-Fitr. Aïd-el-Fitr se passe à la fin du mois de ramadan. Pendant le ramadan, ce n'est pas permis de manger pendant la journée, mais pendant Aïd-el-Fitr ce n'est pas permis de *ne pas* manger. Ce jour-là, on se lève tôt, on prend un bain et on s'habille avec des vêtements neufs. Après il y a des prières et les enfants reçoivent des cadeaux. C'est formidable.

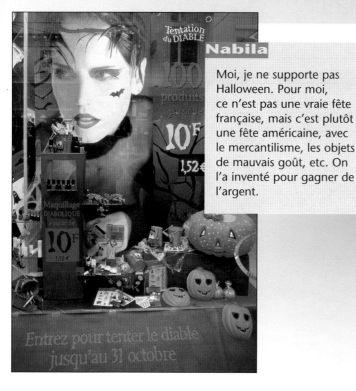

Nabila

Moi, je ne supporte pas Halloween. Pour moi, ce n'est pas une vraie fête française, mais c'est plutôt une fête américaine, avec le mercantilisme, les objets de mauvais goût, etc. On l'a inventé pour gagner de l'argent.

Aurélie

Je suis chrétienne et ma fête préférée, c'est Noël. C'est parce que j'aime voir les visages heureux des petits enfants quand ils ouvrent les cadeaux du Père Noël. Mais je trouve l'aspect religieux important aussi.

2   Vrai (V), faux (F) ou on ne sait pas (?) ?

Exemple: **1 = V**

1   À Halloween, Agnès fait peur aux voisins.
2   La rentrée est le commencement des vacances d'été.
3   Le Mardi gras il y a des défilés, des fêtes foraines, etc.
4   Tony aime échanger les cadeaux de Noël.

5   Halloween, c'est surtout une fête française.
6   Aurélie aime regarder les petits enfants qui ouvrent leurs cadeaux de Noël.
7   Pendant le ramadan, ce n'est pas permis de manger pendant la nuit.

3   Lisez et choisissez **a**, **b** ou **c**.

Exemple: **1 = c**

1   La fête préférée d'Aurélie, c'est **a)** le Mardi Gras **b)** Pâques **c)** Noël.
2   À Noël, Tony pense **a)** aux cadeaux **b)** aux personnes moins heureuses **c)** aux repas.
3   Nabila n'aime pas **a)** les défilés **b)** le mercantilisme **c)** les cadeaux de Halloween.
4   À Halloween, Agnès se déguise en **a)** cochon **b)** oiseau **c)** sorcière.
5   Pour Audrey, la rentrée est le jour le plus **a)** triste **b)** heureux **c)** ennuyeux de l'année.
6   Le Mardi gras, Claire **a)** se lève de bonne heure **b)** s'amuse beaucoup
        c) s'ennuie beaucoup.
7   Le jour d'Aïd-el-Fitr, on **a)** se lève très tard **b)** se lève très tôt **c)** sort de bonne heure.

4   Sondage en classe. Posez des questions à vos camarades pour trouver leur fête préférée et la fête qu'ils/elles aiment le moins. Prenez des notes.

Exemple: **A**: Quelle est ta fête préférée?

           B: Ma fête préférée, c'est Noël.

5   Écrivez 150 mots sur les opinions de vos camarades.

Exemple: La fête préférée de Jessica, c'est Pâques...

This unit covers:
- telecommunications
- money transactions
- hiring
- health problems
- accidents, breakdowns and losses

 1 Écoutez et lisez.

Anna et Rémi sont québécois. Ils visitent la France.

1 Je voudrais louer deux vélos, s'il vous plaît.

À la journée? À la semaine?

2 À la journée. C'est pour trois jours seulement. Combien est-ce que ça coûte?

Ça fait 10 euros par jour et par vélo. Il faut payer à l'avance. Il y a aussi une caution de 30 euros par vélo. La location commence à sept heures du matin. Le dernier jour, il faut rendre les vélos avant 21 heures.

3 Ah! Enfin! Voilà l'auberge de jeunesse... On va pouvoir se reposer.

Auberge de jeunesse

4 Est-ce qu'on peut louer des sacs de couchage?

Bien sûr. C'est cinq euros pour la nuit. Il faut régler à l'avance. Il y a aussi une caution de 10 euros.

5 Est-ce que vous prenez les chèques de voyage?

Est-ce que vous prenez les cartes de crédit?

Chèque de Voyage

VISA

Non. Nous prenons les chèques ordinaires, ou l'argent liquide.

6 Où est-ce qu'il y a un distributeur pour retirer de l'argent liquide?

Il y a celui de la Banque Nationale, à trois kilomètres.

7

8 Je ne peux pas retirer d'argent avec ma carte: j'ai oublié mon code personnel.

Ce n'est pas grave: j'ai le mien – 9812.

9 Oh, non!

Attention!

The French word **louer** can be confusing, as it means both "to hire out" and "to rent":

Elle **loue** des vélos aux touristes.
*She **hires** bikes out to tourists.*

Il **loue** un vélo pour une semaine.
*He **rents** a bike for a week.*

The French word **la location** means "hire" or "hiring". Don't confuse it with the English word "location".

 2 Écoutez et lisez.

1 – Je voudrais changer 100 livres sterling, s'il vous plaît.
   Quel est le taux de change?
– Le taux de change est de 1,70 euro pour une livre sterling.

2 – Est-ce qu'il y a une commission?
– Il n'y a pas de commission. Voilà 170 euros!

 3 Lisez encore une fois la page 100 puis cachez-la.
Lisez le texte et trouvez les bons mots. Si vous voulez, travaillez à deux.

Exemple: **1** *louer*

– Je voudrais **1)** ___ deux vélos, s'il vous plaît. **2)** ___?

– Ça fait 10 euros. Il faut **3)** ___ à l'avance. Il y a aussi **4)** ___ de 30 euros par vélo.

– Voilà l'auberge de jeunesse.

– Est-ce qu'on peut louer **5)** ___?

– Bien sûr. C'est 5 euros pour la nuit. Il faut régler **6)** ___.

– Est-ce que vous prenez les chèques de voyage?

– Non. Nous prenons l'argent **7)** ___.

– Où est-ce qu'il y a un **8)** ___ pour retirer de l' **9)** ___?

– Il y a **10)** ___ la Banque Nationale.

– Je ne peux pas retirer d'argent avec **11)** ___: j'ai oublié **12)** ___.

4 À deux. A est un touriste et veut louer quelque chose.
B a quelque chose à louer.

Exemple:

A: Je voudrais louer...

C'est pour... (deux heures/une journée/ une semaine)

Combien est-ce que ça coûte?

Est-ce qu'il y a une caution?

Quand commence la location?

Quand est-ce qu'il faut rendre... ?

Est-ce que vous prenez... (les chèques de voyage? les cartes de crédit? l'argent liquide?)

B donne une réponse. Ensuite, changez de rôle.

Pour aider

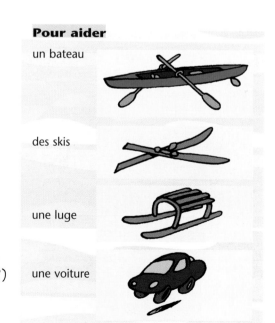

un bateau

des skis

une luge

une voiture

B Communications

1 Écoutez et lisez.

1

Il ne me reste que deux ou trois euros, et j'ai perdu ma carte! Et toi, tu as oublié le code personnel de la tienne.

Je téléphone chez moi: ma mère le connaît.

2

Zut! Mon portable ne marche pas. J'ai besoin d'une nouvelle carte.

Le mien non plus ne marche pas parce que la batterie est à plat, et j'ai laissé le chargeur à la maison.

3

C'est une cabine à télécarte. Une télécarte, ça coûte au moins 10 euros...

Il me reste quelques timbres: deux timbres à 46 centimes, et un timbre à 67 centimes. On pourrait écrire?

4

Quel timbre faut-il pour envoyer une lettre au Canada, s'il vous plaît?

Pour envoyer une lettre de 20 grammes, il faut un timbre à 67 centimes.

5

Combien de temps met le courrier, entre la France et le Canada?

Oh, quatre ou cinq jours!

6

Quatre ou cinq jours, c'est trop long... J'ai une idée: est-ce qu'on peut envoyer un fax d'ici?

Bien sûr, c'est facile!

7

Vous glissez la feuille ici, et vous composez le numéro. N'oubliez pas l'indicatif. Celui du Canada, c'est 00 1.

Ça ne marche pas... Mon père a encore oublié de mettre du papier dans le télécopieur!

8

Regarde! Un cybercafé! C'est la solution... Ça coûte seulement deux euros de l'heure.

Cybercafé

9

Voilà! Le mail est parti – maintenant, il suffit d'attendre la réponse.

Internet

Et si ça ne marche pas, on peut envoyer un message avec un pigeon...

2 **Faites correspondre.**

Exemple: **1 = i**

1 l'argent — **a** Il faut une télécarte.

2 la batterie — **b** Anna a perdu le code personnel de la sienne.

3 la cabine téléphonique — **c** Rémi a oublié le sien chez lui.

4 la carte de crédit — **d** Facile à envoyer, mais il faut du papier dans le télécopieur.

5 le chargeur — **e** Pour le Canada, ça coûte un euro.

6 le fax — **f** Ça coûte seulement deux euros de l'heure.

7 la lettre — **g** Celle du portable de Rémi est à plat.

8 le mail — **h** Celui d'Anna a besoin d'une nouvelle carte.

9 le portable — **i** Rémi en a très peu.

3 **À deux. A pose une question. B explique le problème. Ensuite, changez de rôle.**

Exemple: **A**: On pourrait téléphoner?

B: Mon portable ne marche pas. J'ai besoin d'une nouvelle carte.

A: On pourrait écrire/envoyer un fax/envoyer un mail?...

4 **À deux. A est le client, B est l'employé du bureau de poste. Faites plusieurs conversations. Changez de rôle.**

Exemple:

A: Quel timbre faut-il pour envoyer une lettre en Grande-Bretagne, s'il vous plaît?

B: 20 grammes... Un euro.

A: Combien de temps met le courrier, entre la France et la Grande-Bretagne?

B: Deux jours.

A: Je voudrais envoyer un fax. Quel est l'indicatif?

B: C'est le 00 44.

	Grande-Bretagne	Irlande	États-Unis	Australie
lettre de 20 grammes	0,46€	0,46€	0,67€	0,79€
	2 jours	2 jours	4 jours	une semaine
lettre de 60 grammes	0,91€	0,91€	1,98€	2,29€
	2 jours	2 jours	4 jours	une semaine
lettre de 100 grammes	1,22€	1,22€	2,29€	2,90€
	2 jours	2 jours	4 ou 5 jours	une semaine
indicatif téléphonique	00 44	00 353	00 1	00 61

Comment ça marche

You use a *demonstrative pronoun* to refer to something which has just been mentioned.

Où est-ce qu'il y a un distributeur?
Where is there a cash machine?

Il y a **celui de** la Banque Nationale.
(= Il y a le distributeur de la Banque Nationale.)
*There is the Banque Nationale **one**.*
(= There is the Banque Nationale cash machine.)

	masculine	feminine
singular	celui de	celle de
plural	ceux de	celles de

 p.176

Verbes

Mettre (to put, to take) is an irregular verb which you have often seen in rubrics. It can mean various things according to the context.

Maintenant, vous **mettez** les illustrations dans l'ordre.
*Now, you **put** the pictures in the right order.*

Combien de temps **met** le courrier?
*How long does the post **take**?*

je mets	nous mettons
tu mets	vous mettez
il/elle/on met	ils/elles mettent

Il reste and **il suffit** are *impersonal* verbs. Their form is fixed and they never change (though the pronoun used with them can change):

Il me reste quelques timbres.
I have some stamps left.

Il lui reste de l'argent.
He/She has some money left.

Il suffit d'attendre la réponse.
All we have to do is wait for the answer.

Attention!

Here are some phrases for talking about weight and price:

C'est une lettre **de** 20 grammes.
It's a 20-gramme letter.

J'ai deux timbres **à** 46 centimes.
I have two 46-cent stamps.

Allô, police?

 1 Écoutez et lisez.

1

Allô? Ma voiture est tombée en panne. Je crois que j'ai un pneu crevé. Mais le moteur fume. C'est peut-être une panne sèche. Ou c'est peut-être les bougies. En tout cas, je veux faire réparer la voiture très rapidement! Je suis pressé.

Où êtes-vous exactement?

2

Je suis sur la A7, en direction du sud, à trois kilomètres de la sortie 29.

C'est quelle sorte de voiture?

Une Citroën DS, noire, immatriculée 342 RG 75.

La dépanneuse arrive d'ici une demi-heure.

3

On ne peut pas réparer ça sur place.

4

Il faut remorquer la voiture jusqu'au garage.

Aïe!

5

Et moi? Et mes documents?...

6

Allô, police? On m'a volé ma voiture.

7

Alors, que s'est-il passé? Où étiez-vous au moment du vol?

J'étais ici, au bord de la route.

8

Que faisiez-vous au bord de la route?

Je ne faisais rien: ma voiture était en panne! La dépanneuse est arrivée, a remorqué ma voiture... et m'a laissé!

9

C'était une fausse dépanneuse... Qu'est-ce qu'il y avait dans la voiture?

Mes gants, mon parapluie, ma veste, deux valises...

10

Pouvez-vous me les décrire?

Les gants sont en cuir noir, le parapluie est rouge – c'est un parapluie pliant. La veste est en laine bleue, avec des boutons dorés. Les valises sont des valises à roulettes.

11

Qu'est-ce qu'il y avait dans les valises?

Dans la grande valise, il y avait mes vêtements. Dans la petite, il y avait des documents... ultra-secrets! Je suis l'agent ZX39...

2 Lisez les phrases. Problème mécanique ou conseil du garage?

Exemple: **1** Problème mécanique

1 C'est les bougies.
2 C'est une panne sèche.
3 Il faut remorquer la voiture jusqu'au garage.
4 J'ai un pneu crevé.
5 La dépanneuse arrive d'ici une demi-heure.
6 Le moteur fume.
7 Ma voiture est tombée en panne.
8 On ne peut pas réparer ça sur place.

3 A a perdu quelque chose. B est le gendarme.
Regardez les dessins et reconstituez les histoires.
Que s'est-il passé?

Exemple: **1)** **A:** J'ai perdu mon sac à dos.

B: Quand?
A: Ce matin.

B: Où étiez-vous?
A: Dans le bus.

B: Pouvez-vous me le décrire?
A: Il est en nylon orange.

B: Qu'est-ce qu'il y avait dans le sac?
A: Mes vêtements et mon argent.

Comment ça marche

The *imperfect tense* is used to describe something which *was* happening in the past:

Où **étiez**-vous au moment du vol?
*Where **were** you at the time of the theft?*

Je ne **faisais** rien.
*I **wasn't doing** anything.*

Here are the forms of **faire**, an irregular verb, in the imperfect:

je faisais
tu faisais
il/elle/on faisait
nous faisions
vous faisiez
ils/elles faisaient

➤ p.162

Attention!

Note the construction with **faire** when talking about *having something done*:

Je veux **faire réparer** la voiture.
*I want **to have** the car **repaired**.*

Motorways in France are called **A** for **autoroutes**. La **A7** is l'**autoroute 7**.

Pour aider A

On m'a volé…
J'ai perdu…

en cuir bleu
en nylon orange
en laine marron
en…

L'agent ZX39 chez le docteur

1   Écoutez et lisez.

Alors vous avez perdu les documents, Agent ZX39! Bravo! Et maintenant, qu'est-ce qui ne va pas?

Je ne me sens pas bien. Ça a commencé hier soir. Je me suis couché à 11 heures. À minuit, je me suis levé et j'ai vomi. Je crois que je suis malade.

C'est une indigestion. Il faut voir le docteur Petit. C'est peut-être grave.

Le docteur Petit? Oh, non...

Alors, quels sont vos symptômes?

J'ai mal au ventre et à la tête. Je tousse et j'ai chaud. J'ai mal au cœur. Je suis très fatigué. J'ai de la peine à avaler. Ah, oui: j'ai aussi de l'urticaire.

Oui, vous avez de la fièvre et vous êtes enrhumé. Retirez votre chemise. Ouvrez la bouche et respirez à fond.

AAAAAH...

Qu'est-ce que vous avez ici? Vous êtes blessé? Vous saignez...

Je me suis fait mal au doigt... en réparant ma voiture. Je me suis coincé le doigt dans le capot.

C'est peut-être la grippe. Il faut rester au lit. Il vous faut des comprimés d'aspirine et du sirop pour la toux. Prenez quatre comprimés par jour. Passez à la pharmacie en sortant d'ici.

Et des antibiotiques?

Non, non, pas d'antibiotiques. Mais pour votre doigt, il faut faire une radio et il faut un produit antiseptique...

... et bien entendu, il faut faire une piqûre anti-tétanos.

Euh, non, merci... Je me sens mieux. Je n'ai plus mal au doigt.

2 Faites correspondre le texte et les dessins.

Exemple: **1** = c.

1 Il a mal au ventre.

2 Il a mal au cœur.

3 Il a vomi.

4 Il s'est coincé le doigt.

5 Il se sent mieux.

6 Il s'est couché à 11 heures.

7 Il a de la fièvre.

8 Il est blessé.

9 Il a de la peine à avaler.

10 Il a de l'urticaire.

3 **À deux. A est malade et décrit un symptôme. B est le docteur et donne un diagnostic, une instruction ou un conseil (voir page 106). Ensuite, changez de rôle.**

Exemple: **A**: J'ai vomi.

B: C'est une indigestion.

Épeler et prononcer

The letter groups **oi** and **oin** correspond to quite different sounds. Listen and repeat.

trois	voiture	histoire	coin
voilà	toi	soir	point
pouvoir	je crois	doigt	besoin
fois	noir		moins
			coincé

Comment ça marche

You saw some reflexive verbs in unit 12: (**je me réveille**, **je me lave**...). Reflexive verbs use **être** in the perfect tense and the past participle agrees with the pronoun.

se coucher (*to go to bed*)
je me suis couchée
tu t'es couché(e)
il s'est couché
elle s'est couchée
on s'est couché(e)(s)
nous nous sommes couché(e)s
vous vous êtes couché(e)(s)
ils se sont couchés
elles se sont couchées

However, if the verb is followed by a direct object (the underlined words in the following examples), there is no agreement:

Je me suis fait <u>mal</u>:
je me suis cassé <u>la jambe</u>
et je me suis coincé <u>le doigt</u>.

➤ p.162

Je me suis fait mal au doigt **en réparant** ma voiture.
*I hurt my finger **while repairing** my car.*

You can use **en** with a *present participle* to say "while …ing". To form the present participle of most regular verbs, you simply replace the -**er**, -**ir**, or -**re** with -**ant**.

The present participle of **faire**, an irregular verb, is **faisant**:

Elle s'est cassé la jambe en **faisant** du ski.
She broke her leg while skiing.

➤ p.167

A   Moi, j'adore les fruits

 1 Écoutez et lisez.

Sommaire-Jeunes demande
"Qu'est-ce que tu aimes manger?
Et qu'est-ce que tu n'aimes pas?"
Voici les réponses...

J'aime beaucoup la viande parce que c'est bon pour la santé et j'aime le goût. Ma viande préférée, c'est le bœuf. À part le bœuf, j'aime le porc et l'agneau. Ce que j'aime le moins, c'est les pâtes. Les pâtes sont visqueuses et je déteste les pâtes de toutes sortes – les spaghettis, les lasagnes, les macaronis!

Sophie, 16 ans, Cap Ferrat

Moi, j'adore les fruits. J'aime les pommes et les poires, mais mon fruit préféré, c'est le kiwi. Cependant, j'adore tous les fruits, parce qu'ils sont très bons pour la santé et ils me font penser à l'été. J'aime surtout les citrons, les citrons verts, les oranges, etc. Ce que j'aime le moins, c'est le poisson. Je déteste les poissons de toutes sortes parce que ça sent mauvais. Ça me fait vomir! Berk!

Xavier, 17 ans, Verdun

J'aime les bonbons et les gâteaux, surtout les gâteaux au chocolat. J'aime aussi les tartes aux poires, aux pommes, etc., et mon gâteau préféré, c'est la tarte au citron. Miam, miam! Le seul problème, c'est que c'est très mauvais pour la santé – mais tout le monde meurt un jour ou l'autre! Ce que j'aime le moins, c'est les saucisses. Je suis végétarienne, et je trouve les saucisses dégoûtantes!

Candice, 18 ans, Modane

Je viens du Maroc mais je préfère la nourriture européenne comme les frites, les saucisses, les pizzas, les chips, les brochettes, les hamburgers, etc.! J'adore le goût! Chez nous on mange de la nourriture nord-africaine comme le couscous et la harira (la soupe nationale marocaine), le zaalouk (la salade aux aubergines), le mourouzia (du ragoût au mouton, qu'on mange surtout à la fête d'Aïd-El-Kébir), mais je n'aime pas tellement ça. Cependant, j'aime les feqqas (des biscuits délicieux).

Amina, 14 ans, Avignon

2 Lisez et choisissez **a**, **b** ou **c**.

Exemple: **1** = *a*

1 Sophie aime...
  a le porc et l'agneau
  b le bœuf et le veau
  c le porc et les saucisses.

2 Elle n'aime pas...
  a les spaghettis et les chips
  b les lasagnes et les biscuits
  c les lasagnes et les macaronis.

3 Xavier aime...
  a les pommes et les oignons
  b les kiwis et les oranges
  c les citrons verts et les pommes de terre.

4 Il déteste...
  a le poisson parce que ça sent mauvais
  b le bœuf parce que ça contient des matières grasses
  c les bonbons parce qu'ils sont mauvais pour la santé.

5 Candice aime...
  a les gâteaux au chocolat et les escargots
  b les tartes aux poires et les tartes aux noix
  c les gâteaux au chocolat et les tartes aux poires.

6 Amina aime...
  a la harira et le zaalouk
  b les brochettes et les frites
  c le zaalouk et le bœuf.

3 Lisez les phrases. Corrigez les erreurs.

Exemple: **1** Sophie aime le bœuf, le porc et l'agneau, mais elle n'aime pas <u>les pâtes</u>.

1 Sophie aime le bœuf, le porc et l'agneau, mais elle n'aime pas le riz.
2 La viande préférée de Sophie est l'agneau.
3 Xavier adore les légumes parce qu'ils sont bons pour la santé et ils font penser à l'été.
4 Xavier aime le poisson parce que ça sent bon.
5 Candice adore les gâteaux au chocolat parce qu'ils sont bons pour la santé.
6 Candice est végétarienne mais elle trouve les saucisses délicieuses.
7 Amina aime la harira (c'est-à-dire la soupe nationale algérienne).
8 Amina n'aime pas les chips. Elle déteste le goût.

4 Écrivez un résumé de ce que chaque personne aime et n'aime pas.

Exemple: Sophie aime la viande mais elle...

5 À deux. Faites des interviews sur ce qu'on aime et n'aime pas manger.
Puis écrivez quelques phrases et échangez-les avec des camarades.
Qui peut deviner l'identité de la personne interviewée?

Exemple: **A**: Qu'est-ce que tu aimes manger?
     B: J'aime le poisson...

6 Et vous? Qu'est-ce que vous aimez manger? Qu'est-ce que vous n'aimez pas?
Et pourquoi? Écrivez 70 mots environ.

Exemple: J'adore les légumes parce que...

1 Écoutez et lisez.

Le Cybermarché

a
**Grand Expresso,
le paquet de 250g Lavazza**
Le Grand Expresso est typique italien
pour un vrai café comme au comptoir.
☐ ± **Acheter**

b
**Kellogg's Corn Flakes
Original, le paquet de 500g**
Ce sont les corn flakes originales avec
la recette du docteur Kellogg.
☐ ± **Acheter**

c
**Nutella, le verre de 220g
Ferrero**
Le verre de Nutella avec un tout petit
+10% gratuit.
☐ ± **Acheter**

d
**Pur jus d'orange,
le carton de 1 litre Rea**
Un très bon rapport qualité/prix.
☐ ± **Acheter**

e
**Lait écrémé Vitalité,
la boîte 300g Régilait**
Ce lait en poudre est à composition
légère. Il se dissout rapidement.
☐ ± **Acheter**

f
**Miel d'acacia, le pot de 500g
Lune de Miel Bernard
Michaud**
Un gros pot de miel d'acacia de
Hongrie pour les consommateurs
réguliers.
☐ ± **Acheter**

g
**Lu Petit Beurre pocket,
le paquet de 300g**
Avec ces petits paquets individuels, on
peut emmener ses petits biscuits
partout.
☐ ± **Acheter**

h
**Chips au bacon,
le paquet de 90g Cora**
Une préparation supplémentaire au
bacon sur une chips de bonne qualité.
☐ ± **Acheter**

i
**Sucre en poudre,
la boîte de 1kg Saint Louis**
Le sucre en poudre classique en boîte
verseuse de 1kg.
☐ ± **Acheter**

j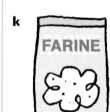
**Muffins à préparer,
la boîte de 360g Ancel**
Cette gamme de produits à préparer
reprend les standards de la pâtisserie
américaine.
☐ ± **Acheter**

k
**Farine de blé type 45,
le pack de 10kg Cora**
Nous n'avions jamais osé, mais là,
on le fait! 10 kg d'un seul coup!
☐ ± **Acheter**

l
**Huile d'olive vierge extra,
1 litre Puget**
Une huile d'olive vierge célèbre et de
bonne qualité qui nous initie au plaisir
de l'olive.
☐ ± **Acheter**

2 Écoutez et mettez les produits dans l'ordre.

Exemple: *i, ...*

3 Lisez les pubs à la page 110. Faites une liste des produits pour:
• le petit déjeuner
• le goûter
• le dîner

Exemple: **le petit déjeuner:** le café Grand Expresso, ...

4 Répondez aux questions.

Exemple: **1** *les cornflakes*

1 Quel produit est disponible en paquet de 500g?
2 Quel produit ressemble à la pâtisserie américaine?
3 Quel produit vient de Hongrie?
4 On paye 90% du prix de quel produit?
5 On obtient quoi dans un paquet de 90g?
6 Le Grand Expresso vient de quel pays?
7 Quel produit est léger et se dissout rapidement?
8 On peut acheter quel produit dans un pack de 10 kg?
9 Quel produit se vend en paquets individuels?
10 Quel produit offre un très bon rapport qualité/prix?
11 Qu'est-ce qui nous "initie au plaisir de l'olive"?
12 Quel produit est disponible en boîte verseuse?

5 À deux. **A** mentionne un repas; **B** a cinq secondes pour suggérer un produit à acheter.

Exemple: **A**: *Le petit déjeuner.*

   B: *La confiture aux abricots.*

6 Maintenant écrivez des pubs pour des aliments réels ou imaginaires. Donnez des renseignements sur la qualité, les offres spéciales, la quantité, etc.

Exemple:

> **Thé Lèvreton, la boîte de 250g.**
>
> Le thé classique anglais destiné aux connaisseurs français.

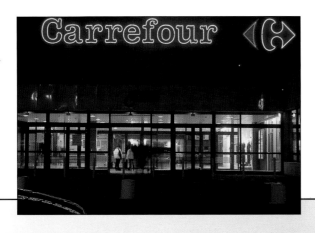

1   Écoutez et lisez.

Bien manger – ça veut dire penser à la santé quand on choisit ses aliments – c'est très important. Il faut suivre un régime équilibré. C'est très important de manger beaucoup de fruits, comme par exemple les pommes, les oranges, les citrons et les melons. Il faut manger de la salade ou des légumes, comme du chou, des carottes, etc., à presque chaque repas. En plus, c'est important de manger du poisson et de la viande fraîche.

Ce qu'on mange, c'est important – bien sûr. Mais ce qu'on ne mange pas, c'est plus important! Il faut éviter les hamburgers, le chocolat, les frites et les autres aliments qui contiennent beaucoup de matières grasses, et en plus il faut manger peu de bonbons, de glaces et d'autres aliments qui contiennent du sucre. Si on fait ça, la plupart des choses qui restent sont bonnes pour la santé...

Bien manger, c'est très important, et il faut manger des fruits, etc. Mais bien boire, c'est important aussi! Le corps a besoin de beaucoup de liquide, et il faut boire au moins trois litres de liquides par jour, pour rester en bonne santé. Il faut boire surtout beaucoup d'eau, beaucoup de jus de fruits et beaucoup de lait. Et il faut éviter les boissons qui sont mauvaises pour la santé.

Aïïïeee! Mais est-ce que c'était un cauchemar ou la réalité? J'en ai ras-le-bol des je-sais-tout qui me donnent des instructions! Je n'ai pas besoin de ces conseils sur ce qu'il faut manger – c'est moi qui décide. Je mange des choses saines, mais j'adore les pommes de terre! Et mon plat préféré, c'est le gratin dauphinois. C'est des pommes de terre avec de la crème et du lait. Voici la recette...

Le gratin dauphinois
(Ces proportions sont prévues pour quatre personnes)

&- Épluchez, lavez, émincez et essorez un kilo de pommes de terre à chair jaune.

&- Frottez tout l'intérieur d'un plat à gratin avec une gousse d'ail.

&- Salez-le et beurrez-le. Étalez alors les rondelles de pommes de terre par couches successives.

&- Salez et poivrez entre chaque couche de pommes de terre.

&- Dans une jatte, fouettez deux œufs entiers mélangés à deux cuillerées à soupe de crème fraîche et quatre verres de lait bouilli.

&- Nappez-en les pommes de terre et parsemez de quelques noisettes de beurre.

&- Mettez le plat à four chaud, puis faites cuire à four doux, pendant 50 minutes environ.

&- Protégez les pommes de terre par une feuille de papier d'aluminium.

&- Sortez le plat du four, remettez quelques noisettes de beurre sur le dessus.

&- Servez dans le plat de cuisson.

2 Lisez encore et complétez les opinions.

Exemple: **1** C'est très important de manger beaucoup de fruits, comme par exemple les pommes, les oranges, les citrons et les melons.

1 C'est très important de manger beaucoup de fruits...
2 Le corps a besoin de...
3 Il faut éviter les hamburgers...
4 Il faut manger peu de...
5 J'en ai ras-le-bol...
6 Je n'ai pas besoin de...

> **Attention!**
> To say what someone *needs to do* or *ought to do*, or *what it is important to do*, use **il faut** or **c'est important de**. After both of these expressions, you use the *infinitive* of the verb:
>
> **Il faut** éviter les hamburgers.
> **C'est très important de** manger beaucoup de fruits.

3 Mettez les phrases dans l'ordre pour reconstruire la recette. Après, n'oubliez pas de faire cuire un gratin dauphinois!

Exemple: **1 = d** Frottez un plat à gratin avec une gousse d'ail.

a Étalez les rondelles de pommes de terre par couches successives.
b Faites cuire à four doux, pendant 50 minutes environ.
c Fouettez 2 œufs entiers, 2 cuillerées de crème fraîche et 4 verres de lait bouilli.
d Frottez un plat à gratin avec une gousse d'ail.
e Nappez-en les pommes de terre et ajoutez du beurre.
f Salez et poivrez entre chaque couche de pommes de terre.
g Salez-le et beurrez-le.

> **Comment ça marche**
> In this unit you have met some more *imperatives*. They are very useful in instruction-giving contexts like recipes. The imperatives here are all in the **vous** form, because recipes are written in formal language:
>
> | **Faites cuire** | **Frottez** |
> | **Fouettez** | **Ajoutez** |
>
> ➤ p.164

4 Trouvez ou inventez votre propre recette. La classe pourrait peut-être faire cuire les trois recettes les plus populaires.

Exemple: La mousse au chocolat...

5 Lisez encore la page 112. Recopiez huit opinions. Commencez avec l'opinion avec laquelle vous êtes le plus d'accord, puis la prochaine, etc.

Exemple: J'en ai ras-le-bol des je-sais-tout qui me donnent des instructions!

6 Débat en classe. Travaillez en groupes pour donner vos opinions (déjà écrites) sur l'alimentation et la santé.
Puis, chaque groupe donne ces opinions en classe et quelqu'un les écrit au tableau. Après, discutez des opinions ensemble.

Exemple: C'est important de manger beaucoup de fruits et de légumes...

1   Lisez les textes.

Je ne bois pas d'alcool ni de boissons sucrées, je ne mange pas d'aliments gras et je ne prends pas de drogues. Ces vices sont trop dangereux pour moi, parce que je voudrais vivre longtemps et être en bonne santé. Pour cette raison je fais beaucoup d'exercice. Cependant, j'ai un vice. Je fume de temps en temps. Je sais que je risque d'avoir le cancer, mais c'est le seul risque que je prends.

Joséphine, 17 ans

Je pense que Joséphine est bête! Fumer, c'est le seul risque qu'elle prend — mais c'est le plus grand! Si on fume du tabac ou de la drogue, faire de l'exercice, ça ne vaut pas la peine — parce qu'on risque de mourir quand même! Risquer de mourir du cancer, ce n'est pas pour moi. Et moi non plus, je ne bois pas d'alcool ni de boissons sucrées, et je fuis les hamburgers comme la peste!

Thomas, 18 ans

Je suis d'accord avec Thomas. Avec la drogue en forme de "joints" et avec les cigarettes, le risque de cancer et de maladies cardiaques est très élevé. Et si on prend des drogues, c'est la mort. On ne peut pas se libérer. On dépense tout son argent, puis on meurt. Moi, je ne fume pas de cigarettes ni de joints, et j'évite les aliments gras, les boissons sucrées et l'alcool. Mais je ne fais pas d'exercice. Faire de l'exercice, c'est casse-pieds...

Marion, 16 ans

Faire de l'exercice, c'est peut-être casse-pieds — mais c'est vraiment nécessaire! Sans exercice le corps perd son tonus, le cœur doit trop travailler et on meurt trop tôt. Et moi, je n'ai jamais essayé la drogue. Je ne consomme pas d'aliments gras ni de boissons sucrées — mais de temps en temps je prends un verre de vin. Si on boit du vin rouge en modération on vit plus longtemps.

Ophélie, 18 ans

Ophélie a tort. Si on boit trop d'alcool, c'est mauvais pour la santé! Et les autres ont raison — il faut éviter les aliments gras, les boissons sucrées, les cigarettes, etc., et il faut faire beaucoup d'exercice. Mais le plus important, c'est d'éviter le stress. Le stress peut tuer. C'est important de dire NON à son employeur et de s'occuper de soi-même. Mais moi, je ne réussis jamais...

Arnaud, 19 ans

2   Écoutez. Qui parle chaque fois?

    Exemple: **1** Arnaud

3   Quelle est le vice de chaque personne? Et qui n'a pas de vice?

    Exemple: Joséphine = les cigarettes

4 Lisez encore. Qui exprime quelle opinion?

Exemple: **1** Ophélie

1 Sans exercice le corps perd son tonus.
2 Faire de l'exercice, c'est casse-pieds.
3 Le plus important, c'est d'éviter le stress.
4 Risquer de mourir du cancer, ce n'est pas pour moi.
5 Je ne mange pas d'aliments gras et je ne prends pas de drogue.
6 Si on boit du vin rouge en modération on vit plus longtemps.
7 Il faut éviter les aliments gras, les boissons sucrées, les cigarettes, etc.
8 Et si on prend des drogues, c'est la mort.
9 Si on fume du tabac ou de la drogue, faire de l'exercice, ça ne vaut pas la peine.
10 Je voudrais vivre longtemps et être en bonne santé.

5 Et vous? Qu'est-ce que vous pensez? Écrivez votre opinion sur ces cinq thèmes (la drogue, fumer, l'exercice, l'alcool, le stress).

Exemple: Les drogues sont dangereuses, mais...

6 Maintenant faites des interviews en classe. Est-ce que vous trouvez quelqu'un avec les mêmes opinions que vous?

Exemple: **A**: Tu trouves la drogue dangereuse?

B: Oui, quelquefois, mais ça dépend...

7 Regardez l'opinion des cinq jeunes sur la question:
"Les émissions sur la santé à la télé ou à la radio, tu trouves ça utile?"
a Qui regarde les émissions sur la santé? Écrivez "oui" ou "non" pour chaque personne.
b Qui les aime? (Écrivez encore "oui" ou "non".)

Exemple: **a** Thomas = non   Exemple: **b** Thomas = non

Je ne les regarde pas. Je les trouve casse-pieds. En général, ce sont des adultes qui font la morale aux ados, mais qui ne mènent pas une vie modèle eux-mêmes! Je préfère les dessins animés...

Thomas

Je regarde les émissions sur la santé de temps en temps, et en général il y a des idées utiles pour moi, et c'est important de penser à la santé. Les idées sur l'exercice et l'alimentation sont intéressantes.

Arnaud

Je trouve les émissions sur la santé ennuyeuses, et je trouve qu'il y en a beaucoup trop. Si je veux m'informer sur la santé, je peux lire un livre. Je ne m'intéresse pas aux sports ou à l'alimentation, et je n'aime pas ces émissions.

Ophélie

Je m'intéresse beaucoup aux sports et à la santé, et c'est très utile que la télé m'aide à rester en forme. Mais est-ce qu'on regarde la télé au lieu de faire de l'exercice? Je ne sais pas, mais je suis sûre qu'il y a des gens qui regardent ces émissions, et puis ne se sentent plus coupables — sans faire d'exercice!

Marion

Je ne m'intéresse pas beaucoup aux émissions sur la santé, mais je sais que c'est important si je veux vivre longtemps et rester en bonne santé, et j'essaie de les regarder. Mais je les trouve très ennuyeuses, et à cause de ça c'est dur...

Joséphine

8 Et vous? Que pensez-vous des émissions sur la santé? Écrivez 100 mots environ.

Exemple: Les émissions sur la santé sont ennuyeuses mais...

This unit covers:

- TV, radio and evenings out
- leisure activities and opportunities
- comparing various media
- discussing a book or film

 1   Écoutez et lisez.

Les lectrices et les lecteurs de TeenMag s'expriment!

Je regarde la télé, mais j'écoute aussi la radio. À la télé, je regarde les comédies, parce que j'aime les films qui font rire. Par contre, je n'aime pas les infos, ou la télé réalité, parce que c'est ennuyeux. Quand je fais mes devoirs, j'écoute de la techno à la radio. Je suis fan du DJ Laurent Garnier! ● **Oscar**

Je regarde beaucoup la télé. Mes émissions préférées, ce sont les séries américaines et les histoires de vampires et de sorcières, parce que ça fait peur et j'aime les sensations fortes. Par contre, je ne supporte pas les jeux télévisés comme *Devenez millionaire*, parce que le présentateur est nul. Les émissions dont le présentateur est nul sont agaçantes! ● **Cécile**

Moi, j'écoute de la musique sur mon lecteur de CD. Ma musique préférée, c'est le raï et le hip-hop. Je suis allé voir un chanteur de raï la semaine dernière. Je regarde aussi la télé, parce qu'on apprend beaucoup de choses. J'aime bien les documentaires, par exemple les documentaires sur les animaux, et aussi les séries policières: c'est passionnant. ● **Hassan**

Moi, j'adore aller au cinéma. Mes films préférés, les films que je n'oublie pas, ce sont les films d'aventure et les films catastrophe, parce qu'il y a du suspense. À la maison, je ne regarde pas beaucoup la télé, mais j'écoute de la musique, par exemple le hit-parade. ● **Théo**

Moi, je vais beaucoup au cinéma. J'aime les films d'épouvante, parce que ça fait peur. J'aime aussi les histoires d'amour, surtout les histoires tristes, parce que c'est émouvant. Je préfère voir les films au cinéma qu'à la télé, parce que j'aime l'ambiance dans la salle. J'écoute de la musique, bien sûr. J'aime le rap, et j'écoute quelquefois de la musique classique. ● **Élodie**

2 Vrai (V) ou faux (F)? Corrigez les phrases fausses.

Exemple: **1** F: *Cécile aime bien les histoires de vampires et de sorcières.*

1 Cécile ne supporte pas les histoires de vampires et de sorcières.
2 Cécile aime les sensations fortes et les jeux télévisés.
3 Les films que Théo n'oublie pas, ce sont les films d'aventure à la télé.
4 Au cinéma, Théo aime les sensations fortes.
5 Oscar trouve les infos à la télé ennuyeuses.
6 Oscar aime les films amusants et la musique moderne.
7 Hassan écoute de la musique chez lui et aussi en concert.
8 Hassan n'aime pas les émissions qui lui apprennent quelque chose.
9 Élodie aime les films tristes, parce que c'est passionnant.
10 Élodie aime bien l'ambiance des salles de cinéma.

> **Comment ça marche**
>
> **Dont** is a *relative pronoun* (like **qui** or **que**). It is used as a complement to phrases containing **de** (here, **le présentateur de l'émission**, *the programme presenter*). In English, **dont** is sometimes translated by "whose", or "of which":
>
> Les émissions **dont** le présentateur est nul sont agaçantes.
> *Programmes **whose** presenter (the presenter of which) is stupid are irritating.*
>
> ➤ p.174

3 À deux. Décrivez les goûts de Cécile, Oscar, Théo, Hassan et Élodie.

Exemple: **A**: *Qu'est-ce qu'elle aime, Cécile?*

   B: *Elle aime bien les séries américaines...*

4 À deux. Et vous?
Vous aimez la musique? Discutez.
A demande: "Tu aimes la musique?"
B répond.

Pour aider B

J'écoute...	Je ne supporte pas...
J'aime/J'aime bien...	Mon chanteur/groupe préféré, c'est...
J'adore...	Je suis fan de...
Je préfère...	Je suis allé(e) voir...

5 Votre correspondant(e) vous envoie une liste d'émissions.

Qu'est-ce que vous aimez?

Qu'est-ce que vous n'aimez pas? Pourquoi?

Préparez une réponse. Expliquez vos choix.

20.30	**Sacha et son chat**
	Série américaine: Sacha est une jeune sorcière sympathique, toujours prête à aider.
21.20	**Sortis d'Afrique**
	Documentaire: au Botswana vivent les animaux les plus rapides de la planète.
22.00	**Les informations**, avec Michel Augier.

22.30	**En direct de Bercy, Faudel**
	Pour tous les amateurs de raï.
23.15	**Derrière la porte**
	Dernier épisode. Dans l'appartement, il ne reste que Lola et Tristan. Qui allez-vous expulser? Qui va gagner? À vous de voter!

> **Épeler et prononcer**
>
> In the following words, the letter groups **an**, **am**, **en**, **em** are pronounced in exactly the same way. Listen to the cassette and note how the consonant (**n** or **m**) is *not* sounded.
>
> However, in abbreviations such as **fan de** (short for **fanatique**) or words of English origin such as **suspense**, the **n** is sounded.
>
> | | | |
> |---|---|---|
> | le v<u>am</u>pire | le ch<u>an</u>teur | émouv<u>an</u>t |
> | le prés<u>en</u>tateur | appr<u>en</u>d | l'<u>am</u>bi<u>an</u>ce |
> | l'ex<u>em</u>ple | le docum<u>en</u>taire | |
> | <u>en</u>nuyeux | passionn<u>an</u>t | Je suis fan des films |
> | qu<u>an</u>d | l'épouv<u>an</u>te | à suspense. |
> | Laur<u>en</u>t | | |

J'aime les documentaires sur les hommes, parce que ça fait rire.

1 Écoutez et lisez.
La municipalité de Saint-Rémi fait une enquête –
quels loisirs veulent les jeunes?

L'an dernier, notre classe avait préparé un spectacle. Nous avions écrit les chansons et la musique, nous avions créé les danses, nous avions construit les décors... On s'était bien amusés! Malheureusement, la salle de spectacle du collège était trop petite et il n'y avait pas de salle de spectacle à Saint-Rémi, alors nous n'avons pas pu monter le spectacle. Il faudrait construire une salle polyvalente avec une scène et des éclairages.

la classe de 3ème C, collège Jean-Jaurès

Dans notre famille, nous aimons beaucoup le sport. Anaïs, 17 ans, fait de l'athlétisme et elle est championne régionale. Lucas, 16 ans, fait des compétitions de natation et lui aussi, il a été sélectionné pour l'équipe régionale. Jérémie, 15 ans, fait du patinage sur glace. Mais il faut aller à Nice, à 30 kilomètres. C'est loin. À Saint-Rémi, on a une piscine, mais il faudrait aussi un stade et une patinoire.

Anaïs, Lucas et Jérémie

Moi, je suis fou de foot... Mon équipe préférée, c'est Monaco. Je regarde tous leurs matchs. Je joue aussi au foot, dans l'équipe des cadets de Saint-Rémi. Mais le terrain d'entraînement est nul. Il faudrait un vrai terrain de foot, avec des vestiaires et des douches.

Sid Ahmed

Nous, on n'est pas très sportives. Le sport, on trouve ça ennuyeux. Par contre, le Club Net, à la Maison pour Tous, c'est bien. On peut surfer gratuitement tous les soirs et le mercredi. Mais quelquefois, il faut attendre son tour. On avait commencé un projet: créer un site web sur notre famille. Mais on a dû arrêter. Il faudrait plus d'ordinateurs.

Anna et Donatella

2 Regardez la page 118. Qui...

Exemple: **1** la classe de 3ème C

1 ...a construit des décors de théâtre?
2 ...a créé un site web?
3 ...ne s'intéresse pas aux équipements sportifs?
4 ...a monté un spectacle?
5 ...a gagné un championnat?
6 ...a essayé de créer un site web?
7 ...voudrait de meilleurs équipements?
8 ...est spectateur <u>et</u> participant dans son sport?
9 ...a été choisi pour nager?

Attention: vous pouvez aussi choisir **personne** ou **tout le monde** comme réponse.

3 Écoutez. C'est un problème pour qui? La classe de 3ème C, Anaïs, Jérémie et Lucas, Sid Ahmed, ou Anna et Donatella?

Exemple: **1** (Il faudrait un stade et une patinoire.) Anaïs, Jérémie et Lucas

4 Vous habitez à Netherhampton. À Netherhampton, il n'y a rien pour les loisirs des jeunes – ou les équipements ne sont pas très bons. Votre correspondant, Emmanuel, vient vous voir. Expliquez ce qui manque!

Emmanuel aime:

le foot	la natation
le théâtre	le patinage

Exemple: À Netherhampton, il faudrait...
Il y a..., mais...

Comment ça marche

Il faudrait is a form of the impersonal verb **il faut**. It is useful for talking about what *should* be done or what's *needed*:

Il faudrait construire une salle polyvalente.
They should build a parish hall.

Il faudrait aussi un stade.
We also **need** a stadium.

➤ p.166

You use a tense called the *pluperfect* to talk about an action started and completed in the past, further back in time than the perfect:

pluperfect	**perfect**
On avait commencé un projet, mais on a dû arrêter.	

We had started a project, but we had to stop.

The pluperfect is formed with the imperfect of **avoir** (or **être** for reflexive verbs like **s'amuser** or verbs of movement like **aller**):

Notre classe **avait préparé** un spectacle.
*Our class **had prepared** a show.*

On **s'était** bien **amusés**!
*We **had had** great **fun**!*

➤ p.165

You met the *passive* in unit 10 (see page 81). To form the *passive perfect*, you put the **être** auxiliary in the perfect tense:

Il **a été sélectionné** pour l'équipe régionale.
*He **has been selected** for the regional team.*

➤ p.167

Verbes

Construire (to build), **écrire** (to write), **pouvoir** (to be able to) and **devoir** (to have to) are all irregular verbs. Here they are in the perfect tense:

j'ai construit – *I built*
j'ai écrit – *I wrote*
nous avons pu – *we were able to*
nous avons dû – *we had to*

pour ☺ sourire

Il faudrait construire un stade olympique!

1 Écoutez et lisez.
Est-ce que le climat se réchauffe? Bien sûr!
Mais... comment le savez-vous?
Réfléchissez à la qualité de l'information.
Comment vous informez-vous?

> Je le sais parce que tout le monde en parle!
> Quelqu'un m'a dit que la neige dans les Alpes
> va fondre. Les vacances à la neige, c'est fini.
> **Julien**

> Moi, je m'informe par la télé. J'ai vu un reportage sur les déserts en Afrique. Les images étaient frappantes. Les vaches n'ont rien à manger et les gens meurent de faim. Mais est-ce qu'on est mieux informés quand il y a des images? Les images, c'est spectaculaire, mais quelquefois, c'est simpliste.
> **Éloïse**

> Moi, je le sais par la radio. J'ai entendu un débat
> entre deux scientifiques. Ils n'étaient pas d'accord
> sur les causes du réchauffement. C'est stimulant
> d'entendre des points de vue différents.
> **Damien**

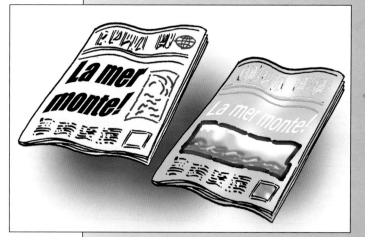

> J'ai lu des articles dans un journal et dans un magazine. Les gros titres étaient inquiétants: "La mer monte!" Selon le journal, le niveau de la mer va monter très vite. Selon le magazine, le niveau de la mer va monter, mais très lentement.
> Les journalistes aiment bien les gros titres accrocheurs.
> **Valentin**

> Moi, j'ai fait des recherches sur Internet. J'ai trouvé
> des informations très différentes. Selon un site, il n'y a
> pas de réchauffement du climat. Selon un autre site,
> le réchauffement est causé par le soleil, pas par les
> émissions de gaz. Internet, c'est intéressant, parce
> que les sources d'information sont variées.
> **Fatima**

2 Lisez encore la page 120. Comment est-ce que les cinq jeunes s'informent? Faites correspondre.

Exemple: **1** = à la radio

1 une discussion entre scientifiques
2 des titres inquiétants
3 des sources d'information variées
4 une conversation
5 des facilités de recherche

6 un reportage
7 des articles un peu différents
8 des images frappantes
9 des points de vue différents
10 des titres accrocheurs

> **Verbes**
>
> **Lire** (to read) is an irregular verb. The past particple is **lu**:
>
> j'ai lu – *I read*
>
> **Mourir** (to die) is another irregular verb:
>
> il/elle meurt – *he/she dies*
> ils/elles meurent – *they die*

sur Internet   à la radio   dans un magazine et dans un journal   avec des amis   à la télé

3 Il y a aussi un débat sur les OGM (les organismes génétiquement modifiés). Voici des dessins pour réfléchir à la qualité de l'information. Faites correspondre les dessins et les phrases. Attention! Il y a deux phrases de trop.

Example: **1** = d

a

b

c

d

e

1 Dans les journaux et les magazines, les gros titres sont inquiétants.

2 Dans les reportages, les images sont frappantes. Mais est-ce qu'on est mieux informés?

3 Il y a plus d'informations dans les reportages à la télé que dans les débats à la radio.

4 Les scientifiques ne sont pas d'accord. Selon certains, l'agriculture est plus efficace avec les OGM.

5 Si on cherche, on trouve des opinions et des arguments variés.

6 Les titres accrocheurs aident à comprendre le problème.

7 Les gens disent que les OGM sont dangereux pour la santé.

> **Attention!**
>
> Remember the tenses you have met so far:
>
> the **perfect**, for an action done in the past;
> the **imperfect**, for a continuous action or a situation in the past;
> the **present**, for something happening now;
> the **future**, for something about to happen;
> the **pluperfect**, for an action started and completed in the past:
>
> **J'ai lu** des articles dans un journal et dans un magazine. Les gros titres **étaient** inquiétants: "La mer **monte**!" Selon le journal, le niveau de la mer **va monter** très vite.
>
> **On avait commencé** un projet.

4 Projet pour deux ou trois.
- **Choisissez un sujet d'actualité.**
- **Trouvez au moins trois sources d'information dans la presse française (magazines, journaux, Internet et si possible, radio et télévision).**
- **Écrivez un petit commentaire sur chaque source d'information.**

Exemple: L'article dans "Okapi" est intéressant et les photos sont spectaculaires. Il y a plusieurs points de vue dans l'article.

1   Écoutez et lisez.

Je vais vous raconter un film, *Ali Zaoua, prince de la rue*. L'histoire se passe à Casablanca. C'est l'histoire d'enfants marocains qui vivent dans la rue. Les personnages principaux s'appellent Ali, Kwita, Omar, Boubker... Ils sont adolescents, ils n'ont pas de famille et ils ne vont pas à l'école. Quand Ali est tué par le chef d'une bande rivale, ses amis décident de l'enterrer "comme un prince". À la fin, un vieil homme les aide à réaliser leur rêve.

J'ai aimé ce film parce qu'il est réaliste et émouvant. Ce n'est pas une histoire vraie, mais elle est basée sur la réalité et l'ambiance de Casablanca est bien évoquée.

Je vais vous raconter un livre, *La ferme de Marie*. Il s'agit des aventures d'une famille parisienne. Marie avait perdu son mari et vivait dans un petit appartement à Paris avec ses enfants Camille et Édouard. Mais sa tante Marguerite, à laquelle Marie était très attachée, est morte et Marie a hérité d'une grande ferme dans le sud de la France. Marie, Camille et Édouard étaient fatigués de la vie à Paris, et ils sont donc partis habiter à la ferme. Au début, tout était merveilleux: il faisait beau, la campagne était belle, c'était comme des vacances. Mais l'automne est arrivé, et tout a changé...

Je ne vais pas vous raconter la fin, mais j'ai aimé le livre parce que le rythme est soutenu et les personnages sont crédibles. C'est une histoire amusante avec un dénouement surprenant.

2 Choisissez **a** ou **b**.

Exemple: **1** = a

Ali Zaoua, prince de la rue
1 Ali est **a)** un enfant de la rue **b)** un prince.
2 Le personnage principal est **a)** un vieil homme **b)** un enfant.
3 Les enfants vivent **a)** avec leur famille **b)** avec d'autres enfants.
4 Les enfants voudraient **a)** aller à l'école **b)** enterrer leur ami.
5 Ali **a)** meurt **b)** devient chef de bande.
6 L'histoire **a)** est réelle **b)** évoque bien la réalité.

La ferme de Marie
7 Marie **a)** vit seule avec ses enfants **b)** est divorcée.
8 L'histoire se passe **a)** dans le sud de la France **b)** à Paris.
9 Marie va habiter **a)** avec tante Marguerite **b)** dans la maison de tante Marguerite.
10 Marie **a)** aimait beaucoup tante Marguerite **b)** n'aimait pas beaucoup tante Marguerite.
11 Le rythme de l'histoire est **a)** lent **b)** rapide.
12 La fin de l'histoire est **a)** émouvante **b)** surprenante.

3 À deux. Parlez. Choisissez un livre, un film, une émission de télévision... Complétez les phrases.

Je vais te raconter...
Il s'agit de...
L'histoire se passe...
C'est l'histoire de...
Le personnage principal s'appelle /Les personnages principaux s'appellent...
Au début...
À la fin... /Je ne vais pas te raconter la fin...
J'ai aimé... parce que c'est une histoire... avec un dénouement...
L'ambiance...
Le rythme...

4 Choisissez un autre livre, film ou émission. Racontez l'histoire par écrit. Écrivez environ 150 mots.

Attention!

When you tell a story, you can use the perfect and imperfect tenses, for example:

Marie **vivait** dans un petit appartement à Paris, mais sa tante Marguerite **est morte** et Marie **a hérité** d'une grande ferme.

*Marie **was living** in a small flat in Paris, but her aunt Marguerite **died** and Marie **inherited** a large farmhouse.*

You can also use the present tense, which is a good way to make the story come to life:

Quand Ali **est tué** par le chef d'une bande rivale, ses amis **décident** de l'enterrer "comme un prince".

*When Ali **is killed** by the leader of a rival gang, his friends **decide** to bury him "like a prince".*

Comment ça marche

Auquel (masculine) and **à laquelle** (feminine) are *relative pronouns* (like **qui**, **que** or **dont**). They are used as a complement to verbs or phrases containing **à**:

Sa tante Marguerite, **à laquelle** Marie était très attachée, est morte.
*Her aunt Marguerite, **to whom** Marie was very close, died.*

(être attaché(e) **à** – *to be close to*)
➤ p.174

Verbes

Vivre (to live) is an irregular verb. Here is the present tense:

je vis
tu vis
il/elle/on vit
nous vivons
vous vivez
ils/elles vivent

In the text, you have also seen **vivre** in the imperfect:

Marie **vivait** – *Marie **was living***

Y a-t-il des OGM dans nos assiettes ?

POURQUOI UNE TELLE POLEMIQUE?

A l'heure actuelle, deux domaines sont concernés.

● **L'environnement.** On craint que les gènes introduits dans une plante se transmettent à d'autres espèces cousines locales. Des scientifiques estiment que ce risque n'est pas plus important qu'avec les pratiques agricoles actuelles. Les représentants de Greenpeace, eux, redoutent une perte de biodiversité.

● **La santé.** On craint que les nouvelles propriétés des plantes ne se transmettent à l'homme (par exemple la résistance aux antibiotiques) ou qu'elles créent des allergies.

Un soja enrichi avec un gène de noix du Brésil se serait révélé allergisant à l'étude: le projet a donc été abandonné. Les pro-OGM estiment que ces risques sont quasi nuls. Les anti-OGM, eux, pensent que nous manquons de recul et brandissent le principe de précaution.

[1]

[2]

CET ÉTÉ, PARTEZ À L'AVENTURE DANS DE NOUVEAUX LABYRINTHES GÉANTS DE MAÏS ET DÉCOUVREZ LES MYSTÈRES ET LES SPECTACLES DE L'AMAZONIE !

Chaque année, Labyrinthus crée de nouveaux dédales végétaux où l'on joue à se perdre en compagnie de comédiens entre les haies de plus de 2 mètres.

Cette saison, 30 musiciens, danseurs, artistes et artisans venus d'Amazonie et une troupe de comédiens français vous entraînent dans les allées. Ils vous plongent au cœur de la forêt amazonienne, de son histoire, de ses fêtes.

Un village typique, une exposition et une boutique d'artisanat prolongent le voyage. Et dans les jardins du parc, d'autres labyrinthes font perdre le nord aux aventuriers...

Découvrez La vallée de la Loire en montgolfière

[3]

● **Les vols ont lieu à l'aube ou au crépuscule,** aux heures ou les lumières sont les plus belles pour éviter les fortes températures néfastes au ballon.
● **La prestation dure 3 heures** dont plus d'une heure de vol.
● A l'atterrissage, **Champagne** en compagnie de votre équipage, remise de votre **certificat d'ascension** et retour en 4 x 4.
● Une tenue décontractée est conseillée, pas de chaussures à talons hauts.
● Les envols ont lieu **au départ de Blois** et d'autres sites sur demande.

1 Pourquoi les OGM peuvent-ils être mauvais pour la santé? Donnez une raison.

2 Quels aspects de l'Amazonie est-ce qu'on découvre à Labyrinthus?

3 Quels vêtements faut-il porter dans la montgolfière?

4 Qu'est-ce qu'on peut faire, dans les caves à champignons?

5 Que sont Terragen et Pov-Ray? Sont-ils différents?

6 Choisissez la phrase juste: a) Marie Line est vendeuse dans un supermarché, et malheureuse avec son mari. b) Marie Line travaille avec des femmes de ménage, et elle est raciste. c) Marie Line travaille avec des femmes de ménage, et elle n'aime pas son patron.

4

A 50M SOUS TERRE, LES JARDINIERS DE LA NUIT
OU L'UNIVERS PASSIONNANT DE LA CULTURE DES CHAMPIGNONS EN CAVE.

Découvrez dans un souterrain à l'atmosphère étrange et colorée, la culture des Champignons de Paris, Pleurotes, Pieds bleus, Shii-Také (venus du Japon).. à la lueur de votre lampe de mineur," Jardinier de la nuit" vous cueillerez vous-même, les champignons que vous souhaiterez acheter.

Planètes virtuelles

Envie de voyages interplanétaires après de belles nuits étoilées ? Rien n'est impossible… avec Internet ! A défaut d'un véritable voyage dans l'espace, le web vous offre de quoi partir à l'autre bout de notre galaxie à moindre frais. Il suffit d'un ordinateur et d'une connexion à Internet pour accéder gratuitement à des banques de données astronomiques et des logiciels qui vous permettront de créer l'univers de vos rêves.

De Terragen…

L'outil le plus simple s'appelle Terragen. Il produit des images proches de la réalité et ne vous demandera guère plus d'une soirée pour savoir l'utiliser. Terrain, texture de la surface, couleur du ciel et caractéristiques des nuages et de la brume… tout est entre vos mains. Il est même possible de dessiner une surface liquide et de choisir sa transparence, ses reflets. Terragen possède un générateur de relief pour concocter les paysages de votre

choix. Vous pouvez aussi télécharger des fichiers topographiques des régions de Mars, issues des données Viking des années 70.

… à Pov-Ray

Un autre logiciel, baptisé Pov-Ray, un peu plus complexe, permet de visualiser autre chose que des paysages. A vous les planètes et tous les systèmes étoilés que vous souhaitez créer.

Un peu de fantaisie et les Nuits des étoiles prendront sur votre ordinateur une tout autre dimension…

■ *www.planetside.co.uk/Site pour télécharger Terragen, gratuit pour un usage privé. www.povray.org/Pov-Ray est également gratuit www.pov-monde.org/un site francophone pour s'initier à Pov-Ray http://maps.jpl.nasa.gov site des cartes des surfaces planétaires qui peuvent servir de texture. http://www-pdsimage.jpl.nasa.gov/jbcache/viking/vo-2007/(fichiers topographiques de Mars).*

5

6

Marie Line

L'histoire

Marie–Line est responsable d'une unité de nettoyage dans un supermarché. Son équipe : uniquement des femmes, pour la plupart immigrées. Tout porte à croire que Marie–Line et ses employées n'ont rien en commun. Elle est obsédée par le travail bien fait et mène son petit groupe très durement.

Pourtant une relation profonde s'établit entre Marie–Line et ces femmes. La " chef " est malheureuse avec son mari qui milite au FN, parti où elle a dû s'inscrire histoire de garder son job. Comme elle a dû. pour la même raison, satisfaire aux caprices sexuels de son patron. Marie–Line en a ras la blouse de cette petite vie.

A J'aime acheter le bric-à-brac de toutes sortes…

This unit covers:

- publicity about leisure facilities and public events including times and prices
- making arrangements to go out – invitation, location, time
- making excuses

 1 Écoutez et lisez les publicités.

Le plus grand marché aux puces du sud-est. Samedi 10 avril, de 10 heures à 17 heures, Salle François-Mitterrand, Gap. 2000 m² de stands couverts. Organisé par les amis de la brocante, 31 Bd des Remparts, 26700 Gap. Tél 03-71-34-25-89

Exposition de voitures anciennes

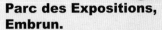

Parc des Expositions, Embrun.

22–23 mai de 8 heures à 17 heures. Organisé par Les Amis de la Deuche. Vaste brocante d'objets mécaniques. Entrée 4€. Renseignements s'adresser *www.oldtimecar.fr*

Piscine municipale, Rue Jean-Jaurès . Rénovée en 2000. Heures d'ouverture 8h–20h. Entrée 3€ pour adultes et 1.50€ pour enfants. Toboggan; piscine enfants. Cours de natation disponibles. Réductions pour étudiants et familles. Tél 02-33-58-29-17

Match de volley:
Championnat de France. St-Étienne contre Marseille, Stade Georges-Brassens, vendredi, 20 heures. Éclairé aux projecteurs. Entrée 40€ pour adultes, 30€ pour enfants. Places limitées. Renseignements – Tél. 09-75-19-30-28

Vendredi 25 mai à neuf heures, Stade municipal, Vienne: Concert avec le groupe garage italien *Bicchiere Rotta*, qui vient de finir son voyage couronné de succès aux États-Unis. Possibilité de camping. Interdit aux animaux. Entrée 90€.
Se renseigner: T. 02-56-34-52-71.

 **Exposition de chiens,** Centre Culturel Georges-Guynemer, Grenoble, samedi à 10h30. Plus de 3000 chiens prévus. Cette année: le berger allemand. Tarif d'entrée 10€. Remise pour les amis du club Ouahouah. Tél: 07-65-17-48-29

Bourse d'échanges radios antiques sur la place des Fêtes à Sassenage, le dimanche, 27 mai. Horaires: De 8h à 17h. Organisée par le Club des amateurs d'anciennes radios du Vercors. Plus de 700 exposants. Infos Tél: 07-33-17-93-15

 Cours de parachutisme. Tous niveaux, ouvert à des gens de tout âge. 75€ la séance. Première séance gratuite. Tous les samedis, terrain d'aviation du Dauphiné. Dossier médical obligatoire. S'adresser à la direction, Tél: 04-22-05-72-91

24ème rassemblement réservé aux jardiniers/jardinières du Vercors. Plantes en vente; balade; exposition; spectacles; buvette. Frais de participation: gratuit. Organisé par **Club fleurs Vercors**, BP 75, 38100 Grenoble. Tél: 07-33-07-85-98

2 Écoutez et choisissez une activité pour chaque personne.

Exemple: Nabil = exposition de chiens

Nabil   Angélique   Claire   Cédric
Aurore   Max   Laurent   Julie   Alice

3 Vrai (V), faux (F) ou on ne sait pas (?)?

Exemple: **1** = F

1 Il y a 1 000 m^2 de stands en plein air au marché aux puces.
2 Les Amis de la Deuche organisent l'exposition de radios anciennes.
3 On peut obtenir des cours de plongée à la piscine.
4 On peut aller voir le match de volley la nuit.
5 On peut faire du camping au stade municipal de Vienne.
6 On attend plus de 3 000 chats à l'exposition de chiens.
7 Il y aura plus de 2 000 exposants à la bourse d'échanges radios antiques.
8 Il faut avoir un dossier médical pour participer aux cours de parachutisme.
9 Il est interdit de porter un chapeau au rassemblement de jardiniers.

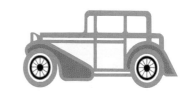

4 Lisez encore. C'est quelle activité?

Exemple: **1** la piscine municipale

1 Il y a une réduction pour les étudiants et les familles.
2 Il y a une buvette et on ne paie rien pour entrer.
3 Les membres du club Ouahouah doivent payer moins de 10 euros pour entrer.
4 Ça commence à dix heures le samedi dix avril.
5 C'est ouvert aux jeunes, mais aussi aux gens plus âgés.
6 On peut voir un groupe qui vient de finir un voyage aux États-Unis.
7 Il y a beaucoup de voitures anciennes.
8 Il y a plus de 700 exposants.
9 Ça a lieu au stade Georges-Brassens.

5 À deux. **A** ferme le livre. **B** parle de ce qui l'intéresse.
Est-ce qu'**A** peut suggérer une activité pour **B**?

Exemple: **B**: J'aime les chiens.

A: Il y a une exposition de chiens au centre culturel.

6 Des jeunes Français viennent vous rendre visite. Écrivez des publicités pour des activités intéressantes.

Exemple: Exposition de théières à Scunthorpe Town Hall.

1   Lisez les informations.

1

Viviane, 15 ans, (habitante de Mulhouse) aime beaucoup sortir, surtout aller en boîte. Elle aime beaucoup y aller avec ses copains et ses copines, et elle adore écouter la musique. Sa musique préférée est le garage et la musique classique. Elle déteste aller au théâtre, et elle trouve ça ennuyeux.

2

Boujena, 16 ans, (habitant de Colmar) aime beaucoup le sport. Ses sports préférés sont le football, le volley, le basket, le tennis et le hockey. Il aime aussi assister aux matchs et regarder ses copains qui font du sport, mais il déteste regarder le sport à la télé. Il trouve le sport à la télé casse-pieds, et il préfère le vrai sport.

3

Murielle, 18 ans, (habitante de Dijon) adore la musique, et elle joue du piano, de la guitare et du violon. À part jouer de la musique, elle aime assister à des concerts et aller à des pièces de théâtre musicales. Elle aime lire en plus, mais elle n'aime pas faire du sport, et elle déteste regarder le sport à la télé.

4

Mélanie, 16 ans, (Rouen) aime beaucoup les sports aquatiques, surtout la natation et le ski nautique. Elle fait du ski nautique le week-end et pendant les vacances scolaires. En plus elle a toujours voulu faire de la plongée. Elle n'aime pas la musique parce elle trouve ça très ennuyeu!

5

Le passe-temps préféré de **Yamina, 16 ans**, (Rennes), c'est aller au cinéma. Elle aime beaucoup les films romantiques. Elle trouve beaucoup plus intéressant d'aller au cinéma que de regarder la télé! Et elle déteste les boîtes. Selon Yamina, on va en boîte seulement pour chercher un copain ou une copine!

6

Célia, 17 ans, (Lille) s'intéresse au VTT et elle a gagné deux médailles aux courses VTT. Elle vient d'acheter un vélo neuf, et elle voudrait l'essayer aussitôt que possible. À part le vélo, elle n'aime pas beaucoup le sport, et elle préfère rester à la maison et regarder la télé ou lire des magazines.

 2 Des ami(e)s téléphonent pour inviter ces personnes. Écoutez les invitations.
Qui suggère quoi?

Exemple: **1** (match de football) Thomas

Arthur   Alexis   Étienne   Mourad   Florent   Thomas

1 Si on allait à un match de football ce soir?
2 Est-ce que tu veux aller au cinéma avec moi?
3 Est-ce que tu veux aller au théâtre ce soir?
4 Si on allait à la piscine aujourd'hui?
5 Si on allait à un concert de Beethoven ce soir?
6 Si on faisait du vélo ce soir?

 3 Lisez et écoutez encore. Quelques personnes acceptent. Quelques personnes donnent des excuses et refusent. Mais qui ment?

Exemple: Yamina? Ou...?

 4 Écrivez sur une feuille trois activités que vous aimez. Puis circulez dans la classe et faites des suggestions à vos camarades. Si vous suggérez une activité que quelqu'un aime (c'est-à-dire, une activité sur sa feuille), il/elle doit accepter. Sinon, il/elle peut refuser – mais si vous ne le croyez pas, vous pouvez "contester", et regarder sa feuille. S'il/Si elle ment, il/elle doit sortir du jeu.

Exemple: **A**: Si on allait au cinéma?

B: Je n'aime pas ça.

5 Vous ne voulez absolument pas accepter une invitation. Écrivez une liste de tâches qu'il faut faire au lieu de sortir.

Exemple: Je dois faire mes devoirs...

Comment ça marche

After expressions like **il faut que** you need to use the *subjunctive mood*. The forms are usually similar, but not identical, to the present indicative. **Faire**, **être**, **aller** and **avoir** are different, however (see verb list on p.166).

Il faut que **je fasse** mes devoirs.
Il faut que **je téléphone**.
Il faut que **j'achète** les billets.
Il faut que **je reste** à la maison.

être	aller	avoir	faire
je sois	j'aille	j'aie	je fasse
tu sois	tu ailles	tu aies	tu fasses
il/elle/on soit	il/elle/on aille	il/elle/on ait	il/elle/on fasse

It is useful to be able to recognise these forms but in your own speaking and writing it is easier to use **devoir** followed by an infinitive:

Je **dois faire** mes devoirs.

 p.166

To ask someone out or to make a suggestion, you can use **si on** + the *imperfect tense*.

Si on allait à un concert de Beethoven ce soir?
Si on jouait au tennis?
Si on faisait du vélo?

 p.168

---

1 Écoutez et lisez.

2 Quelle excuse va avec quelle personne?

Exemple: **1** Sébastien

1 Je dois rester à la maison.
2 Je dois faire des courses.
3 Je dois faire mes devoirs.
4 Je dois aller chez mon père et ma belle-mère.
5 Je n'ai pas envie.
6 Je n'ai pas d'argent.

3 Complétez les phrases pour construire les excuses des amis de Marc.

Exemple: **1** Je ne pourrai pas venir parce que mon père <u>dit que je dois rester à la maison</u>.

1 Je ne pourrai pas venir parce que mon père…
2 Je ne pourrai pas venir parce que je…
3 Je ne pourrai pas venir. Je vais…
4 Ce soir je ne pourrai pas venir…
5 Je ne pourrai pas venir parce que je n'…
6 Je ne pourrai pas venir. À vrai dire…

4 Quelle excuses avez-vous utilisées vous-même? Et quelles excuses pourriez-vous peut-être utiliser?
Faites deux listes.

Exemple:

Excuses utilisées	Excuses possibles
Je dois faire mes devoirs.	J'ai mal à la tête.
Je suis enrhumé(e).	Je dois aller chez ma grand-mère.

5 En classe. Circulez parmi vos camarades et invitez-les à une fête imaginaire. Ils/Elles doivent inventer des excuses!

Exemple: **A**: C'est l'anniversaire de mon lapin. Est-ce que tu viendras à ma fête ce soir?

B: Non, je ne pourrai pas venir parce que…

6 Écrivez deux listes d'excuses acceptables et inacceptables.

Acceptable	Inacceptable
Je ne pourrai pas venir à ta fête parce que dois rester au lit.	Je ne viendrai pas à ta fête parce que je dois sortir avec mon hamster.

Comment ça marche

This spread contains lots of verbs in the *future tense*. To form the future tense of a regular verb, you add the endings of the verb **avoir** (**-ai**, **-as**, **-a**, **-ons**, **-ez**, **-ont**) to the *infinitive*.

Je te donner**ai** un cadeau (*from* **donner**)
Je rester**ai** à la maison (*from* **rester**)

For irregular verbs, you add the same endings to a changed form of the infinitive. Here are some useful ones to learn:

Je fer**ai** des courses (*from* **faire**)
J'ir**ai** chez ma mère (*from* **aller**)
Est-ce que tu viendr**as** à ma fête? (*from* **venir**)
Je ser**ai** très occupé(e) (*from* **être**)
Je ne pourr**ai** pas venir (*from* **pouvoir**)
Il y **aura** un groupe (*from* **avoir**)

➤ p.165

A Ce n'est pas mon style

This unit covers:
- shops and shopping
- making complaints

🎧 **1** Écoutez et lisez.

1

Je voudrais essayer un manteau, s'il vous plaît.

Celui-ci, le bleu?

2

Non, ce n'est pas vraiment mon style. Je préfère celui-là, le noir.

3

Il vous va bien! Est-ce qu'il vous plaît?

Oui, mais il est trop grand et trop long. J'en voudrais un plus petit et plus court. Est-ce que vous avez la taille en-dessous?

4

Non, je suis désolée. Mais je peux le commander, si vous voulez.

Non, non, tant pis.

5

Je voudrais essayer ces chaussures, s'il vous plaît.

Celles-ci, les marron?

6

Non, je préfère les chaussures à la mode... Je voudrais celles-là, les vertes.

7

C'est la bonne pointure? Elles vous vont?

Oui, elles me vont, mais... elles ne sont vraiment pas confortables. Je ne les prends pas.

8

Combien font les chaussettes?

Celles-ci, les jaunes à rayures? Elles font un euro

9

J'en voudrais deux paires, s'il vous plaît. Est-ce que vous pouvez me faire un paquet-cadeau?

Deux paires de chaussettes en paquet-cadeau, très bien.

2 Est-ce que vous suivez la mode? Écoutez et lisez les phrases.

> Oui, je suis un peu/beaucoup la mode.
> Mon style, c'est...

- les pantalons taille basse
- les vestes courtes
- les jupes longues, ...

> parce que...

- c'est cool/ branché/élégant/confortable
- mes parents n'aiment pas ça
- tous mes amis portent ça, ...

> Non, je ne suis pas la mode, parce que...

- je ne veux pas être un mouton
- ça coûte trop cher
- je trouve ça ennuyeux
- mes amis ne suivent pas la mode, ...

 3 À deux. Choisissez une personne: une célébrité, ou une personne que vous connaissez tous les deux. Décrivez son attitude envers la mode.

Exemple: **A**: *Madonna suit la mode. Son style, c'est... parce que...*

B: *Mon père ne suit pas la mode...*

 4 À deux. A est le client/la cliente et veut acheter un vêtement.
B est le vendeur/la vendeuse et propose une couleur.
A refuse et donne une raison.

Exemple: **A**: *Je voudrais essayer un pantalon, s'il vous plaît.*

B: *Celui-ci, le rouge?*

A: *Non, ce n'est pas mon style.*

Comment ça marche

To point something out, you use a *demonstrative pronoun*, which changes according to the gender and the number of the noun it replaces:

	masculine	*feminine*
this one	celui-ci	celle-ci
that one	celui-là	celle-là
these (ones)	ceux-ci	celles-ci
those (ones)	ceux-là	celles-là

Je préfère celui-là. (= ce manteau, masculine singular)
I prefer that one. (= that coat)

Je voudrais celles-là. (= ces chaussures, feminine plural)
I'd like those ones. (= those shoes)

➤ p.176

You need to use an *indirect object pronoun* with **aller (bien) à** (to suit, to fit) :

Il **vous** va bien. *It suits **you**.* (formal)
Il **te** va bien. *It suits **you**.* (to a friend)
Elles **me** vont. *They fit **me**.*
Ce manteau **lui** va bien. *This coat suits **him/her**.*
Ces chaussures ne **lui** vont pas. *These shoes don't fit **him/her**.*

➤ p.174

Attention!

The position of adverbs is important: **vraiment pas** is much stronger than **pas vraiment**:

Ce n'est **pas vraiment** mon style. *It isn't quite my style.*
Elles ne sont **vraiment pas** confortables. *They are really uncomfortable.*

In English, we say "the blue one", "the brown ones". In French, you don't translate "one/ones":

(le manteau bleu) **le bleu** – *the blue one*
(les chaussures marron) **les marron** – *the brown ones*
(les chaussures vertes) **les vertes** – *the green ones*

The adjective agrees with the noun it refers to, unless it is an *invariable* adjective such as **marron**.

Attention!

Most shops in France, including large stores, close at lunchtime, typically between 12 and 2pm. However, they stay open until 6 or 7pm. Shops are also likely to be closed on Sundays.

pour sourire

C'est la mode cette saison.

1   Écoutez et lisez.

1

Il n'y a pas de pain! Salomé, tu vas chercher du pain à la boulangerie avec Andrew?

C'est tout près. Tu viens? On met nos rollers!

2

Vous faites toutes vos courses dans le centre-ville?

Non! Pour l'alimentation, on va au supermarché du centre commercial.

3

C'est assez loin, mais on prend la voiture. Il y a un grand parking, c'est pratique.

4

Et puis, au centre commercial, il y a d'autres grandes surfaces, par exemple pour le bricolage, les accessoires de sport, les meubles, l'électroménager…

5

Et ta famille?

Nous aussi, on va au centre commercial. Dans le centre-ville, il n'y a plus beaucoup de petits commerces. Il y a quelques boutiques de vêtements, un grand magasin, une librairie, et c'est tout. Dans les boutiques, les vêtements sont plus chers que dans les grandes surfaces. L'avantage des grandes surfaces, c'est que c'est bon marché.

6

Ici, il y a un marché, le samedi. J'aime bien le marché: on y trouve des fruits et des légumes de la région.

7

Tu veux dire que les producteurs vendent directement aux consommateurs?

Exactement. Et en face du marché, il y a un magasin de jeux électroniques super!

8

Mais l'inconvénient, c'est qu'il y a beaucoup de monde, et c'est difficile de se garer.

9

Salomé! Le pain!

2 Lisez encore le texte à la page 134. Faites correspondre les types de commerces et les phrases. Attention: il y a plusieurs possibilités.

Exemple: *le supermarché – C'est assez loin.*

le supermarché	les grandes surfaces
le centre commercial	le marché
le centre-ville au Royaume-Uni	les boutiques

C'est assez loin.	Il y a beaucoup de grandes surfaces.
C'est bon marché.	Il y a un grand parking, c'est pratique.
C'est difficile de se garer.	Les producteurs vendent directement
Il n'y a plus beaucoup de petits	aux consommateurs.
commerces.	Les vêtements sont chers.
Il y a beaucoup de monde.	

Comment ça marche

Y is an invariable pronoun used to replace a phrase starting with **à**, for instance the name of a place.

À la boulangerie, on trouve des gâteaux. ***At the baker's,*** *you find cakes.*
On **y** trouve des gâteaux. *There (**i.e. at the baker's**), you find cakes.*

➤ p.176

3 You're going to do an exchange with a French school, the *collège André-Malraux.* You receive an email from the *classe de 3ème*.

In English, list the important points about shopping.

Exemple: *town centre: many small shops*

> Chers "Year 11"
> Voici notre mail sur les commerces de Neuville. Dans le centre-ville, il y a encore beaucoup de petits commerces. Par exemple, il y a une bonne boulangerie, qui ouvre à 7 heures du matin, et il y a une librairie qui vend des bandes dessinées. On y trouve aussi un grand magasin, Les Nouvelles Galeries, qui n'est pas bon marché. Le samedi, les gens prennent leur voiture et vont au centre commercial de Grandchamp. Ce n'est pas très beau, mais l'avantage, c'est que c'est facile de se garer. On y trouve un supermarché et des grandes surfaces comme Castorama (pour le bricolage) ou Toys'R'Us. Pendant l'été, tous les jeudis, il y a aussi un marché au centre-ville. Les touristes anglais l'adorent! L'inconvénient, quand il y a beaucoup de monde, c'est que c'est difficile de se garer.
> À bientôt!
> La classe de 3ème, collège André-Malraux de Neuville

Attention!

Faire du shopping is sometimes used in French, but only in the context of "recreational"/luxury goods shopping. Everyday food shopping is **faire les courses**. **Faire du lèche-vitrine** means "to go window-shopping".

4 À deux. Préparez un petit exposé sur les commerces dans votre ville/village/quartier.

Exemple:

A: Alors, ici, il y a un centre commercial, le Whiteleys Centre.

B: Oui, mais dans le centre-ville, il y a aussi...

Épeler et prononcer

In the following words, the letter groups **in**, **im**, **ain**, **aim**, **un**, and the **en** in **ien** are pronounced in exactly the same way. Listen to the cassette and note how the consonant (**n** or **m**) is not sounded.

However, words of English origin such as **parking** or **shopping** are pronounced in the English way.

maga**sin**	p**ain**	parking
inconvénient	f**aim**	shopping
mat**in**	**un**	
important	b**ien**	
	comb**ien**	

C Réclamations

1 Écoutez et lisez.

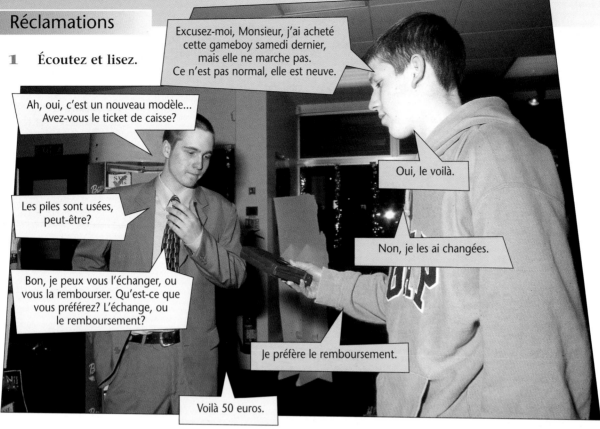

Excusez-moi, Monsieur, j'ai acheté cette gameboy samedi dernier, mais elle ne marche pas. Ce n'est pas normal, elle est neuve.

Ah, oui, c'est un nouveau modèle... Avez-vous le ticket de caisse?

Oui, le voilà.

Les piles sont usées, peut-être?

Non, je les ai changées.

Bon, je peux vous l'échanger, ou vous la rembourser. Qu'est-ce que vous préférez? L'échange, ou le remboursement?

Je préfère le remboursement.

Voilà 50 euros.

Vous aviez bien mis une cartouche dans votre gameboy?

Une cartouche? Quelle cartouche?...

2 Lisez.

J'ai reçu aujourd'hui un CD de Faudel, "Samra". Malheureusement, ce n'est pas ce que j'ai commandé. Il y a un mois, j'avais commandé un CD de Francis Cabrel, "Hors-saison". Le numéro de commande est le XOL9833941. Pourriez-vous s'il vous plaît rectifier l'erreur et m'envoyer le bon CD dès que possible?

Liam Taylor

Nous sommes désolés de l'erreur. Nous vous envoyons le CD de Francis Cabrel aujourd'hui.

Service clients
XOL Livres et Musique

3 Lisez et écoutez. Ensuite, faites correspondre avec les dessins.

Exemple: **1** = e

1 Le pantalon est déchiré: la couture se défait.
2 Le talon est cassé.
3 Le sandwich est périmé.
4 L'orange est pourrie.
5 La montre est abîmée.

Comment ça marche

Il y a can mean "ago", (as well as "there is/are") but note the word order:

Il y a un mois , j'ai commandé un CD.
A month **ag** *, I ordered a CD.*

➤ p.168

When the *indirect object pronouns* **me**, **te**, **nous** or **vous** are used together with a *direct object pronoun* (here, **l'** and **la**), they come first:

Je peux **vous l'**échanger, ou **vous la** rembourser.
I can replace **it for you***, or refund* **it for you***.*

➤ p.174

17.05.02

4 À deux. Faites des dialogues avec les problèmes de l'activité 3.

Exemple:

A: Excusez-moi, Monsieur/Madame, j'ai acheté ces chaussures mardi dernier, mais le talon est cassé. Ce n'est pas normal.

B: Avez-vous le ticket de caisse?...

5 Votre ami, qui parle anglais, a commandé un CD, mais il y a un problème. Lisez son message et écrivez un mail pour lui.

received "Mangez-moi", by Billy Ze Kick
a month ago, ordered "Des visages, des figures", by Noir Désir
order number: XOL3413998

Exemple: J'ai reçu aujourd'hui "Mangez-moi" de...

Attention!

There are two words for "new" in French:

Elle est **neuve**.
It is new (= brand-new).

C'est un **nouveau** modèle.
It's a new (= different, not previously known) model.

masc. sing.	fem. sing.	masc. pl.	fem. pl.
nouveau	nouvelle	nouveaux	nouvelles
nouvel (in front of a vowel)			
neuf	neuve	neufs	neuves

J'ai une **nouvelle** voiture, mais elle n'est pas **neuve**.
*I've got a **new** car, but it isn't brand **new**.*

A   En ville ou à la campagne?

This unit covers:
- types of housing
- transport issues
- reasons for pollution
- conservation issues

1   Deux jeunes ont répondu à un questionnaire sur l'environnement en ville et à la campagne. Ils ont parlé des choses suivantes:

- les maisons
- la pollution par le bruit
- la pollution par la lumière
- les industries
- le recyclage et les ordures
- les transports.

Écoutez et lisez.

LA VIE À LA CAMPAGNE

Ma région est une région rurale, avec beaucoup de fermes et de vieilles maisons. Il y a peu de transports en commun (il y a peu de bus et il n'y a pas de trains), mais en plus il y a peu de circulation, et alors c'est une région calme et la qualité de l'air est très bonne.

Il y a peu de pollution par la lumière parce qu'il y a relativement peu de personnes et de bâtiments, et il y a peu de réverbères. Il y a peu de bruit et de pollution par la fumée ou les gaz parce qu'il y a peu d'usines.

On chauffe la plupart des maisons au fuel, parce qu'il n'y a pas de gaz de ville dans la région. Ça crée de la pollution, mais en fait il y a relativement peu de maisons et on ne le remarque pas.

On ramasse les ordures tous les mardis, et nous devons trier les ordures avant le ramassage, parce que 40% des ordures (c'est-à-dire tout le verre, tout le papier et tout le plastique) sont recyclés. La région est très propre et il y a peu de détritus dans les rues.

LA VIE EN VILLE

J'habite dans un appartement près du centre de Lyon. Dans mon quartier il y a beaucoup d'appartements et d'HLM. C'est un quartier assez pauvre, avec beaucoup de chômage et de criminalité.

Il y a un réseau de transports en commun, mais il y a quand même beaucoup de bruit et de pollution à cause des moteurs de bus, de camions et de voitures qui passent constamment – même pendant la nuit. L'année prochaine nous espérons avoir des bus électriques. Ça sera formidable!

Il y a beaucoup de pollution par la lumière et de nuisances sonores à cause des usines, de la circulation, des réverbères, des feux rouges, des maisons et des HLM, etc. Les usines émettent beaucoup de fumée, mais on chauffe les maisons au gaz ou à l'électricité et elles émettent relativement peu de pollution.

On ramasse les ordures tous les vendredis, et en plus il y a des points de recyclage partout dans la ville pour le verre, le papier, etc. – même pour les chaussures! Chez nous, on trie les ordures (c'est-à-dire qu'on sépare le verre, le plastique et le papier), et nous avons un tas de compost derrière l'appartement. Malgré tout ça, les rues sont sales et il y a des détritus partout.

2 Lisez encore le texte "La vie à la campagne". Recopiez le texte et remplissez les blancs.

Exemple: **1** Il y a peu de <u>transports en commun</u> à la campagne, et il y a peu de <u>circulation</u>.

1 Il y a peu de _____ ___ _____ à la campagne, et il y a peu de _____.

2 Il y a peu de pollution par ___ _____ parce qu'il y a relativement peu de _____ et de _____.

3 On chauffe la plupart des maisons au _____, parce qu'il n'y a pas de gaz à la campagne.

4 On ramasse les _____ tous les mardis, mais on doit _____ les ordures avant le ramassage.

5 40% des _____ (c'est-à-dire tout le _____, tout le _____ et tout le plastique) sont recyclés.

6 À la _____ c'est très propre et il y a peu de détritus dans les rues.

3 Maintenant, lisez encore le texte "La vie en ville". Complétez les phrases.

Exemple: **1** Au centre de Lyon il y a beaucoup d'appartements et d'HLM.

1 Au centre de Lyon il y a beaucoup...
2 Il y a beaucoup de bruit et de pollution à cause des...
3 Les usines émettent...
4 On chauffe les maisons...
5 Il y a des points de recyclage partout dans la ville pour...
6 On trie les ordures – c'est-à-dire...

4 À deux. **A** dit un avantage de la vie à la campagne. **B** doit dire un avantage de la vie en ville. Qui peut continuer le plus longtemps?

Exemple: **A**: Il y a peu de circulation.

B: Il y a des points de recyclage partout.

5 Et votre région? Écrivez 150 mots sur les avantages et les inconvénients de la vie à la campagne ou en ville.

Exemple:

> **La vie à la campagne dans le Devonshire**
>
> Ma région est une région très calme, avec très peu de circulation...

1 Recycler, réutiliser, réduire la pollution. Est-ce que vous avez **vraiment** besoin de faire ou d'acheter ça?

Louise fait un projet sur l'environnement au collège. Elle a préparé une liste de questions sur la protection de l'environnement. Elle pose les questions à des passants en ville.

Lisez le questionnaire.
Puis écoutez l'interview.

1 Est-ce qu'en général vous prenez un bain ou une douche?

2 Votre maison est chauffée comment?

3 Est-ce que vous recyclez le verre, le papier, etc.?

4 Est-ce que vous achetez les produits locaux?

5 Est-ce que vous évitez les emballages inutiles?

6 Est-ce que vous laissez l'ordinateur, les lampes ou le téléviseur allumés?

7 Est-ce que vous remplacez souvent votre ordinateur, lecteur de compact, voiture, etc.?

8 Est-ce que vous prenez souvent l'avion, surtout pour les trajets de moins de 1000km?

9 Est-ce que votre maison est trop chauffée?

10 Comment faites-vous les voyages courts – à pied, en vélo, en autobus ou en voiture?

2 Écoutez encore et répondez au questionnaire pour la dame.

Exemple: **1** *un bain*

3 Lisez encore. Mettez les objectifs dans l'ordre selon ce que vous trouvez important.

Exemple: **2**, ...

1 Il faut réduire la pollution émise par les avions.

2 Il faut réduire la pollution sur les routes.

3 Il faut garder son équipement – télé, lecteur de CD, voiture, etc., le plus longtemps possible.

4 Il faut réduire les livraisons en camion/en avion.

5 Il faut réduire la taille des décharges publiques.

6 Il faut réduire la pollution émise par les maisons.

7 Il ne faut pas gaspiller l'eau.

 4 Sondage en groupes. Travaillez ensemble pour poser les questions à vos camarades. Notez les réponses.

 5 Maintenant écrivez 150 mots environ sur les réponses.

Exemple: *22 élèves prennent un bain et 9 élèves prennent une douche.*

Épeler et prononcer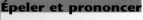

There are two **o** sounds in French. The open **o** (column 1) is always written with an **o**.

The closed **o** (column 2) can be written in variety of ways: **o**, **ô**, **au**, **eau**.

Listen once more to the recorded texts and find more examples of each type.

<u>o</u>rdure	p<u>o</u>ser
c<u>o</u>mpost	p<u>au</u>vre
p<u>o</u>llution	ch<u>ô</u>mage
pr<u>o</u>pre	ch<u>au</u>ssure
	b<u>eau</u>coup
	chauff<u>au</u>ge

Attention!

vous ➜ tu

Est-ce qu'en général **tu prends** un bain ou une douche?

1   Lisez et écoutez.

OPTIMISTE ou PESSIMISTE?

Deux jeunes présentent leur vision de l'avenir.

LA PESSIMISTE

Moi, j'ai peur de l'avenir. Le monde va bientôt en avoir assez de la race humaine et il deviendra impossible d'habiter ici. Pourquoi je dis ça? Alors, voici mes raisons:

- Nous polluons le paysage avec nos ordures. Nous recyclons très peu, et si on ne recycle pas plus qu'à présent, les ordures ménagères envahiront tout.

- Nous expérimentons avec les OGM – sans savoir si c'est dangereux ou pas. Est-ce que les OGM tueront tous les hommes? Qui sait?

- Nos maisons, nos usines, nos voitures, nos bus, nos trains et nos avions continuent à émettre des gaz à effet de serre. Selon les scientifiques, les émissions de gaz modifieront le climat – mais on s'en moque.

- Le climat se réchauffera, le niveau de la mer montera, la glace aux pôles va fondre, il y aura davantage d'ouragans et d'inondations – et pourtant nous continuons à vivre "comme d'habitude".

L'OPTIMISTE

Moi, je suis optimiste. Le monde sera toujours là dans 500 ans, ou cinq millions d'années – avec nous ou sans nous! Voici pourquoi je suis optimiste:

- En vérité il n'y a pas beaucoup de pollution. Les usines et les voitures deviennent de plus en plus propres, et on recycle de plus en plus nos ordures.

- Personne n'a prouvé que les OGM sont dangereux, et il y a beaucoup de raisons de penser qu'ils sont sans danger.

- Nos émissions de gaz à effet de serre sont trop faibles pour modifier le climat (4% du total, y compris les émissions naturelles).

- Ils disent que le climat ne s'est réchauffé que de 0,6 degrés en 120 ans et que c'est le soleil qui crée ce réchauffement.

- Selon le satellite français Topex-Poseidon, le niveau de la mer ne monte que de 0,9 mm par an. Beaucoup de scientifiques pensent qu'il ne montera pas beaucoup à l'avenir.

- Et il y a toujours eu des ouragans et des inondations…

2 Lisez encore. Écrivez "O" (optimiste) ou "P" (pessimiste) pour chaque opinion.

Exemple: **1** = P

1 Il deviendra impossible d'habiter ici.

2 Le monde sera toujours là dans cinq millions d'années.

3 Le niveau de la mer montera.

4 Le niveau de la mer ne monte que de 0,9 mm par an.

5 Les émissions de gaz modifieront le climat.

6 Les usines et les voitures deviennent de plus en plus propres.

7 Nos émissions de gaz à effet de serre sont trop faibles pour modifier le climat.

8 Nous polluons le paysage avec nos ordures.

> **Comment ça marche**
>
> Here are some more examples of the future tense.
>
> Le climat **se réchauffera**.
> Le niveau de la mer **montera**.
> **Il y aura** davantage d'ouragans et d'inondations.
> Le monde **sera** toujours là.
> Il **deviendra** impossible d'habiter ici.
>
> ➤ p.165

3 Lisez encore et faites des listes des opinions pessimistes et optimistes.

Exemple:

Pessimiste	Optimiste
Nous polluons le paysage avec nos ordures.	...

4 Et vous? Qu'est-ce que vous pensez? Est-ce que la race humaine détruit le monde peu à peu, ou est-ce que tout va bien? Écrivez quelques phrases pour donner votre opinion.

Exemple: Nous polluons un peu le paysage, mais...

 5 Comparez vos opinions en discutant avec les autres membres de la classe. Est-ce que vous trouvez quelqu'un avec la même opinion que vous?

Exemple: **A**: Je pense que les OGM sont dangereux.

B: Moi aussi.

 6 Écrivez 150 mots environ sur l'environnement et l'effet de serre. Donnez votre opinion et faites des prédictions pour l'avenir.

Exemple: À mon avis le climat se réchauffe, mais seulement de 0.6 degrés...

1   Écoutez et lisez.

Utopie?

Si vous pouviez créer un monde idéal, il serait comment? Voici deux visions de l'avenir – un avenir "techno" et un avenir "naturel". Lequel préféreriez-vous?

Dans mon monde idéal il n'y aurait pas d'usines, pas d'autoroutes, pas de grandes villes, pas d'avions, pas d'aéroports, pas de voitures, pas de supermarchés, pas d'ordinateurs, pas de centrales électriques, pas de pollution et pas d'appareils ménagers. Si on habitait dans des villages, tout le monde circulerait à pied ou en vélo. Et si on habitait en ville il y aurait des tramways et des pistes cyclables. Si on se servait des biens de consommation, on les recyclerait après. On laverait le linge à la main, et il y aurait un magasin dans chaque rue. Il n'y aurait pas d'OGM et on ne mangerait que des aliments biologiques. Il n'y aurait pas de fermes parce que tout le monde serait végétarien et chaque famille ferait pousser ses légumes. Les collèges seraient très petits, avec 50 élèves au maximum, et tout le monde se connaîtrait. Et le soleil brillerait tous les jours…

Julien, 18 ans

Dans mon monde idéal tout le monde aurait un ordinateur et beaucoup d'appareils ménagers – un lave-vaisselle, un lecteur de compact, etc. Mais si on les remplaçait, on les recyclerait et cela ne créerait pas de pollution. Si on avait sa propre voiture, elle aurait un moteur à hydrogène et elle ne créerait pas de pollution. On habiterait dans des villes très propres et bien éclairées, mais les centrales électriques utiliseraient l'énergie solaire et du vent. Si on mangeait de la viande, les fermes seraient très propres et les animaux ne souffriraient pas. S'il y avait des OGM on les aurait testés et ils seraient sans danger. Il y aurait un hypermarché dans chaque ville et un supermarché dans chaque village. Les collèges seraient assez grands avec un grand choix de matières, mais ils seraient aussi très accueillants, et les élèves seraient contents. Et le soleil brillerait tous les jours...

Céline, 17 ans

2 C'est le monde de Julien ou le monde de Céline ?
Écrivez "J" ou "C".

Exemple: **1 = J**

1 Il n'y aurait pas d'OGM et on ne mangerait que des aliments
biologiques.

2 Il n'y aurait pas d'usines, ni d'autoroutes, ni d'avions.

3 On habiterait dans des villes très propres et bien éclairées.

4 Il n'y aurait pas de fermes parce que tout le monde serait
végétarien.

5 Si on avait sa propre voiture, elle aurait un moteur
à hydrogène.

6 Les centrales électriques utiliseraient l'énergie solaire et le vent.

7 On habiterait dans des villages et tout le monde circulerait
à pied ou en vélo.

8 Tout le monde aurait un ordinateur et beaucoup d'appareils
domestiques.

9 On laverait le linge à la main.

10 Il y aurait un hypermarché dans chaque ville et un supermarché
dans chaque village.

> **Comment ça marche**
>
> To say that something *would happen*,
> or to describe something that won't
> happen unless something else does
> (e.g. "If I were king, I would never work
> again"), you use the *conditional tense*.
> This is formed by adding the imperfect
> tense verb endings to the future tense
> root of the verb.
>
> If you want to use "if" (si) before the
> conditional tense, the "if" clause is in
> the imperfect:
>
> Tout le monde **aurait** un ordinateur.
> *Everyone would have a computer.*
>
> **Si on avait** sa propre voiture, elle
>   **aurait** un moteur à hydrogène.
> ***If you had*** your own car, it
>   ***would have*** a hydrogen motor.
>
> Les fermes **seraient** très propres.
> *The farms **would be** very clean.*
>
> p.166

---

3 Read the texts and answer the questions in English.

Exemple: **1** On foot or by bike.

1 In Julien's world, how would people get around?

2 In Céline's world, why wouldn't people's computers cause any pollution?

3 Mention three things that *wouldn't be* in Julien's world.

4 In Céline's world, what would the car engines run on?

5 In Céline's world, what would the power stations use?

6 In Julien's world, how would people wash their clothes?

7 In Céline's world, what would the farms be like?

8 In Julien's world, what kind of food would people eat?

9 In Julien's world, where would the shops be?

10 In Céline's world, what kind of shop would there be in each village?

> **Épeler et prononcer**
>
> Note the difference in
> pronunciation between the verb
> endings for the first person of the
> future tense and the conditional:
> **ai** is pronounced like **é**; **ais** is
> pronounced like **è**.
>
> | future | conditional |
> |---|---|
> | je pourr<u>ai</u> | je pourr<u>ais</u> |
> | je ser<u>ai</u> | je ser<u>ais</u> |

---

4 Lisez encore. Quelle vision de l'avenir préférez-vous ?
Et pourquoi ? Donnez vos raisons en français.

Exemple: Je préfère le monde de Julien parce que...

---

5 Et vous? Décrivez votre vision de l'avenir (150 mots environ).

Exemple: Dans mon monde idéal tout le monde aurait une
moto...

---

6 Débat en classe. Organisez-vous en deux équipes (les pessimistes et
les optimistes). Faites un débat en classe sur l'avenir et
l'environnement.

Exemple: Dans mon monde idéal il y aurait...

A Quelle école?

1 Écoutez et lisez. Trois jeunes Français écrivent à leur correspondant britannique et parlent de leurs projets.

le collège: 12–15 ans
la 6ème
la 5ème
la 4ème
la 3ème
le brevet des collèges

Je m'appelle Karine et j'ai 15 ans. Je suis en 3ème. Cette année, je vais passer le brevet des collèges. L'année prochaine, je serai au lycée. Je suis bonne en langues et je vais préparer mon bac en série littéraire. Quand j'aurai mon bac, j'irai en fac pour faire une licence d'anglais. Mais il faut d'abord que j'aie mon bac!

le lycée: 16–18 ans			
la 2nde			
la 1ère			
la terminale			
le bac: série...			
littéraire	économique et sociale	scientifique	technologique

le lycée professionnel: 16–19 ans	
le certificat d'aptitude professionnelle	le brevet d'études professionnelles
le bac professionnel	

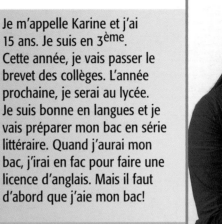

Je m'appelle Hassan et j'ai 15 ans. Après le brevet des collèges, je vais préparer un bac scientifique, parce que je suis fort en maths et en physique. Quand j'aurai mon bac, j'irai en fac. Mes parents voudraient que je fasse médecine, parce qu'il y a des débouchés. Moi, je ne suis pas d'accord. J'espère étudier la biologie et devenir chercheur.

Je m'appelle Ludivine et j'ai 16 ans. Après le brevet des collèges, je n'ai pas l'intention de passer mon bac. J'en ai assez de l'école. C'est la vie active qui m'intéresse. Le conseiller d'orientation a suggéré que je travaille dans l'hôtellerie. J'irai dans un lycée professionnel pour préparer un B.E.P, un brevet d'études professionnelles. Je ferai des stages de formation dans des hôtels et des restaurants.

2 Écoutez et lisez la réponse des correspondants.

Chère Karine

Moi, j'ai 16 ans. Je suis en cinquième année (year 11) dans une école secondaire qui s'appelle *Hanby Comprehensive*. Cette année, je vais passer un examen important, le *GCSE*. J'ai choisi huit matières. Moi aussi, j'aime les langues. Je vais passer des *GCSEs* en français, en espagnol, en maths et en géographie et j'espère avoir de bonnes notes. L'année prochaine, je voudrais rester à Hanby et préparer des *A Levels* dans ces matières (mais je vais peut-être laisser tomber la géographie). Et si j'ai de bonnes notes à mes *A Levels*, j'espère aller à l'université.
Jessica

Chère Ludivine

Merci pour ta lettre. Moi aussi, c'est la vie active qui m'intéresse. Après le *GCSE*, je vais changer d'école: j'irai dans une école qui s'appelle *Sexton College of Higher Education*. Je préparerai un diplôme qui s'appelle *Advanced GNVQ* dans ma matière préférée, l'informatique, parce que je veux devenir programmeuse.
Ayesha

Cher Hassan

Moi, je suis en quatrième année (S4) dans une école secondaire qui s'appelle *Fife Academy*. Je vais passer un examen qui s'appelle le *Standard Grade*. Ensuite, j'ai l'intention de préparer le *Higher Grade*, que je vais passer à 18 ans. Si j'ai de bonnes notes, je voudrais aller à l'université et devenir vétérinaire. Les animaux, ça m'intéresse beaucoup.
Fergal

---

3 C'est quel jeune: Karine, Ludivine, Hassan, Jessica, Ayesha ou Fergal? Attention: il peut y avoir plusieurs bonnes réponses.

Exemple: 1 *Karine, …*

1 Ce jeune veut aller à l'université.
2 Ce jeune veut passer son bac.
3 L'école ne l'intéresse plus.
4 À 16 ans, ce jeune va aller dans une autre école.
5 Ce jeune aime les ordinateurs.
6 Ce jeune aime l'anglais et d'autres langues.

4 À deux. Expliquez:
- dans quelle école vous êtes
- quel examen vous allez passer
- ce que vous voulez faire après.
- Donnez des raisons.

Exemple: *Je suis dans une école secondaire qui s'appelle…*

Attention

Be careful with the following terms:

passer un examen – *to take an exam*
réussir un examen, avoir un examen – *to pass an exam*
rater un examen, échouer à un examen – *to fail an exam*

La fac is short for **la faculté** and is the way young people normally refer to university, although **l'université** is also used.

Comment ça marche

Remember how you can emphasise your opinion by using **moi** at the beginning of a statement:

Moi aussi, j'aime les langues.
Me too, I like languages.
Moi, je ne veux pas faire ça.
(As for me,) I don't want to do that.

Sometimes, the important words are placed between **c'est** and **qui**. This makes the statement even stronger:

C'est la vie active **qui** m'intéresse.
Working life is what matters to me.

Sometimes, the important word appears at the beginning of the sentence.

Les animaux, ça m'intéresse beaucoup.
*I am very interested in **animals**.*

⟶ p.175

Pour aider

a comprehensive school – **une école polyvalente**
a grammar school – **une école sélective**
a state school – **une école publique**
a private/independent school – **une école privée**
a mixed/co-ed school – **une école mixte**

1 Écoutez et lisez.
Les élèves du collège Jules-Verne s'expriment.

En 3ème, il y a 11 matières. J'ai des devoirs tous les soirs. Il y a des contrôles deux fois par trimestre, et en plus, il faut réviser pour le brevet. Mes parents sont toujours sur mon dos: "Tes notes baissent!" Je suis vraiment fatiguée, stressée, et le pire, c'est que je n'ai plus le temps de voir mes amis.
Blandine

À mon avis, pour améliorer le collège, il faudrait des actions de soutien pour les matières difficiles comme les maths, l'anglais, etc. Il faudrait aussi des activités hors programme, comme des ateliers d'art plastique, par exemple.
Pauline

Je pense que le collège n'est pas bien équipé. La salle de sports est trop petite. Quand il pleut, on ne peut pas avoir EPS. Au CDI, c'est pareil: il n'y a que deux ordinateurs, et il faut faire la queue.
Florent

Moi, je dis "merci" à l'école. Tout le monde se plaint, mais je trouve que c'est formidable de pouvoir étudier. En Afrique, par exemple, on quitte l'école à 14 ans, ou même plus tôt. Concrètement, je voudrais remercier la conseillère d'orientation, madame Vannier. C'est difficile de choisir sa voie après 16 ans, mais elle m'a bien aidé. C'est important que tout le monde ait sa chance.
Hacène

Si on a des problèmes, on est isolé et on ne peut pas parler aux profs. Les profs ne sont jamais disponibles. Quelquefois, il y a de la violence au collège. Les grands de 3ème intimident les petits de 6ème et 5ème. Mais les profs n'écoutent pas les élèves, même les délégués de classe.
"Lara Croft"

Le règlement du collège est trop strict. On n'a pas le droit de fumer, c'est normal. Par contre, il faudrait autoriser le chewing-gum, et on devrait installer des poubelles dans la cour.
une élève de 4ème

C'est bizarre, mais moi... j'aime l'école! D'abord, au collège, j'ai beaucoup d'amis. Ensuite, on fait des activités intéressantes, comme le voyage en Allemagne, ou le théâtre. Quand le club de théâtre a monté *Roméo et Juliette*, c'était une expérience inoubliable.
Thomas

Pour aider

EPS – éducation physique et sportive
CDI – centre de documentation et d'information

2   Regardez encore la page 148. Qui pense que...

Exemple: **1** Thomas

1   ...les activités hors programme sont intéressantes?
2   ...il n'y a pas assez d'activités hors programme?
3   ...le collège est un bon endroit pour se faire des amis?
4   ...il faut aider les élèves dans certaines matières?
5   ...il y a trop d'interdictions?
6   ...c'est injuste de critiquer le collège?
7   ...il y a trop de travail?
8   ...certains élèves sont violents?
9   ...il n'y a pas assez d'équipement informatique?
10   ...il y a trop de matières à étudier?
11   ...quelquefois, on se sent seul et on a peur?
12   ...il a été bien conseillé?

Qui a une opinion positive du collège?
Écrivez une phrase pour résumer son opinion.

3   À deux. A prend la personnalité d'un des élèves à la page 148: Blandine, Florent, "Lara Croft", Thomas, Pauline, Hacène, l'élève de 4ème.
B pose la question: "Est-ce que tu aimes le collège?"
A donne une réponse.
Ensuite, changez de rôle.

Exemple: **B**: Est-ce que tu aimes le collège?

   A: (Blandine) Non. J'ai trop de travail.

4   Regardez encore la page 148. Faites la liste des suggestions constructives pour améliorer le collège. Ensuite, faites des suggestions correspondant aux autres critiques.

Exemple: Pauline dit: il faudrait des actions de soutien.

   Pour Blandine, il faudrait des programmes moins chargés.

5   Comparez les systèmes d'éducation secondaire en France et en Grande-Bretagne. Quels sont les avantages et les inconvénients de chacun? Lequel préférez-vous? Pourquoi? Écrivez environ 150 mots.

Attention!

These *adverbs* and *conjunctions* can make what you say more convincing:

mais – *but*
même – *even*
à mon avis – *in my opinion*
par contre – *on the other hand*
en plus – *moreover*

Comment ça marche

You use the *subjunctive* after phrases like **il faut que, c'est important que, vouloir que** and **suggérer que**...

Il faut que j'**aie** mon bac.
C'est important que tout le monde **ait** sa chance.
Il a suggéré que je **travaille**...
Mes parents voudraient que je **fasse** médecine.

➤ p.166

Attention!

En France, au collège, on étudie...

le français
les maths
une langue vivante (anglais, allemand, espagnol...)
l'histoire-géo
les sciences de la vie et de la terre
la physique-chimie
la technologie
l'informatique
une deuxième langue vivante
l'enseignement artistique
la musique
l'EPS
une option (langue régionale, latin...)

pour **sourire**

Assez d'EPS pour aujourd'hui.

1 Écoutez et lisez.

❝ Après son brevet des collèges, mon frère Simon a trouvé une place dans une usine. Il y avait beaucoup de chômage il y a 10 ans, alors il était content de gagner sa vie. Mais maintenant, il a 25 ans, il est marié, il a des enfants. Il a beaucoup de rêves qu'il ne peut pas réaliser. S'il était seul, il voyagerait, mais avec des enfants, c'est hors de question.

Moi, je ne veux pas faire comme lui. Après mon brevet, je vais rentrer dans la Marine. Je veux quitter mon village, voir d'autres pays, rencontrer des gens différents. Après la Marine, je vais peut-être revenir travailler ici, au village. Peut-être... Mais en tout cas, je ne veux pas me marier avant 30 ans. ❞

Paul

❝ Ma cousine Aurélie s'est mariée très jeune, à 19 ans. Maintenant, elle a 26 ans, et ses deux enfants vont à l'école. Si elle avait son bac, elle pourrait chercher un travail, mais elle n'a pas de diplôme, seulement son brevet des collèges. Elle voudrait reprendre des études, mais c'est difficile quand on a une famille.

Moi, je ne veux pas faire comme elle. Le mariage à 19 ans, pour moi, pas question! D'abord, je vais passer mon bac. Après, j'aimerais voyager ou travailler à l'étranger pendant un an, parce que c'est une occasion unique. Après, j'irai en fac. Plus tard, je ne sais pas. En tout cas, je ne veux pas avoir d'enfants avant 30 ans. ❞

Noémie

❝ Mes parents pensent que je devrais aller directement en fac après mon bac, pour faire des études d'anglais et devenir prof. Mes parents sont profs tous les deux, et ils disent que c'est un bon métier. Le problème, c'est que je préférerais prendre une année sabbatique et partir en Angleterre, pour améliorer mon anglais en faisant des petits boulots. Mes parents ne sont pas d'accord: ils ont peur que je ne revienne pas, ou que je perde l'habitude des études, ou que je parte à la dérive...

Mais moi, j'ai besoin de quitter le nid, de faire des expériences nouvelles. Quand je reviendrai, je serai plus mûre. De toute façon, je ne suis pas sûre de vouloir devenir prof comme eux. J'ai besoin d'y réfléchir. ❞

Juliette

2 Qui parle? Aurélie, Juliette, Noémie, Paul ou Simon? Attention, il peut y avoir deux réponses.

Exemple: 1 *Aurélie*

1 Je voudrais trouver un travail, mais c'est difficile.
2 J'aimerais voyager avant d'étudier.
3 J'ai arrêté mes études après le brevet.
4 Je voudrais étudier, mais c'est difficile.
5 J'ai commencé à travailler à 16 ans.
6 Je vais voyager sur un bateau.
7 Je suis marié et j'ai des enfants.
8 Je ne veux pas me marier tout de suite
9 Je voudrais voyager, mais c'est difficile.
10 Je ne sais pas quel métier je veux faire plus tard.

3 Lisez encore la page 150. Faites la liste des choix possibles pour les jeunes après 16 ans.

Exemple: *travailler, ...*

4 À deux. Pour vous, qu'est-ce qui est important, après 16 ans?

Exemple: A: *À 16 ans, je voudrais... parce que...*

B: *À 16 ans, je ne veux pas... parce que...*

Et après 18 ans, qu'est-ce qui est important, pour vous? Étudier, travailler, ou prendre une année sabbatique?

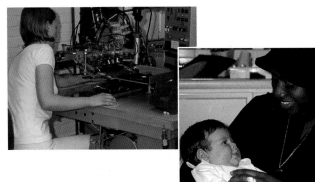

Comment ça marche

Here are some verbs in the *conditional tense*. They are often used to express a wish or an obligation:

> je devrais – *I should*
> j'aimerais – *I would like*
> je préférerais – *I would prefer*
> je voudrais – *I would like*

 p.166

Note the *plural pronouns* which are used after prepositions like **avec**, **pour**, **sur**, **chez**, **comme**:

> Je ne veux pas devenir prof comme **eux**.
> *I don't want to become a teacher like* **them**.

avec/pour/sur/chez/comme	nous
	vous
	eux
	elles

 p.175

After **avoir peur que** (to be afraid that), the verb is in the subjunctive:

> Ils **ont peur** que je ne **revienne** pas.
> *They're afraid that I may not come back.*

In your own speaking and writing, it is usually easier to use a verb followed by the future tense instead:

> Ils **pensent** que je ne **reviendrai** pas.
> *They think that I won't come back.*

p.166

Épeler et prononcer

The vowel group **eu** can be pronounced in two different ways. Note that when **eu** is followed by **-r**, it is normally pronounced as in column 1.

1	2
jeune	peut-être
leur	je veux
le chercheur	comme eux
le programmeur	il veut
plusieurs	la programmeuse
l'ordinateur	deux
seul	deuxième
la peur	il pleut
meilleur	la queue

There is an exception: in **j'ai eu** (*I've had*), **eu** is pronounced as if the letter **u** was on its own.

A Quel métier?

1 Lisez les textes.

> Je voudrais être agent de police.

> Je voudrais être parent!

> Je voudrais être secrétaire.

> Je voudrais être chauffeur de poids lourd.

> Je voudrais être professeur.

> Je voudrais être danseur.

a

J'aime les enfants depuis ma propre petite enfance! Je voudrais travailler surtout avec les ados, parce que je les trouve plus intéressants que les enfants plus jeunes (on peut rigoler avec eux!).
Je voudrais travailler avec les ados, et en plus je voudrais faire quelque chose d'utile dans ma vie.

b

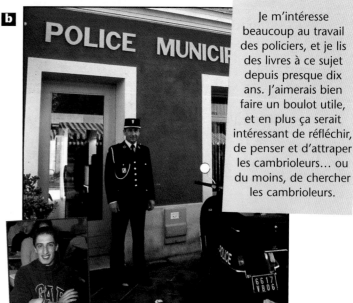

Je m'intéresse beaucoup au travail des policiers, et je lis des livres à ce sujet depuis presque dix ans. J'aimerais bien faire un boulot utile, et en plus ça serait intéressant de réfléchir, de penser et d'attraper les cambrioleurs... ou du moins, de chercher les cambrioleurs.

c

Je m'intéresse à la danse depuis douze ans, et je voudrais bien être membre d'une troupe de danseurs. Quand j'étais plus jeune j'ai pratiqué la danse au collège. Ce métier m'intéresse parce que je voudrais un travail artistique et j'aimerais avoir l'occasion de devenir riche et connu.

d

Je ne m'intéresse pas beaucoup aux carrières et au travail payé. À mon avis la plupart des gens s'intéressent beaucoup trop à l'argent et au pouvoir. Moi, j'aimerais avoir des enfants à moi et rester à la maison pour m'occuper d'eux. C'est le plus beau métier du monde!

This unit covers:
- employment and unemployment
- equal opportunities
- family pressures

e J'aime bien écrire des lettres et lire des documents intéressants, et j'adore les ordinateurs. J'ai un ordinateur à moi depuis six ans. Sur internet, j'ai fait la connaissance de beaucoup d'amis à l'étranger et en France. Mais j'aime le contact humain en plus.

f Je m'intéresse aux véhicules et aux transports en commun, et j'ai mon permis de conduire depuis deux ans. Le travail m'intéresse parce qu'on voyage beaucoup et c'est intéressant, et j'aimerais bien visiter d'autres pays en Europe et Asie. Le travail est dur et c'est quelquefois fatigant mais on est libre.

2 Écoutez. Choisissez un texte pour chaque personne.

Exemple: Sabine – f

| Sabine | Arnaud | Sandra | Laurent | Édwige | Kémi |

3 Qui veut faire quel métier?

Exemple: Sabine – chauffeur de poids lourd.

4 Pourquoi? Donnez deux raisons pour le choix de chaque personne.

Exemple: (Sabine)

Veut voir des pays étrangers et être libre. Son but est de voyager, d'être libre et d'aller où elle veut.

5 À deux. **A** décrit dix métiers. **B** doit identifier les métiers et les nommer dans le bon ordre.

Exemple: **B**: Le premier métier: On soigne des malades

Le deuxième: On...

6 Écrivez 150 mots environ sur ce que vous voulez faire, depuis quand vous voulez faire ça et pourquoi.

Exemple: Je m'intéresse aux camions depuis mon enfance...

Comment ça marche

Use **depuis** and the *present tense* to say *how long* you have been doing something.

J'aime la danse **depuis** une douzaine d'années.

Je m'intéresse aux romans policiers **depuis** très longtemps.

➤ p.168

Pour aider

Encore des boulots!

agriculteur/agricultrice – *farmer*
chanteur(-se) – *singer*
coiffeur(-se) – *hairdresser*
électricien – *electrician*
homme/femme d'affaires – *businessman/woman*
facteur – *postman/woman*
programmeur(-se) – *(computer) programmer*
vendeur(-se) – *salesperson*
journaliste – *journalist*
dentiste – *dentist*
médecin – *doctor*

1 Écoutez et lisez.

Est-ce que vous avez des problèmes à trouver un métier?

Bienvenue à la Tchatche

Des problèmes à trouver un emploi

Je voudrais être mécanicien, mais je ne sais pas si c'est possible. Après avoir fait beaucoup de demandes, on ne m'a pas interviewée. Est-ce que c'est parce que je suis une fille? C'est difficile pour les filles qui ont envie d'être mécaniciens, et la prochaine fois je ne vais pas donner mon prénom dans ma lettre. Est-ce qu'on va m'interviewer alors? On verra...
lucie17@wanadont.fr

Des problèmes à trouver un emploi

lucie17@wanadont.fr écrit: *Je voudrais être mécanicien, mais...*

Après avoir fini mes études au collège, je voulais aller à l'université pour étudier la médecine mais j'ai trouvé ça très difficile. Mon père est mort il y a trois ans, et ma mère est très malade. J'ai deux sœurs cadettes, et alors je dois rester à la maison pour aider la famille. J'espère faire mes études universitaires plus tard mais je ne sais pas si c'est possible.
rolandlebois@aof.com

Des problèmes à trouver un emploi

lucie17@wanadont.fr écrit: *Je voudrais être mécanicien, mais...*

Après avoir quitté le lycée professionnel à 18 ans je voulais travailler comme chauffeur de poids-lourd ici à Mulhouse. J'avais mon permis de conduire poids-lourd, mais il n'y avait pas d'emplois! Après avoir fait beaucoup de demandes, j'ai réalisé qu'il n'y a pas de postes de chauffeur de poids lourd à Mulhouse. Qu'est-ce que je vais faire?
camillecamion23@mondenligne.net

Des problèmes à trouver un emploi

lucie17@wanadont.fr écrit: *Je voudrais être mécanicien, mais...*

Je voudrais travailler comme cuisinier dans un restaurant, et j'ai réussi mon Brevet d'Études Professionnelles au lycée professionnel, mais il me reste un problème: mon père dit que si je travaille comme cuisinier, il ne va plus me parler et il ne va pas m'aider. Il dit que c'est un boulot pour les filles, mais je trouve ça idiot – les meilleurs cuisiniers du monde sont souvent des hommes...
mariusrobert@restaurant.net

Des problèmes à trouver un emploi

lucie17@wanadont.fr écrit: *Je voudrais être mécanicien, mais...*

Je voudrais travailler comme journaliste, mais je trouve ça très difficile. Je dois dire d'abord que je suis nord-africain, et je pense que c'est peut-être le problème. Après avoir écrit une lettre, j'obtiens toujours une interview (mes notes à l'examen étaient excellentes) mais on ne me donne pas d'emploi. Est-ce que c'est du racisme? Je pense que oui...
benyoucef8@dotnet.fr

Des problèmes à trouver un emploi

lucie17@wanadont.fr écrit: *Je voudrais être mécanicien, mais...*

J'ai des problèmes pour trouver un emploi comme vendeuse, mais je connais la raison! C'est parce que j'ai un casier judiciaire. Il y a quatre ans, après avoir volé un lecteur de compact dans un magasin, on m'a piquée. Mais après avoir rendu le lecteur de compact j'ai payé mon amende. Est-ce que c'est juste de me pénaliser toute ma vie? Je pense que non...
lydiegorju@fol.com

2 Lisez et écoutez encore. Qui cherche quel emploi?

Exemple: **1** Camille – chauffeur de poids lourd

chauffeur de poids lourd
cuisinier
journaliste
mécanicien
médecin
vendeuse

3 Lisez encore. Complétez les phrases pour décrire le problème de chaque personne. Utilisez "après avoir".

Exemple: **1** Lucie: Après avoir fait beaucoup de demandes, elle n'a pas eu d'interview.

1 Lucie: ___ ___ ___ beaucoup de demandes, elle n'a pas eu d'interview.
2 Lydie: ___ ___ ___ le lecteur de compact elle a payé son amende.
3 Camille: ___ ___ ___ le lycée professionnel à 18 ans, elle voulait travailler comme chauffeur de poids lourd.
4 Benyoucef: ___ ___ ___ une lettre, il obtient toujours une interview.
5 Marius: ___ ___ ___ ses études au collège, il voulait travailler comme cuisinier.
6 Roland: ___ ___ ___ ses études au collège, il voulait aller à l'université pour étudier la médecine.

4 Qui souffre de quel problème?

Exemple: **1** Roland

1 des problèmes dans la famille
2 le racisme
3 le sexisme
4 le manque de postes dans la région
5 le casier judiciaire
6 son père ne le comprend pas

5 À deux. Faites des interviews en classe. **A** prend le rôle d'une des personnes à la page 154. **B** doit l'interviewer pour trouver son identité.

Exemple: **A**: Quel est ton problème?

B: Après avoir écrit beaucoup de lettres, je n'ai pas eu d'interview.

6 Et vous? Imaginez que vous avez des problèmes à trouver un emploi. Que ressentez-vous?
Décrivez le problème et vos émotions.
Écrivez 140 mots environ.

Exemple: Je n'arrive pas à trouver d'emploi.
Je suis algérien, et...

> **Comment ça marche**
>
> To say "after ...ing" or "after having..." in French, you use **après avoir** (or **être**, if the verb takes **être** in the perfect tense), followed by the *past participle*. This is called the *perfect infinitive*.
>
> **Après avoir** quitté le collège...
> *After leaving* school...
>
> **Après avoir** volé...
> *After having* stolen...
>
> **Après être** resté(e) au collège...
> *Having* stayed at school...
>
> p.168

C   Rêve ou réalité?

1   Lisez les textes.

La plupart des gens (plus de 90%!) finissent par avoir un emploi qui n'est pas idéal pour eux. Est-ce que vous serez content(e) avec un boulot "qui suffit", ou êtes-vous déterminé(e) à trouver l'emploi de vos rêves?

Ces jeunes parlent de leur avenir...

Thibaut

Mon métier de rêve, c'est être pilote de course. J'adore les voitures, surtout les voitures américaines des années 50, et j'aimerais passer ma vie à conduire. J'espère faire une épreuve avec une équipe de Formule 1 l'année prochaine.

Gaëlle

Voici mon rêve: Je voudrais être hôtesse de l'air. Je voudrais travailler en voyageant par avion, en visitant des pays étrangers et en faisant la connaissance de personnes intéressantes.

Nadège

Le métier de mes rêves, c'est d'être professeur, de préférence dans une école maternelle au centre d'une grande ville. Passer ma vie à aider les enfants et les autres, ça serait intéressant – et ça en vaudrait la peine!

Stéphanie

Mon rêve? C'est sans doute d'être mère! Je n'ai pas envie d'avoir une carrière, et l'idéal pour moi, c'est de passer ma vie à m'occuper de mes enfants...

Antoine

Mon métier de rêve, c'est d'être footballeur professionnel. Je joue au football avec mes copains presque tous les jours, et passer ma vie à jouer au football – et être payé pour ça – ça serait la belle vie.

Karim

Le métier de mes rêves? Médecin, de préférence en Afrique ou une autre région où on a besoin de beaucoup de médecins et où les gens souffrent. C'est le plus beau métier du monde. On passe sa vie à soigner les malades et à sauver des vies.

2 **Lisez encore. C'est qui?**

Exemple: **1** *Thibaut*

1 Il voudrait être pilote de course.
2 Elle voudrait passer sa vie à aider les enfants et les autres.
3 Elle voudrait visiter des pays étrangers.
4 Il voudrait être médecin dans une région où les gens souffrent.

5 Il voudrait passer sa vie à jouer au football et être payé pour ça.
6 Elle voudrait passer sa vie à s'occuper de ses enfants.

 3 **Écoutez. Faites correspondre la réalité probable et le nom de chaque personne.**

Exemple: *Gaëlle: je serai vendeuse.*

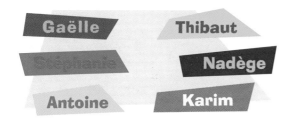
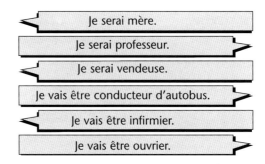

Je serai mère.
Je serai professeur.
Je serai vendeuse.
Je vais être conducteur d'autobus.
Je vais être infirmier.
Je vais être ouvrier.

4 **Écrivez une phrase pour chaque image.**

Exemple: **1** *Laetitia voudrait être pilote.*

 **rêve**
 **réalité**
 **réalité**
 **rêve**

5 **Et vous? Quel est votre métier de rêve? Et quelle est la réalité pour vous (probablement)? Et pourquoi? Écrivez quelques phrases à ce sujet.**

Exemple: *Mon rêve est d'être pilote de course, parce que je m'intéresse aux voitures. Je serai probablement comptable parce que c'est plus facile de trouver un emploi.*

Attention!

Here are two different ways of saying what you might do in the future. Use **je voudrais** if you are uncertain, and use the *future tense* if you are pretty sure about something.

Je voudrais être…
   I would like to be…
Je serai (probablement)…
   I will (probably) be

 6 **Faites des interviews en classe. Trouvez le métier de rêve et le métier probable de chaque personne.**

Exemple: **A**: *Qu'est-ce que tu voudrais faire?*
   B: *Je voudrais être professeur.*

 7 **Écrivez 150 mots environ sur les projets des autres membres de votre classe, et la réalité probable pour eux.**

Exemple: *Clive voudrait être pilote de course mais il sera probablement conducteur d'autobus…*

A l'école, boulot rime avec dodo

Les emplois du temps scolaires sont-ils adaptés aux rythmes biologiques de nos bambins ? C'est pour répondre à cette question et proposer d'éventuels aménagements qu'un groupe d'experts de l'Inserm s'est penché sur l'horloge interne des enfants et des adolescents. Si cette dernière varie en fonction des individus, les experts ont relevé néanmoins quelques constantes. L'impératif incontournable pour favoriser la réussite scolaire des enfants : respecter un temps de sommeil suffisant pour chaque tranche d'âge, ainsi que des horaires de coucher et de lever réguliers. La bonne posologie est d'une dizaine d'heures de sommeil pour les petits de 2 à 5 ans,

avec en plus, une petite sieste l'après-midi (les grandes sections maternelles sont donc concernées), de 9 heures pour les 6-12 ans et de 7 heures et demie pour les adolescents. Une nuit écourtée (si l'enfant ne dort que 5 heures) suffit généralement à perturber l'apprentissage au cours de la journée.

Une question d'horloge interne

Les experts recommandent ainsi aux professeurs de placer les cours les plus ardus au moment où la capacité de concentration des enfants est à son maximum (entre 9 h et 11 h 30, puis entre 15 h et 16 h 30), notamment dans les zones d'éducation priori-

Pour une concentration maximum pendant les cours, mieux vaut respecter les rythmes biologiques propres à chaque âge.

taires « où les difficultés des enfants sont encore plus grandes ». Enfin, ils conseillent de ne pas commencer

les cours des adolescents avant 9 heures. Ces derniers ayant à cet âge des besoins de sommeil accrus et des difficultés naturelles d'endormissement. Voilà qui ne devrait pas leur déplaire !

1

2

ENVIRONNEMENT

QUALITÉ DE L'AIR

Le métro plus pollué que la rue

Sources externes
Voyageurs
Ballasts
Organes de freinage
Remise en suspension
Travaux
LES SOURCES DE POLLUTION PARTICULAIRE

Une étude préliminaire commandée par le préfet de la région Ile-de-France révèle que l'on respire beaucoup plus de particules dans le métro que sur les grands boulevards de la capitale. Le taux de particules diverses en suspension dans l'air du métro atteint fréquemment 200 microgrammes par mètre

cube (200 mg/m³). C'est quatre fois plus que dans les rues parisiennes les plus embouteillées (47 mg/m³) et huit fois plus que dans l'air ambiant (23 mg/m³) de la plupart de nos grandes villes. Dans le RER, des concentrations de 375 mg/m³ ont même été observées. Si l'air du métro parisien est bien plus pollué que celui du

métro de Berlin (150 mg/m³), il reste plus respirable que celui de Copenhague (250 mg/m³) ou de Londres (jusqu'à 565 mg/m³).

A Paris, l'air du métro est renouvelé de quatre à trente fois par heure par quelque 300 ventilateurs. Il est prévu d'en augmenter le nombre. Mais, tant que l'air sera pris en surface sans être filtré, sa qualité restera médiocre.

1 Combien de temps doivent dormir les adolescents, selon l'article ? Quand doivent commencer leurs cours ?

2 Quel est le métro le plus pollué d'Europe ? Est-ce que la ventilation est efficace, dans le métro parisien ? Pourquoi ?

3 Pourquoi est-ce que les adolescents britanniques fument moins ?

4 Qu'est-ce qu'on peut acheter, à Leader-Occase ?

5 Pourquoi la braderie d'été a-t-elle lieu un dimanche ?

6 Pourquoi est-ce qu'Hélène aime son travail de vacances ?

MÉDECINE

La vogue du téléphone portable chez les jeunes Britanniques semble faire baisser leur consommation de cigarettes.

SOCIOLOGIE

Je ne fume pas, je téléphone

Les adolescents britanniques fument moins et... téléphonent plus. Pour Anne Charlton, une épidémiologiste de Manchester, et Clive Bates, responsable de la campagne antitabac à Londres, cette coïncidence n'est pas fortuite. Tandis que la proportion de fumeurs chez les 15-25 ans est passée de 30 à 23 % entre 1996 et 1999, le nombre de jeunes possédant un mobile a explosé, passant de moins de 10 % à 70 % en trois ans. Hypothèse – osée – des deux spécialistes : le téléphone mobile concurrence le tabac, car il permet aux jeunes de satisfaire leur besoin de ressembler à des adultes.

Charlton et Bates font d'ailleurs remarquer que les messages publicitaires vantant les portables cultivent l'image de la valorisation personnelle très proche du marketing des marchands de tabac dans les années 70.

Quant à la relation de cause à effet entre la vogue du portable et la baisse du tabagisme, elle s'expliquerait par des raisons financières : les jeunes Britanniques ne disposent pas d'assez d'argent de poche pour s'offrir à la fois les plaisirs de la communication et ceux du tabac. Outre-Manche, il est vrai, un paquet de cigarettes coûte de 7 à 8€.

Grande braderie d'été

Avis à la population ! Mesdames, messieurs, sachez que la grande braderie annuelle de Niort aura lieu cette année le 30 juillet. A noter que, contrairement à l'année dernière, il s'agit cet été d'un dimanche à la demande des commerçants des Halles. Les organisateurs de cette journée - l'ACN (Association des commerçants niortais) et l'association des commerçants non sédentaires - ont donc souhaité ne pas gêner le bon déroulement du marché du samedi. Parmi la multitude d'étals en tous genres qui envahiront tout le centre-ville, vous devriez sûrement dénicher la petite robe qui vous manquait et la barbe à papa dont rêvent vos enfants...

Leader-Occase à petits prix

Une ex-armurerie, fermée depuis longtemps, a changé de vocation. A l'enseigne « Leader-Occase », ouverte ces jours derniers, David Jolit propose de l'électroménager d'occasion, a prix tout petit. « C'est de l'électroménager garanti, révisé, qui permet à certaines personnes d'acquérir du matériel à prix modeste, et de plus, avec des facilités de paiement », précise ce nouveau commerçant saint-maixentais.

Au 23 de la rue Taupineau, on trouve des lave et sèche-linge, réfrigérateur, congélateur, téléviseur et magnétoscope, des chaînes hi-fi, lave-vaisselle, gazinière et quelques bibelots. De plus, la livraison est gratuite sur Saint-Maixent-l'Ecole.

« Leader-Occase » est ouvert tous les jours sauf le lundi de 10 heures à 12 h 30 et 14 heures à 19 heures, ainsi

David Jolit a installé « Leader-Occase » au 23 de la rue Taupineau.

que le dimanche de 9 heures à midi.

Halte sur la route des vacance

Au Bois de la Faye, entre Bressuire et Mauléon, sur la N149, de charmantes jeunes filles renseignent les automobilistes en route pour les vacances.

Ici, on peut tout faire : téléphoner, consulter l'état du trafic routier, réserver un hôtel, changer la couche du bébé, aller aux toilettes et même manger un morceau ! » Ce programme plutôt complet, c'est Hélène Cogny qui l'annonce. La jeune fille est employée le temps de l'été à la Halte en bocage, un point d'information destiné aux automobilistes installé sur les bords de la nationale 149 entre Mauléon et Bressuire.

Passer ses vacances dans une petite cahute isolée au bord d'un grand parking, quand on a 18 ans, ça ne paraît pas très réjouissant à première vue. « Pas du tout, se défend Hélène. C'est la première année que je fais ce job mais ça me plaît. On n'a pas vraiment le temps de s'ennuyer. Et puis le contact avec les touristes, c'est assez sympathique. Il y a toujours des choses à apprendre avec des gens qui viennent de loin. »

Au total ils sont sept à se relayer pour accueillir les automobilistes du lundi au dimanche sur les deux aires installées de chaque côté de la route, de manière à éviter les manœuvres dangereuses. A leur disposition, un minitel pour consulter les informations routières de Bison Futé et toute une panoplie de dépliants et brochures touristiques.

Verbs

The present tense

Verbs are *doing words*. In the present tense, they tell you what *is happening at the moment* or *what usually happens*. Here are the three main types of regular French verbs:

-er verbs	-ir verbs	-re verbs
aimer (to like, to love)	**choisir** (to choose)	**vendre** (to sell)
j'aime	je choisis	je vends
tu aimes	tu choisis	tu vends
il aime	il choisit	il vend
elle aime	elle choisit	elle vend
on aime	on choisit	on vend
(*name*) aime	(*name*) choisit	(*name*) vend
nous aimons	nous choisissons	nous vendons
vous aimez	vous choisissez	vous vendez
ils aiment	ils choisissent	ils vendent
elles aiment	elles choisissent	elles vendent

Some **-er** verbs, though regular, show a slight difference in the pattern:

manger (to eat)	essayer (to try)	commencer (to start)
je mange	j'essaie	je commence
tu manges	tu essaies	tu commences
il/elle/on mange	il/elle/on essaie	il/elle/on commence
nous mangeons	nous essayons	nous commençons
vous mangez	vous essayez	vous commencez
ils/elles mangent	ils/elles essaient	ils/elles commencent
		(See also **s'appeler** on p.161.)

Irregular verbs

Some verbs are irregular. You just have to learn their forms by heart. Here are some of the most useful irregular verbs:

faire (to do, to make)	mettre (to put)	partir (to leave; also sortir to go out)	pouvoir (to be able to, can)
je fais	je mets	je pars	je peux
tu fais	tu mets	tu pars	tu peux
il/elle/on fait	il/elle/on met	il/elle/on part	il/elle/on peut
nous faisons	nous mettons	nous partons	nous pouvons
vous faites	vous mettez	vous partez	vous pouvez
ils/elles font	ils/elles mettent	ils/elles partent	ils/elles peuvent

prendre (to take; also apprendre to learn, comprendre to understand)	recevoir (to get, to receive)	venir (to come; also revenir to come back, contenir to contain)	vivre (to live)
je prends	je reçois	je viens	je vis
tu prends	tu reçois	tu viens	tu vis
il/elle/on prend	il/elle/on reçoit	il/elle/on vient	il/elle/on vit
nous prenons	nous recevons	nous venons	nous vivons
vous prenez	vous recevez	vous venez	vous vivez
ils/elles prennent	ils/elles reçoivent	ils/elles viennent	ils/elles vivent

Reflexive verbs

Reflexive verbs add an extra pronoun:

se coucher (to go to bed)	**s'appeler** (to be called)
je **me** couche	je **m'**appelle
tu **te** couches	tu **t'**appelles
il/elle/on **se** couche	il/elle/on **s'**appelle
nous **nous** couchons	nous **nous** appelons
vous **vous** couchez	vous **vous** appelez
ils/elles **se** couchent	ils/elles **s'**appellent

The perfect tense

You use the perfect tense to talk about things which have happened at a time in the past and are now completely finished. (Note that in English, you can use one of three forms: *I have played, I played, I did play*.)

Forming the perfect tense with avoir

To form the perfect tense of most French verbs, you start with the present tense of the verb **avoir**:

j'**ai**	nous **avons**
tu **as**	vous **avez**
il/elle/on **a**	ils/elles **ont**

As well as the right part of **avoir** (which is called the *auxiliary*), you also need a word to say *what was done*. These are called *past participles* (e.g. **aimé**, **choisi**, **vendu**). In English they often end in -ed (e.g. play**ed**, watch**ed**).

- To form the past participle of any **-er** verb (that is, a verb whose infinitive ends in **-er**), you follow three simple steps:
  1 Take the *infinitive* of the verb (e.g. **jouer**).
  2 Take the **-er** off the end (e.g. **jou-**).
  3 Replace it with **-é** (e.g. jou**é**).

- To form the past participle of a regular **-ir** verb (a verb whose infinitive ends in **-ir**), you again follow three steps:
  1 Take the *infinitive* of the verb (e.g. **choisir**).
  2 Take the **-ir** off the end (e.g. **chois-**).
  3 Replace it with **-i** (e.g. chois**i**).

- To form the past participle of a regular **-re** verb (a verb whose infinitive ends in **-re**), you again follow three steps:
  1 Take the *infinitive* of the verb (e.g. **vendre**).
  2 Take the **-re** off the end (e.g. **vend-**).
  3 Replace this with **-u** (e.g. vend**u**).

- With irregular verbs, there is no pattern. It is best to learn these forms by heart. Here are some of the most useful past principles:

apercevoir	→	**aperçu**		écrire	→	**écrit**
avoir	→	**eu**		être	→	**été**
connaître	→	**connu**		faire	→	**fait**
construire	→	**construit**		lire	→	**lu**
courir	→	**couru**		prendre	→	**pris**
(déc)ouvrir	→	**(déc)ouvert**		recevoir	→	**reçu**
dire	→	**dit**		voir	→	**vu**

Forming the perfect tense with être

Some French verbs form their perfect tense using être (je suis, tu es, etc.) rather than avoir.

Which verbs take être?

These are mostly verbs of *movement*. Here are the ones that you have met, along with their past participles:

Regular -er verbs

entrer ➜ entré	Je suis entré dans la maison.
rester ➜ resté	Tu es resté au lit?
monter ➜ monté	Je suis monté au deuxième étage.
arriver ➜ arrivé	On est arrivés à deux heures.
tomber ➜ tombé	Je suis tombé à terre.

Other verbs

aller ➜ allé	Il est allé à Paris.
partir ➜ parti	Je suis parti à six heures du matin.
sortir ➜ sorti	Il est sorti à midi.
descendre ➜ descendu	Elle est descendue au sous-sol.
venir ➜ venu	Je suis venu avec mon frère.
revenir ➜ revenu	Il est revenu avec sa sœur.
naître ➜ né	Il est né en 1960.
mourir ➜ mort	Il est mort il y a trois semaines.

Reflexive verbs also form the perfect tense using être. Here are some examples:

Regular -er verbs

s'approcher	➜	il s'est approché
se coucher	➜	il s'est couché
s'ennuyer	➜	il s'est ennuyé
s'habiller	➜	il s'est habillé
se fâcher	➜	il s'est fâché
se laver	➜	il s'est lavé
se lever	➜	il s'est levé
se marier	➜	il s'est marié
se passer	➜	ça s'est passé
se terminer	➜	il s'est terminé
se tromper	➜	il s'est trompé

Irregular verbs

s'asseoir	➜	il s'est assis
s'endormir	➜	il s'est endormi
s'enfuir	➜	il s'est enfui

To form the perfect tense of these verbs, you begin with the correct form of être:

je suis	nous sommes
tu es	vous êtes
il/elle/on est	ils/elles sont

Then, as with avoir verbs, you add the past participle of the main verb. There's one more thing to remember with être verbs – spelling agreements.

Feminine endings

When forming the perfect tense with être, you have to add an -e to the past participle when the person or thing being mentioned is *feminine*. Here are some examples:

Elle est allée à l'école.
Julie est venue avec un copain.
La voiture est arrivée au garage.
Ma mère s'est endormie.

Plural endings

Similarly, when the person or thing being mentioned is *plural*, you have to add an -s. If the people or things mentioned are feminine *and* plural, you must add an -e *and* an -s.

Mes parents sont allés à Paris.
Nous sommes sorties ensemble.
Les nuages sont partis.
Mes sœurs se sont assises sur le lit.

Here is the perfect tense of s'approcher, showing all the possible endings in brackets for the past participle:

je me suis approché(e)
tu t'es approché(e)
il s'est approché
elle s'est approchée
on s'est approché(e)(s)
nous nous sommes approché(e)s
vous vous êtes approché(e)(s)
ils se sont approchés
elles se sont approchées

The imperfect tense

Using the imperfect tense

The imperfect tense is used to talk about things that happened in the past and went on happening for quite some time. In English, we would use *I was -ing* (e.g. *I was watching television*).

The imperfect is also used to talk about things that happened repeatedly in the past – rather like *used to* in English (e.g. *I used to live in Birmingham, I used to go swimming every week*):

Autrefois, on **portait** des robes longues.
In the old days, people **used to wear** long dresses.

By contrast, the perfect tense indicates the start of an action:

J'ai **commencé** la plongée quand j'**avais** huit ans.
I **started** diving when I **was** eight.

Je **regardais** la télévision quand ma sœur **est entrée**.
I **was watching** television when my sister **came in**.

Forming the imperfect tense (regular -er and -re verbs)

To make the imperfect tense, you take the -**er** or -**re** off the end of the infinitive and add the following endings:

porter (to wear)
je port + **ais**
tu port + **ais**
il/elle/on port + **ait**
nous port + **ions**
vous port + **iez**
ils/elles port + **aient**

perdre (to lose)
je perd + **ais**
tu perd + **ais**
il/elle/on perd + **ait**
nous perd + **ions**
vous perd + **iez**
ils/elles perd + **aient**

For example:

Qu'est-ce que tu **portais** il y a deux ans?
What were you wearing two years ago?

Il y a deux ans je **portais** un pull trop grand.
Two years ago, I used to wear an oversize jumper.

Quand j'étais petit, je **perdais** toujours mon bonnet.
When I was small, I always lost my hat.

Forming the imperfect tense (other verbs)

For regular -**ir** verbs (e.g. **choisir, finir, remplir**), you replace the -**ir** ending with -**issais, -issais, -issait**, etc.

Je **finissais** mes devoirs quand mon ami a téléphoné.
I was finishing my homework when my friend phoned.

For any other verbs, you add the -**ais, -ais, -ait**, etc., endings to the *stem* of the verb. You will need to look up the verb in a verb table to find out what the stem is. Here are a few useful examples:

connaître → je connaissais
construire → je construisais
courir → je courais
(déc)ouvrir → je (déc)ouvrais
dire → je disais
écrire → j'écrivais
faire → je faisais
lire → je lisais
prendre → je prenais
recevoir → je recevais
vivre → je vivais
voir → je voyais

The imperfect tense of **être**

The imperfect tense of **être** means *was* or *were* (e.g. I *was* there; we *were* happy). To form the imperfect tense of *être*, use *ét-* and change the endings in the same way as for -*er* verbs in the imperfect tense:

j'ét + **ais**   nous ét + **ions**
tu ét + **ais**   vous ét + **iez**
il/elle/on ét + **ait**   ils/elles ét + **aient**
c'ét + **ait**

For example:
Où **étiez-vous** au moment du vol?
Where were you at the time of the robbery?

The imperfect tense of **avoir** and **il y a**

To form the imperfect tense of **avoir**, use **av-** and change the endings in the same way as for -**er** verbs in the imperfect tense:

j'av + **ais**   nous av + **ions**
tu av + **ais**   vous av + **iez**
il/elle/on av + **ait**   ils/elles av + **aient**

For example:
Hier, j'**avais** mal à la gorge.
Yesterday, I had a sore throat.

The imperfect of **il y a** (*there is, there are*) is **il y avait** (*there was, there were*). Both forms are *invariable* (this means that they never change even the thing they are describing is feminine, plural, etc.).

For example:
Dans la voiture **il y a** plusieurs valises.
In the car, there are several suitcases.

Qu'est-ce qu'**il y avait** dans la voiture?
What was there in the car?

The immediate future

To talk about things which are going to happen *fairly soon* (e.g. *I am going to go away for the weekend*), you use the right part of the verb **aller** together with the *infinitive* of the verb you want to use. (The infinitive is the form you will find listed in a dictionary or verb list.)

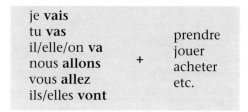

je **vais**		
tu **vas**		prendre
il/elle/on **va**		jouer
nous **allons**	**+**	acheter
vous **allez**		etc.
ils/elles **vont**		

For example:

Je vais prendre un café ce soir.
I'm going to have a coffee tonight.

Le week-end, **il va jouer** au football.
He's going to play football at the weekend.

Nous allons acheter un ordinateur demain.
We're going to buy a computer tomorrow.

Verbs followed by a preposition

Many verbs can simply be followed by an infinitive, for example:

Mes parents **aiment louer** un gîte. My parents **like renting** a gîte.

Je **préfère visiter** une ville intéressante. I **prefer visiting** an interesting city.

However, some verbs are followed by **à** or **de**:

essayer **de**	commencer **à**
arrêter **de**	hésiter **à**
rêver **de**	

Here are some examples:

J'essaie de garder la forme. I try to keep fit.

Si j'**arrête de nager**, je n'ai plus la forme.
If I stop swimming, I become unfit.

Je rêve de devenir médecin. I dream of becoming a doctor.

Dans ma ville, **on commence** à recycler.
In my town, we're starting to recycle.

Il hésite à lui téléphoner. He hesitates to phone her.

The imperative

The imperative is the verb form used to give orders, instructions or advice. These forms are used as follows:

singular – for giving an instruction to one person

plural – for giving an instruction to more than one person

negative singular – for telling one person *not* to do something

negative plural – for telling more than one person *not* to do something

Here are some examples:

Infinitive	Imperative forms			
	singular	**plural**	**negative singular**	**negative plural**
toucher	touche	touchez	ne touche pas	ne touchez pas
essayer	essaie	essayez	n'essaie pas	n'essayez pas
prendre	prends	prenez	ne prends pas	ne prenez pas
faire	fais	faites	ne fais pas	ne faites pas
aller	va	allez	ne va pas	n'allez pas
se coucher	couche-toi	couchez-vous	ne te couche pas	ne vous couchez pas

The future tense

To talk about events in the more distant future, you can use the future tense.

> À 18 ans, **j'irai** à l'université.
> At 18, **I will go** to university.

For most verbs, the future is formed by adding the following endings to the infinitive, dropping the final **-e** if necessary.

rester (to stay)

je rester**ai**	nous rester**ons**
tu rester**as**	vous rester**ez**
il/elle/on rester**a**	ils/elles rester**ont**

With some irregular verbs, you use a different form from the infinitive.
Here are the most important ones:

avoir (to have)	**être** (to be)	**faire** (to do, to make)
j'aurai	je serai	je ferai
tu auras	tu seras	tu feras
il/elle/on aura	il/elle/on sera	il/elle/on fera
nous aurons	nous serons	nous ferons
vous aurez	vous serez	vous ferez
ils/elles auront	ils/elles seront	ils/elles feront

aller (to go)	**venir** (to come)	**pouvoir** (to be able to, can)
j'irai	je viendrai	je pourrai
tu iras	tu viendras	tu pourras
il/elle/on ira	il/elle/on viendra	il/elle/on pourra
nous irons	nous viendrons	nous pourrons
vous irez	vous viendrez	vous pourrez
ils/elles iront	ils/elles viendront	ils/elles pourront

The pluperfect tense

The pluperfect is used to talk about an action started and completed in the past, further back in time than the perfect tense.
Just as in English, the pluperfect is similar to the perfect, except that the auxiliary (here, **avoir**) is in the imperfect (**aviez**).

> **Aviez-vous mis** une cartouche dans votre gameboy?
> **Had you put** a cartridge in your gameboy?

The conditional

You use the conditional in **si** (*if*) sentences, with the imperfect tense, to talk about a condition that hasn't been fulfilled. Here are some examples:

S'il était seul, il **travaillerait** à l'étranger.
If he was on his own, he **would work** abroad.

Si elle avait son bac, elle **pourrait** chercher un travail.
If she had her *bac*, she **could** look for a job.

To form the conditional, you use the same form as for the future (for most verbs, that's the infinitive), and the same endings as for the imperfect.

infinitive	travailler (regular -er verbs)	pouvoir (irregular verb)
future	je travaillerai	je pourrai
imperfect	je travaillais	je pouvais
conditional	je travaillerais	je pourrais

Il faudrait, je voudrais, j'aimerais, ils devraient

There are some very useful forms of the conditional which you should try to remember.

Il faudrait is an *impersonal verb* (it's the conditional form of **il faut** – *one should, you must*). The **il** pronoun never changes.

Il faut manger des légumes. You must eat vegetables.

Il faudrait construire une piscine. They need to build a swimming pool.

Use **je voudrais** or **j'aimerais** for what you *would like to* have or to do.

Je voudrais un jus de fruits. I would like a fruit juice.

J'aimerais aller au cinéma. I would like to go to the cinema.

Use **ils devraient** for what other people *should* do.

Ils devraient chercher un travail. They should look for a job.

The subjunctive

After expressions like **il faut que**, you use the *subjunctive mood*. The forms are usually similar, but not identical, to the present tense. **Faire**, **être**, **aller** and **avoir** are different though, and you need to be able to recognise the subjunctive of these verbs.

Il faut que **je téléphone**. I must phone.

Il faut que **je fasse** mes devoirs. I must do my homework.

Il faut que **j'achète** les billets. I must buy the tickets.

Il faut que **j'aille** à la maison. I must go home.

	téléphoner (regular -er verb)	être	aller	avoir	faire
il faut que...	je téléphone	je sois	j'aille	j'aie	je fasse
	tu téléphones	tu sois	tu ailles	tu aies	tu fasses
	il/elle/on téléphone	il/elle/on soit	il/elle/on aille	il/elle/on aie	il/elle/on fasse
	nous téléphonions	nous soyons	nous allions	nous ayons	nous fassions
	vous téléphoniez	vous soyez	vous alliez	vous ayez	vous fassiez
	ils/elles téléphonent	ils/elles soient	ils/elles aillent	ils/elles aient	ils/elles fassent

The passive voice

You use the passive voice to say that somebody is *having something done* to him/her.

Active voice (present tense):

> Le chat mange la souris.
> The cat eats the mouse.

> Le cuisinier espagnol prépare les repas.
> The Spanish chef cooks the meals.

Passive voice (present tense):

> La souris est mangée par le chat.
> The mouse is eaten by the cat.

> Les repas sont préparés par le cuisinier espagnol.
> The meals are cooked by the Spanish chef.

Remember that the past participle (here, **mangée** and **préparés**) must agree with the subject (here, <u>la souris</u> and <u>les repas</u>).

Just as in English, the passive perfect is formed by putting the **être** auxiliary into the perfect tense:

> Il **a été sélectionné** pour l'équipe régionale.
> He **has been selected** for the regional team.

For the passive future, just put **être** in the future tense:

> Si tu t'entraînes beaucoup, tu **seras sélectionné** pour l'équipe.
> If you train a lot, you **will be selected** for the team.

The present participle

To form the present participle, of regular -er and -re verbs, and some irregular ones, you simply replace the -er, or -re ending with -ant. Look at the verb **réparer**, a regular -er verb:

> Je me suis fait mal au doigt **en réparant** ma voiture.
> I hurt my finger **while repairing** my car.

The present participle of **faire**, an irregular verb, is **faisant**:

> Elle s'est cassé la jambe **en faisant du ski**.
> She broke her leg **while skiing**.

With regular -ir verbs such as **choisir**, **finir** or **remplir**, you add -issant:

> **En remplissant** la bouteille, elle a renversé de l'eau.
> **While filling** the bottle, she spilled some water.

Making a verb negative

To make a verb negative in the present tense, you put **ne/n'** and **pas** on either side of the verb. For example, **aimer** in the negative is:

> Je **n'**aime **pas** les frites.
> I don't like chips.

In the case of a reflexive verb, **ne/n'** and **pas** go on either side of the group *pronoun + verb*. For instance, **s'approcher** in the negative is:

> Je **ne** m'approche **pas** du feu.
> I don't go near the fire.

To make a verb negative in the perfect tense, you put **ne** and **pas** around the auxiliary verb (**avoir** or **être**):

> Hier soir, je **n'**ai **pas** travaillé.
> Last night, I didn't work.

> Je **ne** suis **pas** allé au zoo.
> I didn't go to the zoo.

With a reflexive verb, **ne/n'** and **pas** go on either side of the group *pronoun + correct form of être*:

> Je **ne** me suis **pas** approché(e) du feu.
> I didn't go near the fire.

Asking a question

Here is how you ask a question (the **est-ce que** is optional):

> Pourquoi (est-ce que) tu vas à Paris?
> Why are you going to Paris?

> Pourquoi (est-ce que) tu es allé(e) à Paris?
> Why did you go to Paris?

> Pourquoi (est-ce que) tu n'es pas allé(e) à Paris?
> Why didn't you go to Paris?

Here is what happens with reflexive verbs:

> Pourquoi (est-ce que) tu t'approches du feu?
> Why do you go near the fire?

Pourquoi (est-ce que) tu t'es approché(e) du feu?
Why did you go near the fire?

Pourquoi (est-ce que) tu ne t'approches pas du feu?
Why don't you go near the fire?

Pourquoi (est-ce que) tu ne t'es pas approché(e) du feu?
Why didn't you go near the fire?

The infinitive

The present infinitive

The present infinitive is the dictionary form of the verb.

> **aller** – to go
> **s'appeler** – to be called
> **partir** – to leave

Some French infinitives have no exact equivalent in English:

> **pouvoir** – can

The perfect infinitive

The infinitive can also be used in the perfect tense.

> Ma grande erreur, c'est **d'avoir quitté** l'école à 16 ans.
> My big mistake is **to have left** school at 16.

> Mon grand regret, c'est **d'être resté** au village.
> My big regret is **to have stayed** in the village.

> Après **avoir passé** mon bac, je suis allé à l'étranger.
> After **having taken** my *bac*, I went abroad.

Dependent infinitives

Note the construction **faire** + infinitive to talk about doing things or having things done:

> Je veux **faire réparer** la voiture.
> I want **to have** the car **repaired**.

> Il faut **faire cuire** le gratin dauphinois pendant une heure.
> You must **bake** the potato dish for an hour.

> **Faites correspondre** les mots et les images.
> **Match** the words and the pictures.

Time expressions

Depuis

To say *since* or *for* (with time expressions) you use **depuis** and the present tense. This is different from English, where we would use the perfect tense (e.g. *I have been here for three weeks*).

For example:

> **J'ai** mon permis de conduire **depuis** deux ans.
> **I have had** my driving licence **for** two years.

> **Je conduis depuis** 2002.
> **I have been driving since** 2002.

The same construction can be used with the imperfect tense, to say how long you *had* been doing something. However, to talk about a single event, you use the perfect (in this example, **j'ai participé**).

> Je **faisais** de la danse **depuis** trois ans quand j'**ai participé** au spectacle.
> I **had been doing** dance **for** three years when I **took part** in the show.

Il y a

To say *ago* (e.g. *a month ago*), you use **il y a** and the perfect tense. Don't confuse it with **il y a** meaning *there is/ there are*.

> **Il y a un mois**, j'ai commandé un CD.
> **A month ago**, I ordered a CD.

Rien, jamais, plus, personne

Phrases using *nothing*, *never*, *no more*, *nobody* all need **ne** or **n'** (just as in **ne/n' ... pas**), together with the correct word. For example:

> Je **n'ai rien** à perdre.
> I have nothing to lose.

> Ils **ne** sont **plus** travailleurs.
> They're no longer hard-working.

> Vous **n'êtes jamais** disponibles.
> You're never available.

> Il **n'y a personne** à la maison.
> There isn't anyone in the house.

Si

To say a sentence starting with *if* in French, use **si** or **s'** and a present tense verb:

> **Si** on boit trop, c'est mauvais pour la santé.
> If you drink too much, it's bad for your health.

There is also a very useful idiomatic use of **si**:

> **Si** on allait au cinéma?
> What about going to the cinema?

Pourquoi, parce que

You use **pourquoi** and **parce que** in the same way as English uses *why* and *because*, for example:

> **Pourquoi** visites-tu Londres?
> **Parce** que Londres est une ville intéressante!

Nouns and articles

French nouns are either masculine or feminine.

| | masculine | | feminine | |
	definite	indefinite	definite	indefinite
singular (one only)	**le** chat	**un** chat	**la** pomme	**une** pomme
	the cat	a cat	the apple	an apple
plural (more than one)	**les** chats	**des** chats	**les** pommes	**des** pommes
	the cats	cats	the apples	apples

- When you learn a noun, you have to learn whether it is a masculine (**le**) or feminine (**la**) noun.
- The definite article (**le**, **la**, **les**) is the word for *the* and the indefinite article (**un**, **une**, **des**) is the word for *a/an*.
- If the noun starts with a vowel (**a**, **e**, **i**, **o**, **u**), **le** or **la** becomes **l'**.
- In the plural, it is easier: the article is the same (**les** or **des**) for masculine and feminine nouns.
- In English, you can say *There are apples*, without an article. In French, you always use the indefinite article **des**: **il y a des pommes**.
- Just as in English, most nouns add an **s** in the plural: **des chats**.

When you are talking about things like food, you use a *partitive article* (in bold below). In English, you could use *some*, *any* or *no*, but very often, you don't use anything at all.

> Il n'y a pas **de** lait, mais il y a **de l'**eau.
> There is no milk (There isn't any milk), but there is (some) water.

Note too that you can use **de** with nouns *preceded by* an adjective:

> Il y a **de grosses** pommes de terre et **de petites** pommes de terre.
> There are large potatoes and small potatoes.

> Il y a **de hautes** montagnes.
> There are high mountains.

> Il y a **de grands** arbres.
> There are tall trees.

	masculine singular	feminine singular	plural
affirmative (i.e. there is some)	il y a **du** poulet	il y a **de la** soupe il y a **de l'**eau	il y a **des** pommes de terre il y a <u>de grosses</u> pommes de terre
negative (i.e. there isn't any)	il n'y a pas **de** poulet il n'y a pas **d'**alcool	il n'y a pas **de** soupe il n'y a pas **d'**eau	il n'y a pas **de** pommes de terre il n'y a pas <u>de grosses</u> pommes de terre

Adjectives

Agreement

Adjectives are *describing words*. They normally take on feminine and/or plural forms.

Il est petit.	Ils sont petits.
Mon frère est petit.	Mes frères sont petits.
Elle est petite.	Elles sont petites.
Ma sœur est petite.	Mes sœurs sont petites.

A few adjectives are *invariable*: they never change.

> des enveloppes marron   brown envelopes

Some adjectives have irregular feminine and plural forms.

masculine singular	masculine plural	feminine singular	feminine plural
gentil	gentils	gentille	gentilles
fou	fous	folle	folles
paresseux	paresseux	paresseuse	paresseuses
travailleur	travailleurs	travailleuse	travailleuses
algérien	algériens	algérienne	algériennes
blanc	blancs	blanche	blanche
long	longs	longue	longues
gris	gris	grise	grises
agréable	agréables	agréable	agréables
neuf	neufs	neuve	neuves
nouveau	nouveaux	nouvelle	nouvelles
vieux	vieux	vieille	vieilles

Position of adjectives

Adjectives normally come after the noun:

> Elle a les **cheveux bruns**. She's got brown hair.

Some adjectives come before the noun:

> C'est un **bon copain**. He's a good mate.

Adjectives + de

Some adjectives are followed by **de** + verb.

> C'est **difficile de** se garer. It is difficult to park.
> C'est **facile de** trouver un travail. It is easy to find a job.
> Est-il **possible de** changer la date? Is it possible to change the date?
> C'est **important de** manger des fruits. It is important to eat fruit.

Comparatives

You use comparative forms to compare two people (or things). Here are the three main forms of comparative:

plus... que	more... than
moins... que	less... than
aussi... que	as... as

For example:

> Amélie est **plus** travailleuse **que** Kévin. Amélie is **more** hard-working **than** Kévin.
> Le garçon idéal est **moins** bavard **que** moi. The ideal boy is **less** chatty **than** me.
> Pierre est **aussi** intelligent **que** le professeur. Pierre is **as** clever **as** the teacher.

Some adjectives have an irregular comparative form:

> Les notes de Fabienne sont **bonnes**. Fabienne's marks are **good**.
>
> Les notes de Fabienne sont **meilleures que** les notes de Marion.
> Fabienne's marks are **better than** Marion's.
>
> Les notes de Marion sont **mauvaises**. Marion's marks are **bad**.
>
> Les notes de Nadège sont **pires que** les notes de Marion.
> Nadège's marks are **worse than** Marion's.

Superlatives

You use an adjective in the superlative to compare something or somebody with everything else in its category. Remember to use two articles, one with the noun, one with the adjective. (Note that you say <u>de la</u> région.)

> **Les** hôtels **les moins** chers sont indiqués.
> **The least** expensive (cheap**est**) hotels are highlighted.
>
> C'est **la** ville **la plus** animée <u>de</u> la région.
> It's **the most** lively town <u>in</u> the area.

But if the adjective (here, **haut**) normally comes before the noun, you only use one article:

> C'est **la plus** haute montagne <u>des</u> Pyrénées.
> It's the tall**est** mountain <u>in the</u> Pyrenees.

Possessive adjectives

One "owner": my, your, his/her/its

There is more than one word in French for *my*. With singular nouns, the correct word depends on the gender, or the first letter, of the noun which follows:

- for a masculine word, or any word which starts with a vowel (**a, e, i, o, u**), you use **mon**:

  > le mari ➜ mon mari
  > une amie ➜ mon amie

But if there is an adjective before the noun, use **ma** in the normal way:

  > une nouvelle amie ➜ ma nouvelle amie

- for a feminine word which does *not* start with a vowel, you use **ma**:

  > la chatte ➜ ma chatte

- with plural words, there is only one word, **mes**:

  > les parents ➜ mes parents

The same rules apply to the words for *your* (talking to a young person or to a friend):

> le frère ➜ ton frère
> une amie ➜ ton amie
> la chambre ➜ ta chambre
> les parents ➜ tes parents

In English, you use the possessive adjective *his* for something that belongs to a man/a boy and *her* for something that belongs to a woman/a girl. It is different in French: the possessive adjective changes according to the gender and the number of the *thing which belongs*.

> **la** casquette de Paul ➜ **sa** casquette
> **le** pull de Sarah ➜ **son** pull

masculine	feminine	plural	
my	mon pull	ma casquette	mes vêtements
your (talking to a young person or a friend)	ton pull	ta casquette	tes vêtements
his/her/its	son pull	sa casquette	ses vêtements

In English, when you say *his jumper*, you know you are talking about a boy or a man. In French, when you say **son pull**, you could be talking about either a boy/a man or a girl/a woman.

Several "owners": our, your, their

In the plural, things are a bit easier. You use the same word whether the noun is masculine, feminine and whether it starts with a vowel or a consonant. The only difference is whether the noun is plural.

	singular	plural
our	notre chambre	nos examens
your (talking to several people, or to one unfamiliar adult)	votre chambre	vos examens
their	leur chambre	leurs examens

Demonstrative adjectives

The demonstrative adjective **ce** means *this*, but it changes according to the gender and the first letter of the noun which follows. **Ces** means *these* or *those*.

masculine	masculine, in front of a vowel	feminine	plural, masculine or feminine
ce soir tonight (literally, this evening)	cet été this summer	cette plage this beach	ces nuages these clouds
			ces tentes these tents

Interrogative adjectives

In questions, the word for *what* or *which* agrees with the noun that follows.

Quel sport est-ce que tu préfères?
Which sport do you like?

Quelle est l'activité préférée de ton copain?
What is your friend's favourite activity?

Quels sports aquatiques fais-tu?
Which water sports do you do?

Quelles activités est-ce que tu n'aimes pas?
Which activities don't you like?

Adverbs

Adverbs slightly alter the meaning of adjectives:

un peu fou	**a bit** crazy
assez calme	**quite** quiet
trop extraverti	**too** outgoing
très timide	**very** shy

Adverbs and adverbial phrases also give you more information about a verb, for example:

- **when:**

  Aujourd'hui, je n'ai pas de devoirs.
  Today, I haven't got any homework.

  Hier, je suis allé au zoo.
  Yesterday, I went to the zoo.

  Demain, je vais aller à la plage.
  Tomorrow, I will go to the beach.

  Le soir, je regarde la télé.
  In the evening, I watch TV.

  Le week-end, je lis des livres.
  At the weekend, I read books.

  Je collectionne la monnaie, **le samedi matin**.
  I collect money **on Saturday mornings**.

  Pendant les vacances, je joue dans un groupe.
  In the holidays, I play in a band.

- **how often:**

  Souvent, je joue sur mon ordinateur.
  Often, I play on my computer.

  Je dessine **quelquefois**. I draw **sometimes**.

  Mon père met **toujours** le couvert.
  My father **always** lays the table.

- **where:**

  Ici, il fait très froid l'hiver.
  Here, it's very cold in winter.

  Les chaussures sont **là-bas**.
  The shoes are **over there**.

Some adverbs can also be used in questions:

  Comment vas-tu au collège le matin?
  How do you go to school in the morning?

  Quand pars-tu en voyage de classe?
  When are you going on the school trip?

  Où habites-tu?
  Where do you live?

Comparative and superlative of adverbs

Adverbs, like adjectives, can be be used in the comparative:

  Nous partons **moins loin que** l'année dernière.

We're going **less far than** (we're **not** going as **far as**) last year.

  Monaco est **aussi près** de la montagne **que** de la mer.
  Monaco is **as close** to mountains **as** to the sea.

or the superlative:

  Le plus souvent, je pars avec des amis.
  Most of the time, I go with friends.

  Les vacances que j'aime **le moins**, ce sont les vacances sous la tente.
  The holidays I enjoy **least** are camping holidays.

  La ville que j'aime **le plus**, c'est Londres.
  The town I like **best** is London.

Here are two useful superlatives.

  le mieux the best
  le pire the worst

  Le mieux, c'est de prendre le train.
  The best (thing) is to take the train.

  Le pire, c'est de voyager le vendredi soir.
  The worst (thing) is to travel on a Friday night.

Position of adverbs

If you use an adverb with a verb in the perfect tense, you put the adverb between the auxiliary (the form of **avoir** or **être**) and the past participle.

  On a **bien** ri. We laughed **a lot**.

  Ils sont **vite** partis. They left **quickly**.

Pronouns

Personal pronouns

Personal pronouns are the ones that feature in all the verb listings. Reflexive verbs have a double set of pronouns:

je me lave	**nous nous** lavons
tu te laves	**vous vous** lavez
il se lave	**ils se** lavent
elle se lave	**elles se** lavent
on se lave	

Relative pronouns

Qui and **que**

Qui and **que** mean *who(m)*, *which* or *that*.

You use **qui** as the *subject* of a verb:

  Il y a un train **qui** part demain.
  There's a train **that** leaves tomorrow.

You use **que** as the *object* of a verb:

> Le train **que** je prends part demain.
> The train (**that**) I take leaves tomorrow.

The *subject* of a verb is the person or thing which is *doing* the action described by the verb (*the train* leaves).

The *object* of a verb is the person or thing which is having the action *done to* it/them (*the train* is being taken).

Note that **que** means *whom, which,* or *that,* but in English, *that* is often omitted: *the train (that) I take.*

Dont, auquel

Dont is a relative pronoun (like **qui** or **que**) used as a complement to phrases containing **de** (in the example below, **le présentateur de l'émission**, the programme presenter). In English, **dont** is sometimes translated by *whose,* or *of which:*

> Les émissions **dont** le présentateur est nul sont agaçantes.
> Programmes **whose** presenter (the presenter **of which**) is stupid are irritating.

Auquel (masculine) and **à laquelle** (feminine) are relative pronouns used as a complement to verbs or phrases containing **à** (in this example, **être attaché(e) à**, to be close to):

> Sa tante Marguerite, **à laquelle** Marie était très attachée, est morte.
> Her aunt Marguerite, **to whom** Marie was very attached, died.

Direct object pronouns (le, l', la, les)

To say *it, him, her* or *them,* use **le, la, les** or **l'** before the verb. For example:

> Je **le** choisis parce qu'il y a un bus qui passe devant chez moi.
> I choose **it** because there's a bus going past my house.

> Je **la** prends tous les jours. I take **it** everyday.

> Je **l'**adore. I love **it**.

Indirect object pronouns

With a verb like **donner** or **vendre**, the pronouns **me** and **te** stand for the *person* who is given something.

> Émilie, tes parents **te** donnent de l'argent de poche?
> Émilie, do your parents give **you** pocket money?

> Oui, mes parents **me** donnent 80 euros.
> Yes, my parents give **me** 80 euros.

In the third person, the pronoun **lui** is used for both masculine and feminine nouns and so means either *(to) him* or *(to) her:*

> Je **lui** donne un livre. I give **him** a book.

> Je **lui** donne un CD. I give **her** a CD.

> Je **lui** parle. I am talking **to him/her**.
> Il **lui** envoie des cassettes. He is sending some cassettes **to him/her**.
> Elle **lui** dit… She tells **him/her**…
> Tu **lui** téléphones. You phone **him/her**.
> Explique-**lui**. Explain to **him/her**.

The plural of **lui** meaning *to him, to her* is **leur** (*them* or *to them*). It is invariable, unlike **leur/leurs** meaning *their:*

> On vend un magazine aux passants. On **leur** vend un magazine.
> We sell a magazine to the passers-by. We sell **them** a magazine.

> **me** → to me
> **te** → to you
> **lui** → to him/to her
> **nous** → to us
> **vous** → to you
> **leur** → to them

Position of object pronouns

Indirect object pronouns go *before* the verb, except for imperatives like **explique-lui**.

If the verb is negative, **ne... pas, ne... plus**, etc. go around the pronoun and the verb:

> I don't talk to him/her any more.
> Je **ne** lui parle **plus**.

> They're not sending them any cassettes.
> On **ne** leur envoie **pas** de cassettes.

When combining a direct object pronoun (**le, la** or **les**) with one of the indirect object pronouns **me, te, nous** or **vous**, the indirect object pronoun comes first:

> Je te la montre?

> Shall I show it to you?

> Tu me les décris?

> Will you describe them to me?

Possessive pronouns

Just like possessive adjectives (**mon**, **ma**, **mes**, etc.), possessive pronouns (**le mien**, **la mienne**, etc.) agree with the gender and the number of the thing (or person) that is "owned".

Tes sœurs sont sympa? Tu as de la chance! **Les miennes** sont pénibles...
Your sisters are nice? Lucky you! **Mine** are a pain...

	masculine singular	feminine singular	plural masculine	feminine
first person singular	(mon travail) le mien mine	(ma sœur) la mienne mine	(mes parents) les miens mine	(mes voitures) les miennes mine
second person singular	(ton travail) le tien yours	(ta sœur) la tienne yours	(tes parents) les tiens yours	(tes voitures) les tiennes yours
third person singular	(son travail) le sien his/hers	(sa sœur) la sienne his/hers	(ses parents) les siens his/hers	(ses voitures) les siennes his/hers
first person plural	(notre bureau) le nôtre ours	(notre adresse) la nôtre ours	(nos employés) les nôtres ours	
second person plural (or formal)	(votre bureau) le vôtre yours	(votre adresse) la vôtre yours	(vos employés) les vôtres yours	
third person plural	(leur bureau) le leur theirs	(leur adresse) la leur theirs	(leurs employés) les leurs theirs	

Emphatic/disjunctive pronouns

Note the pronoun which goes after the prepositions **à**, **avec**, **pour**, **sur**, **chez**, etc.:

à/avec/pour/sur/chez	moi
	toi
	lui
	elle
	nous
	vous
	eux
	elles

Ma grand-mère habite à la campagne.
Le week-end, je vais **chez elle**.
My grandmother lives in the country.
At weekends, I go **to her house**.

You can use the same pronouns to emphasise what you are saying, for example:

Moi, j'ai 16 ans.
(**As for me**,) I am 16.

Toi aussi, tu aimes les langues?
Do **you** like languages **too**?

Eux, ils ne veulent pas faire ça.
(**As for them**,) they don't want to do that.

Another way of adding emphasis is to separate the important words from the rest of the sentence with a comma, adding **c'**. Compare these two ways of saying *a gap year is a good idea*:

Une année sabbatique est une bonne idée.
Une année sabbatique, **c'**est une bonne idée.

Demonstrative pronouns

Ce, c', ça
Ce (**c'**) and **ça** are demonstrative pronouns meaning *it*, *this* or *that*.

C'est important. **It's** important.
Ça m'énerve! **That** annoys me!

Celui-ci, celle-ci, celui-là, celle-là
Celui-ci, **celle-ci**, **celui-là** and **celle-là**, are used to "point to" things or people. They change according to the gender and the number of the noun they replace.

Je préfère **celui-ci**. (= ce manteau, *masculine singular*)
I prefer **this one**. (= this coat)

Je voudrais **celles-là**. (= ces chaussures, *feminine plural*)
I'd like **those ones**. (= those shoes)

	masculine	feminine
this one	celui-ci	celle-ci
that one	celui-là	celle-là
these (ones)	ceux-ci	celles-ci
those (ones)	ceux-là	celles-là

Demonstrative pronoun + de

You can also use a demonstrative pronoun followed by **de** to refer to something which has just been mentioned.

> Où est-ce qu'il y a un distributeur?
> Il y a **celui de** la *Banque Nationale*. (= Il y a le distributeur de la *Banque Nationale*.)

> Where is there a cash machine?
> There is the *Banque Nationale* **one**. (= There is the *Banque Nationale* cash machine.)

	masculine	feminine
singular	celui de	celle de
plural	ceux de	celles de

En

To avoid repeating words in a sentence, you can use **en**. It means *of it* or *of them*, or sometimes *one*. It comes in front of the verb (or the auxiliary – **être** or **avoir** – if the verb is in the perfect).

Le gâteau est délicieux! – Tu **en** veux d'autre? (= Tu voudrais d'autre gâteau?)

Ma mère me donne **de l'argent de poche**, mais j'**en** voudrais plus. (= Je voudrais plus d'argent de poche.)

J'ai fait **des photocopies** tous les jours. J'**en** ai fait des milliers. (= J'ai fait des milliers de photocopies.)

Tu as écrit **un rapport**? – Non, je n'**en** ai pas écrit. (= Je n'ai pas écrit de rapport.)

In English, the *of it* or *of them* is often omitted:

> Tu **en** veux d'autre?
> Would you like some more (**of it**)?

> J'**en** voudrais plus.
> I would like more (**of it**).

> J'**en** ai fait des milliers.
> I did thousands (**of them**).

> Je n'**en** ai pas écrit.
> I didn't write **one**.

Y

If you want to avoid repeating the name of a place, you can use **y**:

> J'aime **ce restaurant**. On **y** mange bien.
> I like **this restaurant**. You eat well **there**.

Talking about place and movement

Prepositions

Prepositions indicate place and movement. Prepositions which are used with **de** or **à** "agree" with the noun which follows:

> Le chat est **sur** la table
> The cat is **on** the table.

> Le supermarché est **à côté du** cinéma
> The supermarket is **next to** the cinema.

> Allez **jusqu'aux** feux.
> Go **as far as** the traffic lights.

Going somewhere/being somewhere

You use the same preposition to say whether you are going somewhere or whether you are already there. However, you need to know whether you are talking about a town, a feminine country (e.g. **la France**) or a masculine country (e.g. **le Sénégal**).

	town	feminine country	masculine country
je suis...	à Torquay	en France	au Sénégal
je vais...	à Torquay	en France	au Sénégal

Means of transport

Use **en** with means of transport (**en train, en avion, en voiture**, etc.) but remember the odd one out: **à pied** (on foot).

m = masculine
f = feminine
pl = plural

A

à cause de because of
à côté de beside, near, next to
à deux in pairs
à fond deeply
à l'appareil speaking
à l'étranger abroad
à la fin in the end
à la journée for the day
à la main by hand
à la maison at home
à la mode fashionable
à la montagne in the mountains
à moi, à toi, à lui, à elle
   (my/your/his/her/its) own
à moitié prix half price
à mon avis in my opinion
à part besides
à pied on foot
à plat flat
à propos de about
à quelle heure? when (at what
   time)?
à tout à l'heure! see you later!
abîmé(e) damaged
l' abri (m) shed
accrocheur/accrocheuse eye-
   catching
accueillant welcoming
l' achat (m) purchase
acheter to buy
l' addition (f) bill
l' ado(lescent)/ado(lescente) (m/f)
   teenager
l' adresse (électronique) (f) (email)
   address
s' adresser à... (please) contact...
l' adulte (m/f) grown-up, adult
aéré(e) airy
l' aéroport (m) airport
les affaires (f pl) things
l'homme d' affaires/la femme d'affaires
   businessperson
agaçant(e) annoying
âgé(e) aged
l' agence (f) de voyages travel
   agency
l' agence (f) bank
l' agent (m) de police police officer
l' agneau (m) lamb
agréable nice, pleasant
l' agriculteur/l'agricultrice (m/f)
   farmer
Aïd-el-Fitr Eid
aider to help
l' ail (m) garlic
aimer to like
l' aîné(e) (m/f) the eldest
ajouter to add
l' alcool (m) alcohol
l' alimentation (f) food
les aliments (m pl) biologiques
   organic food
allemand(e) German
aller to go
l' aller simple (m) single (ticket)
allergique (à) allergic (to)
l' aller–retour (m) return (ticket)

allô? hello? (on the phone)
allumer le feu to light the fire
alors then
l' ambiance (f) atmosphere
améliorer to improve
l' amende (f) fine (penalty)
l' ami(e) (m/f) friend
l' amitié (f) friendship
amitiés kind regards
l' amour (m) love
amoureux/amoureuse de in love
   with
amusant(e) amusing
s' amuser to have fun
l' an (m) year
l' ananas (m) pineapple
ancien/ancienne old
anglais(e) English
l' Angleterre (f) England
animé(e) animated
l' année scolaire (f) school year
l' année sabbatique (f) gap year
l' anniversaire (m) birthday
l' annonce (f) announcement
l' antiquité (f) antique
l' antiseptique (m) antiseptic
anti-tétanos anti-tetanus
août August
l' apéritif (m) pre-meal drink
l' appareil (m) brace (dental)
l' appareil ménager (m) domestic
   appliance
l' appartement (m) flat, apartment
appeler to call
s' appeler to be called
apporter to bring
après after(wards)
l' après–midi (m) afternoon
l' arbre (m) tree
l' argent (m) (de poche) (pocket)
   money
l' argent (m) liquide cash
argenté(e) silver
l' armoire (f) wardrobe
l' arrêt (m) d'autobus/de bus bus stop
arrêter to stop
l' art dramatique (m) drama (school
   subject)
l' ascenseur (m) lift
assez enough
l' assiette (f) plate
assister à to be (present) at
l' athlétisme (m) athletics
attendre (son tour) to wait (for
   one's turn)
attention! watch out!
atterrir to land
attraper to catch
au revoir! goodbye!
l' auberge (f) inn
l' auberge (f) de jeunesse youth
   hostel
l' aubergine (f) aubergine
aucun problème no problem
au-dessus above
aujourd'hui today
aussi also, too
aussi longtemps que possible as
   long as possible

l' auto (f) car
l' autobus (m) bus
l' automne (m) autumn
autoriser to allow
autoritaire bossy
l' autoroute (f) motorway
l'autostop (m) hitch-hiking
autour de around
autre other
autre chose something else
avaler to swallow
(en) avance ahead
avant before
avec with
l' avenir (m) the future
l' averse (f) downpour
l' aveugle (m/f) blind person
l' avion (m) aeroplane
avoir to have
(en) avoir assez de to be fed up with
avoir besoin de to need
avoir chaud to feel hot
avoir de la peine à to have
   trouble
avoir faim to be hungry
avoir horreur de to hate
avoir l'air to seem, to appear
avoir le droit de to be allowed to
avoir lieu to take place
avoir mal à... to have a sore...
avoir raison to be right
avoir soif to be thirsty
avoir tort to be wrong
avril April

B

le bac(calauréat) 18+ exam
la baguette French stick (bread)
se baigner to have a swim
la baignoire bath
le bal costumé fancy-dress ball
le balai broom
le balcon balcony
la bande dessinée comic strip
la bande gang
la banlieue suburbs
la banque bank
la barbe beard
la barque punt
le bateau boat
le bâtiment building
la batterie battery; drum kit
bavard(e) chatty
beau/belle beautiful
beaucoup a lot
beaucoup de (monde) lots of
   (people)
le beau-frère brother-in-law
le beau-père father-in-law; stepfather
le bébé baby
le beignet doughnut
belge Belgian
la belle-mère mother-in-law;
   stepmother
la belle-sœur sister-in-law
berk! yuk!
bête stupid
le beurre butter
la bibliothèque library

bien sûr of course
bienvenue welcome
la bière beer
le bifteck steak
le billet ticket
blanc/blanche white
blessé(e) hurt, injured
bleu(e) blue
le blouson short jacket
le bocal glass jar
le bœuf beef
boire to drink
la boisson drink
la boîte (de nuit) (night)club
la boîte tin; box
le bol bowl
bon/bonne good
bon appétit enjoy your meal
bon marché cheap
le bonbon sweet
bonne année happy New Year
bonne chance good luck
bonne fête happy Mother's
    Day/Saint's day, etc.
la bonne/mauvaise humeur
    good/bad mood
bonne idée good idea
bonne nuit good night
bonsoir good evening, goodbye
le bord de la route roadside
la botte boot
la bouche mouth
le boucher butcher
la boucherie (-charcuterie) (pork)
    butcher's
la boucle d'oreille earring
la bougie spark plug
bouillir to boil
le boulanger baker
la boulangerie baker's
le boulot (slang) work, job
la bouteille bottle
la boutique boutique
le bouton button
branché(e) trendy; plugged in
bravo! congratulations!
le brevet d'études professionnelles
    (BEP) vocational qualification
le brevet des collèges 16+ exam
le bricolage DIY
bricoler to do DIY
la brocante second-hand goods
la brochette kebab
le brouillard fog
se brosser les dents to clean one's
    teeth
le bruit noise
la brume mist
brun(e) brown (e.g. hair)
bruyant(e) noisy
le bureau desk; office
la buvette beer tent

C

ça fait... that's... (amount of money)
ça pose des problèmes it creates
    problems
ça va (bien) I am fine
le cadeau gift, present
le/la cadet/cadette younger
le café coffee; café
le café crème white coffee
la caisse cash till
le/la caissier/caissière check-out
    employee

le/la camarade friend, mate
le cambrioleur burglar
la campagne countryside
le camping camp-site
le canapé sofa
le canard duck
le canotage canoeing
la cantine canteen
le car coach
la carafe water jug
le carnaval carnival
le carnet de ... billets book of ...
    tickets
la carrière career; quarry
le cartable schoolbag
la carte (de crédit) (credit) card
la carte (de la région) map (of the
    area)
la carte des vins wine list
la cartouche cartridge
le casier judiciaire criminal record
la casquette cap
cassé(e) broken
le casse-croûte snack
casse-pieds irritating
la casserole pan
le cassis blackcurrant
le cauchemar nightmare
la caution deposit
la cave cellar
célibataire single, unmarried
la centrale électrique power station
le centre commercial shopping
    centre
le centre de documentation et
    d'information (CDI) library
    (school)
le centre de sports sports centre
le centre-ville town centre
la cerise cherry
le certificat d'aptitude
    professionnelle (CAP)
    vocational qualification
la chaîne stéréo hi-fi
la chaise chair
la chambre bedroom
le champ field
le champignon mushroom
la chance luck
changer to change
la chanson song
le/la chanteur/chanteuse
    singer
le chapeau hat
chaque each, every
chargé(e) full
le chargeur charger
le/la chat/chatte cat
le château castle
le chauffage central central heating
chauffé(e) (au gaz) heated (by
    gas)
chauffer to heat
le chauffeur (de poids lourd) (lorry)
    driver
la chaussette sock
la chaussure shoe
le chef boss
la chemise shirt
le chèque de voyage traveller's
    cheque
le chèque ordinaire ordinary
    cheque
cher/chère dear; expensive
chercher to look for

le chercheur researcher
le cheval horse
les cheveux (m pl) hair
chez moi, toi, etc. at/to my, your,
    etc. house
le chien dog
les chips (f pl) crisps
choisir to choose
le chômage unemployment
la chope beer glass
la chose thing
le chou cabbage
le chou de Bruxelles Brussels sprout
chouette (slang) lovely
le chou-fleur cauliflower
chrétien/chrétienne Christian
le cidre cider
le ciel sky
la circulation traffic
le citron lemon
clair(e) light (colour)
le clapier rabbit hutch
la classe de neige school skiing trip
le/la client(e) customer, client
le club (des jeunes) (youth) club
le code (personnel) (PIN) code
le code postal postcode
le cœur heart
le/la coiffeur/coiffeuse hairdresser
le coin corner
collant(e) clingy
collectionner to collect
le collège secondary school (12–15)
la colline hill
combien (de personnes)? how
    many (people)?
commander to order
comme like, as
le commencement beginning
commencer to begin
comment how
la compagnie d'assurances
    insurance company
composer to dial
composter to punch (a ticket)
comprendre to understand
le comprimé tablet
comprise included
compter (sur) to count (on)
le comté county
le concours competition
le conducteur d'autobus bus driver
conduire to drive
confier to entrust
la confiance trust
la confiture jam
le congé (annuel) (annual) holiday
le congélateur freezer
connaître to know (a person,
    place, etc.)
le conseil advice
le consommateur consumer
construire to construct, build
contenir to contain
content(e) pleased
le contrôle test
le copain friend, mate
cordialement regards
le corps body
correspondance changing trains
le/la correspondant(e) penfriend
corriger to correct
la côte coast
la côtelette chop (meat)

la couche coat, layer
se coucher to go to bed
le coup de téléphone phone call
le coupon voucher
la cour playground
courir (le risque de) to run (the risk of)
le courrier mail
le cours (de musique, etc.) (music, etc.) lesson
la course race
les courses (f pl) shopping
court(e) short
le couteau knife
coûter to cost
la couture seam
la cravate tie
créer to create
la crème (fraîche) (sour) cream
la crêpe pancake
la crêperie pancake restaurant
critiquer to criticise
croire to believe
le croque-monsieur toasted cheese and ham sandwich
les crudités (f pl) raw vegetables
la cuiller/cuillère spoon
le cuir leather
la cuisine food, cooking; kitchen
la cuisine rapide fast food
la cuisinière (électrique/à gaz) (electric/gas) cooker
cuit(e) cooked

D

d'accord OK, all right
d'époque period, classic
d'habitude usually
dans in
danser to dance
le/la danseur/danseuse dancer
davantage more
de la part de on behalf of
débarrasser (la table) to clear (the table)
le débouché opening
le début beginning, start
déchiré(e) torn
décoller to take off
décongelé(e) defrosted
le décor scenery
la découverte discovery
découvrir to discover
décrire to describe
le débat debate
dedans in it, inside
se défaire to come undone
défaire sa valise to unpack one's suitcase
le défilé procession
dégoûtant(e) disgusting
se déguiser (en) to dress up (as) (fancy dress)
le degré degree
le déjeuner lunch
le/la délégué(e) de classe class representative
délicieux/délicieuse delicious
demain tomorrow
la demande application
le demi-frère half-brother
la demi-heure half an hour
la demi-sœur half-sister
le dénouement outcome
le dépannage servicing, car repair

la dépanneuse breakdown truck
le département county
dépenser to spend
le dépliant leaflet
depuis since
dernier/dernière last
derrière behind
dès que possible as soon as possible
descendre to go down
désirez-vous...? would you like...?
désolé(e) sorry
désordonné(e) untidy
le dessin drawing
dessiner to draw
la détente relaxation
le détritus rubbish
deuxième classe second class
devant in front of
devenir to become
devoir to have to, ought to
les devoirs (m pl) homework
difficile difficult
le dimanche Sunday
la dinde turkey
dîner to have dinner
le dîner evening meal
dire to say
directement directly
le/la directeur/directrice director; head teacher
le/la directeur/directrice des ventes commercial/sales director
le dirigeable airship
disons let's say
disponible available
la dispute argument
distribuer to deliver
le distributeur cash dispenser
divorcé(e) divorced
le documentaire documentary
donner to give
donner sur to look out over
doré(e) gold(en)
dormir to sleep
le dortoir dormitory
la douane customs
la douche shower
doux/douce mild, gentle
le drapeau flag
la drogue drug(s)
durer to last

E

l' eau (f) minérale mineral water
l' eau (f) (non) potable (not) drinking water
l' échange (m) replacement
échanger to exchange, replace
les échecs (m pl) chess
l' éclairage (m) lighting
l' éclaircie (f) sunny spell
éclairé(e) lit
l' école (f) school
l' école (f) maternelle nursery school
l' école (f) polyvalente comprehensive school
l' école (f) privée independent school
l' école (f) publique state school
l' école (f) secondaire secondary school
l' école (f) sélective grammar school

les économies (f pl) savings
écossais(e) Scottish
l' Écosse (f) Scotland
écrire to write
l' éducation (f) physique et sportive (EPS) PE
l' effet (m) effect, trick
l' effet (m) de serre greenhouse effect
efficace efficient
l' église (f) church
égoïste selfish, egotistical
l' électroménager (m) electrical goods
l' élève (m/f) pupil, school student
l' email (m) email (in general)
l' emballage (m) packaging
émettre to emit
l' émission (f) (naturelle) (natural) emission
l' émission (f) programme (TV)
emmener to take
émouvant(e) moving
l' empêchement (m) problem
l' emploi (m) job
l' employeur (m) employer
en automne/hiver/été in autumn/winter/summer
en ce moment at the moment
en fait in fact
en général in general
en tout cas in any case
encore again
en-dessous below
s' endormir to fall asleep
l' endroit (m) place
l' énergie (f) du vent/solaire wind/solar energy
l' enfant (m/f) child
enfin at last
ennuyeux/ennuyeuse boring
l' enquête (f) survey
enquêter to conduct a survey
l' enrichissement (m) personnel personal growth
l' enseignement (m) artistique art (school subject)
ensemble together
ensoleillé(e) sunny
ensuite then
s' entendre (bien) avec to get on (well) with
entre between
l' entrée (f) entry
l' entreprise (f) firm, company
entrer to go in, enter
envahir to invade, take over
environ around
les environs (m pl) surrounding area
envoyer to send
l' épicerie (f) grocer's
l' épicier (m) grocer
épouser to marry
l' équipe (f) team
équipé(e) equipped
l' équitation (f) horse riding
l' erreur (f) mistake
l' escalier (m) stairs
l' escargot (m) snail
espagnol(e) Spanish
espérer to hope
essayer to try (on)
l' est (m) east
et toi/vous? and you?
l' étage (m) floor

l' **étagère** (f) shelf
l' **étang** (m) small lake, pond
les **États-Unis** (m pl) United States
éteindre to turn off
étranger/étrangère foreign
être to be
être enrhumé(e) to have a cold
être sur le dos de to hassle
être un mouton to behave like a lemming
les **études** (f pl) studies
étudier (la médecine) to study (medicine)
éviter to avoid
évoqué(e) evoked
exactement exactly
l' **examen** (m) exam(ination
l' **exposition** (f) exhibition
s' **exprimer** to express (oneself)
extraverti(e) extrovert

F

fabriquer to make
la **fac** university
facile easy
le **facteur** postman
faible weak
faire to make, do
se **faire bronzer** to sunbathe
faire confiance (à) to trust
se **faire des amis** to make friends
faire la connaissance de to get to know
faire la queue to queue
faire le linge to do the washing
faire les magasins to go shopping
faire peur to scare
faire pousser to grow
la **famille** family
fantastique terrific
la **farine (de blé)** (wheat) flour
fatigant(e) tiring
fatigué(e) tired
le **fauteuil** armchair
faux/fausse false
la **femme** woman; wife
la **fenêtre** window
le **feqqa** *feqqa (Moroccan biscuit)*
la **ferme** farm
fermé(e) closed
la **fête** festival, party, fête
la **fête foraine** fair
fêter to celebrate
le **feu** fire, bonfire
le **feu d'artifice** firework(s)
la **feuille** leaf; sheet *(of paper)*
février February
le **fichier** file
la **fièvre** temperature
la **fille** daughter; girl
le **film catastrophe** disaster movie
le **film d'aventures** adventure film
le **film d'épouvante** thriller
le **fils** son
la **fin** end
finir to finish
la **fleur** flower
fluo fluorescent
la **foire** show; fair
foncé(e) dark *(colour)*
fondre to melt
la **fontaine** fountain
le **foot** football
la **formation** training, apprenticeship

en **forme de** shaped like a
fort(e) en good at
fou/folle crazy
fouetter to whip up
le **foulard** scarf
le **four** oven
la **fourchette** fork
frais/fraîche fresh; cool
la **fraise** strawberry
la **framboise** raspberry
frappant(e) striking
le **frère** brother
le **frigo** fridge
frimeur/frimeuse show off
les **frites** (f pl) chips
froid(e) cold
le **fromage** cheese
la **frontière** border
les **fruits de mer** (m pl) seafood
la **fuite** leak
la **fumée** smoke
fumer to smoke

G

gagner (sa vie) to earn (a living)
gallois(e) Welsh
le **gant** glove
le **garçon** boy
le **garçon de café** waiter
garder to keep; to look after
la **gare (routière)** (bus) station
garer to park
le **gâteau** cake
le **gaz carbonique** carbon dioxide (CO_2)
le **gaz de ville** mains gas
le **gazole** diesel
geler to freeze
gênant(e) troublesome
le **génie** genie; genius
les **gens** (m pl) people
gentil/gentille nice
le **gîte** rented holiday house
la **glace** ice-cream ; ice
le **goût** taste
grand(e) big, large, tall
le **grand magasin** department store
la **grande surface** hypermarket
la **Grande-Bretagne** Great Britain
la **grand-mère** grandmother
le **grand-parent** grandparent
le **grand-père** grandfather
gras/grasse fatty, greasy
le **gratin dauphinois** potatoes *au gratin*
gratuit(e) free
gratuitement free
grec/grecque Greek
la **grillade** grilled meat
la **grippe** 'flu
gris(e) grey
le **gros lot** top prize *(lottery)*
le **gros titre** headline
le **guichet** ticket window
le **gymnase** gym

H

s' **habiller** to get dressed
l' **habitant(e)** (m/f) inhabitant
habiter to live
les **halles** (f pl) covered market
le **haricot vert** French bean
l' **harira** (m) *harira (Moroccan soup)*
haut(e) high
hériter to inherit

l' **heure** (f) hour
l' **heure** (f) **d'ouverture** opening time
heureux/heureuse happy
hier yesterday
hier soir last night
l' **histoire** (f) **(d'amour)** (love) story
l' **histoire-géo** (f) history and geography
le **hit-parade** top of the pops
le **HLM (habitation à loyer modéré)** council housing
hollandais(e) Dutch
l' **homme** (m) man
honnête honest
hors de question out of the question
le **hors-d'œuvre** first course
l' **hôtel** (m) **de ville** town hall
l' **hôtellerie** (f) hotel industry
l' **hôtesse** (f) **de l'air** air stewardess
l' **huile** (f) **(d'olive)** (olive) oil

I

ici here
il faudrait they should
il faut you must, one should
il s'agit de it's about
il y a du monde there are (some) people
l' **île** (f) island
l' **illusion** (f) **d'optique** optical illusion
l' **image** (f) picture
l' **immeuble** (m) block of flats
impoli(e) rude
l' **inconvénient** (m) disadvantage
l' **indicatif** (m) country code *(dialling)*
l' **infirmier/l'infirmière** (m/f) nurse
l' **informatique** (f) computer studies
informé(e) informed
l' **ingénieur** (m/f) engineer
l' **inondation** (f) flood
inoubliable unforgettable
inquiétant(e) worrying
s' **inquiéter** to worry
installer to set up
l' **instruction** (f) **civique** PSHE
l' **interdiction** (f) ban
intéressant(e) interesting
s' **intéresser à** to be interested in
inutile useless
irlandais(e) Irish

J

jaloux/jalouse jealous
la **jambe** leg
le **jambon** ham
janvier January
le **jardin** garden
le **jardin public** park
le **jardin zoologique** zoo
le **jardinage** gardening
le **jardinier** gardener
la **jatte** bowl
jaune yellow
je voudrais I'd like
le **je-sais-tout** know-it-all
le **jet d'eau** fountain
le **jeu de société** board game
le **jeu télévisé** TV quiz show
le **jeu vidéo** video game
jeudi Thursday

jeune young
le jogging track suit bottoms; jogging
joli(e) pretty
jouer à/au/à la... to play...
jouer du piano to play the piano
jouer sur l'ordinateur to play on the computer
le jour day
le jour férié holiday
le journal newspaper
la journée day
juif/juive Jewish
juillet July
juin June
le/la jumeau/jumelle twin
la jupe skirt
le jus (de fruits) (fruit) juice
jusqu'à until, as far as
juste fair

L

le lac lake
laid(e) ugly
la laine wool
laisser to leave
laisser tomber to drop
le lait (écrémé) (skimmed) milk
laitier/laitière dairy
la lampe de poche torch
la langue vivante modern language
le lapin rabbit
le lavabo washbasin
le lave-linge washing machine
se laver to wash (oneself)
le lave-vaisselle dishwasher
faire du lèche-vitrines to go window-shopping
le lecteur de CD CD player
le/la lecteur/lectrice reader
léger/légère light
le légume vegetable
la lettre letter
se lever to get up
la librairie bookshop
libre free
se libérer to free oneself
la licence (university) degree
la ligne line, route (bus/tram)
le liquide cash; liquid
lire to read
le lit bed
le livre book
la livre sterling pound
livrer to deliver
la location hire; rental
la location meublée self-catering accommodation
le logiciel software
loin far (away)
longtemps a long time
louer to hire, to rent
lourd(e) heavy
la luge sledge
la lumière light
le lundi Monday
les lunettes (f pl) glasses
le luxe luxury
le lycée secondary school (16–18)

M

madame Mrs, Ms, Madam
mademoiselle Miss, Ms
le magasin shop
le magasin de journaux newsagent

la magie magic
le magnétoscope video recorder
mai May
le mail an email
le maillot de bain swimming costume
maintenant now
la mairie (village or town) council
mais but
la maison (jumelle) (semi–detached) house
malade ill
la maladie (cardiaque) (heart) disease
malgré in spite of
malheureusement unfortunately
maman mum
le manteau coat
les marchandises (f pl) goods, merchandise
le marché (aux puces) (flea-)market
marcher to work, function; to walk
le Mardi gras Mardi gras, Shrove Tuesday
le mardi (dernier) (last) Tuesday
le mari husband
se marier to get married
la Marine Navy
le Maroc Morocco
marocain(e) Moroccan
la marque brand
marrant(e) funny
marron brown (e.g. eyes)
mars March
la matière subject (school)
la matière grasse fatty substance; fat content
le matin morning
le /la mécanicien/mécanicienne mechanic
mécanique mechanical
méchant(e) bad, naughty
la médaille medal; prize
le médecin doctor
la médecine medicine
les médias (m pl) media
meilleur(e) better
le/la meilleur(e) the best
mélanger to mix
le membre (de la famille) (family) member
même even
le/la même the same
le ménage household chores
la ménagère housewife
le menu (à prix fixe) (fixed price) menu
le mercantilisme commercialism
merci thank you
le mercredi Wednesday
la mère mother
la merguez spicy sausage
merveilleux/merveilleuse wonderful
la météo weather forecast
le métier profession, trade, job
mettre to put (on)
mettre le couvert to lay the table
les meubles (m pl) furniture
le micro-ondes microwave
le miel honey
mignon/mignonne sweet, cute
mince slim
minuit midnight

le miroir mirror
(à) mi-temps part-time
la mobylette moped
la mode fashion
le modèle réduit scale model
moins de less
le/la moins the least
le mois month
monsieur Mr; Sir
la montagne mountain
monter to go up, increase, climb; to stage (a show)
la montre watch
la moquette carpet
le moteur (à hydrogène) (hydrogen) engine
mourir to die
mourir de faim to starve
la mousse au chocolat chocolate mousse
le moustique mosquito
la moutarde mustard
le mur wall

N

la natation swimming (sport)
la navette shuttle (transport)
ne ... plus no ... more/longer
né(e) le... born on...
ne quittez pas hold the line
ne... jamais never
la neige snow
neiger to snow
nettoyer to clean
neuf/neuve new
le nid nest
le niveau de la mer sea level
Noël Christmas
noir(e) black
le nom name
nord-africain(e) North African
le nord north
la note mark (school)
la nourriture food
nourrissant(e) nutritious
nouveau/nouvel/nouvelle new
novembre November
le nuage cloud
la nuisance sonore sound pollution
nul/nulle rubbish, useless
le numéro (de commande) (order) number

O

l' objet (m) (d'art) (collectable) object
l' occasion (f) opportunity
s' occuper de to take care of
l' œuf (m) egg
l' offre (f) offer
l' OGM (m) (organisme génétique-ment modifié) GM food
l' oignon (m) onion
l' oiseau bird
on peut... you can, one can...
l' oncle (m) uncle
l' orage (m) thunderstorm
l' orangina (m) fizzy orange drink
l' ordinateur (m) computer
les ordures (f pl) rubbish
les ordures ménagères (f pl) household waste
où where
oublier to forget
l' ouest (m) west

l' **ouragan** (*m*) storm
ouvert(e) open
l' **ouvre-boîtes** (*m*) tin opener
l' **ouvre-bouteilles** (*m*) bottle opener
ouvrir to open

P

le **petit commerce** small shop
le **pain** bread
le **palier** landing
le **pamplemousse** grapefruit
la **panne** breakdown (*car*)
le **panneau** sign
le **pantalon** trousers
le **pantalon taille basse** hipsters
papa dad
le **papier** paper
Pâques Easter
faire un **paquet-cadeau** to gift wrap
par contre on the other hand
par écrit in writing
par exemple for instance
le **parachutisme** parachuting
le **parapluie** umbrella
parce que because
pardon excuse me, sorry
paresseux/paresseuse lazy
le **parfum** perfume
le **parking** car park
parler to speak
partager to share
participer à to take part in
partir to go (away), leave
partout everywhere
pas grand-chose not much
le **passage souterrain** subway
le **passant** passer-by
passer to spend (*time*); to take (*an exam*)
passer l'aspirateur to hoover
se **passer** to happen
passionnant(e) gripping, exciting
les **pâtes** (*f pl*) pasta
le **patinage** (**sur glace**) (ice) skating
la **patinoire** ice rink
la **pâtisserie** cake shop; (cream) cake
le **patron** boss
la **patte** leg, paw
la **pause de midi** lunch break
pauvre poor
payer to pay
le **pays** country
le **paysage** countryside, landscape
le **péage** toll
la **pêche** peach; fishing
la **pelouse** lawn
pénaliser to penalise
pendant during
pénible irritating, a pain in the neck (*a person*)
perdre to lose
le **père** father
le **Père Noël** Father Christmas
périmé(e) out of date
permettre to allow, permit
le **permis de conduire** driving licence
le **personnage** character
la **personnalité** personality
le **petit déjeuner** breakfast
petit(e) small, little
le/la **petit(e) ami(e)** boyfriend/ girlfriend
le **petit boulot** small/part-time job
les **petits pois** (*m pl*) peas

peu de few, not much/many (of)
peut-être maybe
la **pharmacie** chemist's
la **pièce de monnaie** coin
la **pièce** room
la **pile** battery
le **pilote de course** racing driver
piquer to nick (*slang*)
la **piqûre** injection
la **piscine** (**couverte**) (indoor) swimming pool
la **piste artificielle** artificial (ski) slope
la **piste cyclable** cycle track
le **placard** cupboard
la **place** position
placer to place
la **plage** beach
se **plaindre** to complain
le **plan** plan, map
la **planche à voile** windsurfing board
la **plante** plant
le **plat à emporter** take-away dish
le **plat de cuisson** cooking dish
le **plat** (**du jour**) (today's special) dish
le **plat principal** main course
plat/platte flat
le **plâtre** plaster
pleuvoir to rain
pliant(e) folding
la **pluie** rain
la **plupart de** most of
le/la **plus...** the most...
plus tard later on
plusieurs several
pluvieux/pluvieuse rainy
le **pneu** (**crevé**) (flat) tyre
le **poids lourd** lorry
le **point de recyclage** recycling point
le **point de vue** point of view
la **pointure** size (*shoes*)
la **poire** pear
le **poisson** fish
le **poivre** pepper (*condiment*)
le **poivron** pepper, capsicum (*vegetable*)
poli(e) polite
la **police secours** emergency services
le **policier** police officer
polluer to pollute
la **pomme de terre** potato
la **pomme** apple
le **pont** bridge
la **porte** door
le **portefeuille** wallet
porter to wear
le **poste** job, position
la **poste** post office
le **potage** vegetable soup
la **poubelle** bin
la **poudre** powder, granules
le **poulet** (**rôti**) (roast) chicken
pour aller à ...? how do I get to...?
pourquoi why
pourri(e) rotten
pourtant yet, and yet
pouvez-vous...? can you...?
pratique convenient, practical
préféré(e) favourite
premier choix top quality
premier/première first

première classe first class
la **première fois** the first time
prendre to take
prendre un bain/une douche to have a bath/shower
le **prénom** first name
préparer to prepare, get ready
près de near
le **présentateur** presenter
présenter to introduce
pressé(e) in a hurry
la **preuve** evidence
les **prévisions** (*f pl*) forecast
prévu(e) foreseen
la **prière** prayer
principal(e) main
le **prix** price; prize
le **produit** product
le/la **professeur** teacher
la **profession** job, trade
le **programme** syllabus (*school*)
le/la **programmeur/ programmeuse** programmer
le **projet d'avenir** future plan
la **promenade** walk
promener to walk
le **propriétaire** owner
le **prospectus** leaflet
prouver prove
le **pull** jumper

Q

quand when
quand même all the same
le **quartier** area, district
que that, which
québécois(e) from Quebec
quelque chose something
quelquefois sometimes
quelques some
la **queue** tail; queue
qui who, which
quitter to leave

R

la **race humaine** human race
raconter to tell (*a story*)
la **radio** radio; X-ray
le **ragoût** stew
le **raï** North African pop music
raide steep
le **raisin** grapes
la **raison** reason
le **ramassage** collection
ramasser to collect
la **randonnée** hiking
ranger to tidy (up)
râpé(e) grated
rapidement fast, quickly
rappeler to call back
le **rapport** relationship
en avoir **ras-le-bol** to be fed up
le **rassemblement** gathering
rassurant(e) reassuring
rater to fail
le **rayon** department, counter
(re)marié(e) (re)married
réaliste realistic
la **recette** recipe
recevoir to get, to receive
le **réchauffement** warming
se **réchauffer** to warm up
la **recherche** research
la **récréation** school break
rectifier to correct

la **réduction** discount
réduire (la pollution) to reduce (pollution)
regarder to look
réfléchi(e) thoughtful
réfléchir to think
le **régime (équilibré)** (balanced) diet
le **règlement** rules
régler to pay, to settle
relax laid back
remarquer to notice
le **remboursement** refund
rembourser to refund
remercier to thank
la **remise** discount
remorquer to tow away (car)
remplacer to replace
la **rencontre** encounter
le **rendez-vous** appointment
rendre to give back
rendre visite à to visit (a person)
renfermé(e) withdrawn
les **renseignements** (m pl) information
se **renseigner** to get information
la **rentrée** beginning of school term
rentrer to go back
rentrer le bois to fetch the wood in
réparer to repair
le **repas** meal
le **repassage** ironing
le **répondeur** answerphone
répondre to answer
la **réponse** answer
le **reportage** report
reposant(e) restful
se **reposér** to have a rest
reprendre to start again
le **réseau** network
réserver to book
respirer to breathe
ressembler à to look/taste like
s'il m'en **reste** if I have got any left
rester to stay
la **retenue** detention
retirer to take off, withdraw
retourner to go back
réussir to succeed; to pass (an exam)
réutiliser to reuse
le **rêve** dream
rêver (de) to dream (of)
le **réveil** alarm clock
se **réveiller** to wake up
revenir to come back
le **réverbère** street lamp
le **rez-de-chaussée** ground floor
le **rideau** curtain
rigoler to joke
le **risque** risk
le **riz** rice
la **robe** dress
le **rond-point** roundabout (road)
le **rosbif** roast beef
rose pink
rouge red
le **rouge à lèvres** lipstick
à **roulettes** on wheels
la **route** road
roux/rousse red, ginger
la **rue** street

S

le **sable** sand
le **sac à dos** rucksack
le **sac (de couchage)** (sleeping) bag
saigner to bleed
sage good (child); sensible
sain(e) healthy
le **salaire** salary
sale dirty
salé(e) salty
saler to salt
la **salle** room; hall
la **salle à manger** dining room
la **salle d'informatique** computer room
la **salle de bains** bathroom
la **salle des profs** staff-room (school)
le **salon** sitting room
salut! bye!
le **samedi** Saturday
sans without
la **santé** health
la **saucisse** sausage
le **saucisson** sausage (salami-type)
le **saumon** salmon
sauver to save
savoir to know (a fact)
la **scène** stage
les **sciences** (f pl) **de la vie et de la terre** biology
le/la **scientifique** scientist
la **séance** session
le **séjour** living room; stay
le **sel** salt
selon according to
la **semaine** week
le **sens de l'humour** sense of humour
le **sens unique** one way (street)
la **sensation forte** big thrill
sensible sensitive
le **sentiment** feeling
(se) **sentir** to feel
séparer to separate
la **série américaine/policière** American/police series (TV)
la **série littéraire/scientifique** language/science options (school)
le **serveur** waiter
service (non) compris service (not) included
servir to serve
se **servir de** to use
seulement only
sévère strict; severe
le **short** shorts
le **siècle** century
silencieux/silencieuse silent
le **sirop** syrup, (cough) mixture
le **site web** website
situé(e) situated
le **skate** skateboard
le **ski (nautique)** (water) skiing
la **sœur** sister
soigner to care for (patients)
soi-même oneself
le **soir** evening
les **soldes** (m pl) sales
la **sole (meunière)** sole (with sauce) (fish)
le **soleil** sun
sombre dark
le **sorcier** wizard, sorcerer

la **sorcière** witch
la **sorte** kind, type
la **sortie** exit; outing
sortir to go out; take out
souffrir to suffer
la **souris** mouse
sous under, below
le **sous-sol** basement
soutenu(e) sustained
souvent often
le **spectacle** show
spectaculaire spectacular
la **spéléologie** caving, potholing
les **sports** (m pl) **aquatiques** water sports
les **sports** (m pl) **d'hiver** winter sports
le **stade** stadium
le **stage de formation** vocational training
le/la **stagiaire** work experience student
le **stand** stall
la **station-service** service station
stationner to park
stimulant(e) stimulating
le **sucre (en poudre)** (granulated) sugar
sucré(e) sugary, sweet
le **sud** south
il **suffit de** all you need to do is
suisse Swiss
suivre to follow
le **sujet d'actualité** topical theme
le **supermarché** supermarket
supporter to tolerate, put up with
sur place on the spot
sûr(e) sure
surfer (sur Internet) to surf (the Internet)
surprenant(e) surprising
survivre to survive
surtout above all, mostly
le **sweat** sweat-shirt
sympa nice, kind
le **syndicat d'initiative** tourist office

T

le **tableau** board
la **tache** stain
la **taille** size (clothes)
taisez-vous! be quiet!, shut up!
le **talon** heel
tant pis never mind
la **tante** aunt
taper to type
le **tapis** rug
taquiner to tease
la **tarte (aux pommes)** (apple) tart
la **tartine** slice of bread
le **tas (de compost)** (compost) heap
la **tasse** cup
le **taux de change** exchange rate
le/la **technicien/technicienne** technician
la **télé réalité** TV reality show
la **télécarte** phone card
le **télécopieur** fax machine
le **téléphone (portable)** (mobile) phone
le **téléski** ski-lift
le **temps** time; weather
la **tente** tent, marquee
la **terminale** final year (at school)
le **terrain d'entraînement** training ground
le **terrain de camping** campsite

le **terrain de sport** sports ground
la **tête** head
le **thé** tea
le **thon** tuna
le **ticket de caisse** till receipt
le **timbre** (postage) stamp
timide shy
le **tire-bouchon** corkscrew
le **toit** roof
tomber to fall
tomber en panne to break down
tondre le gazon to mow the lawn
toujours always
tous niveaux all levels
tousser to cough
tout(e) everything
tout de suite straight away
tout le monde everybody
toutes les (vingt) minutes every (twenty) minutes
la **toux** cough
traîner to hang around
le **traitement de texte** word-processing
le **trajet** journey
tranquille quiet, calm
transmettre to transmit
les **transports** (m pl) **en commun** public transport
le **travail** work
travailler to work
travailleur/travailleuse hard-working
les **travaux** (m pl) building work
très very
trier to sort
le **trimestre** term
triste sad
trop too
trop de too much/many
la **troupe (de danseurs)** troop (of dancers)
trouver to find
se **trouver** to be (situated)
la **truite** trout
tuer to kill

U

unique unique; only
l' **urticaire** (m) rash
usé(e) worn
l' **usine** (f) factory
utiliser to use

V

les **vacances** (f pl) holidays
la **vaisselle** washing up
la **valise** suitcase
la **vallée** valley
vallonné(e) hilly
varié(e) varied
le **veau** veal
végétarien/végétarienne vegetarian
le **véhicule** vehicle
le **vélo** bicycle
le/la **vendeur/vendeuse** shop assistant
vendre to sell
le **vendredi** Friday
venir (de) to come (from)
(en) **vente** on sale
le **vent** wind
le **ventre** stomach
le **verre (d'eau)** glass (of water)
vert(e) green
la **veste** jacket
le **vestiaire** cloakroom; changing room
le **vêtement** item of clothing
les **vêtements** (m pl) clothes
le/la **vétérinaire** vet
la **viande** meat

vider to empty
la **vie active** working life
vieux/vieil/vieille old
la **ville** town
le **vin** wine
le **vinaigre** vinegar
violet/violette purple
le **violon** violin
visiter to visit (a place)
la **vitre** window pane
vivre to live
voici here is, here are
la **voie** track, platform
voilà there is, there are
la **voile** sailing
le **voilier** sailing boat
voir to see
le/la **voisin/voisine** neighbour
la **voiture (de course)** (racing) car
la **voiture ancienne** classic car
le **vol** flight; theft
voler to fly; to steal
vomir to be sick
vouloir to want
le **voyage** voyage, journey
le **voyage de classe** class trip
voyager to travel
vrai(e) real, right, correct
le **VTT** mountain bike
la **vue** view

Y

y compris including
les **yeux** (m pl) eyes

Z

le **zaalouk** a Moroccan dish
la **zone industrielle** industrial zone
la **zone piétonnière** pedestrian precinct
zut bother

English – French

A

about à propos de
it's **about** il s'agit de
above au-dessus
above all surtout
abroad à l'étranger
accessory l'accessoire (m)
according to selon
active actif/active
to **add** ajouter
to **admire** admirer
to **adore** adorer
advantage l'avantage (m)
adventure film le film d'aventures
advice le conseil
aerobics l'aérobic (m)
(aero)plane l'avion (m)
to **affect** affecter
Africa l'Afrique (f)
after(wards) après
afternoon l'après-midi (m)
again encore
age l'âge (m)
aged âgé(e)
ahead en avance

air quality la qualité de l'air
air stewardess l'hôtesse (f) de l'air
airport l'aéroport (m)
airship le dirigeable
airy aéré(e)
alarm clock le réveil
alcohol l'alcool (m)
Algerian (adjective) algérien/algériennne
all tout(e)
all levels tous niveaux
all the same quand même
all you need to do is il suffit de
allergic (to) allergique (à)
to **allow** autoriser, permettre
Alps les Alpes (f pl)
also aussi
always toujours
ambulance l'ambulance (f)
American (adjective) américain(e)
amusing amusant(e)
and et
and you? et toi/vous?
animal l'animal (m)
animated animé(e)
announcement l'annonce (f)
annoying agaçant(e)

annual holiday le congé annuel
answer la réponse
to **answer** répondre
answerphone le répondeur
antibiotics l'antibiotique (m)
antique l'antiquité (f)
antiseptic l'antiseptique (m)
anti-tetanus anti-tétanos
to **appear** avoir l'air
apple la pomme
apple tart la tarte aux pommes
application la demande
appointment le rendez-vous
April avril
area le quartier, la région
to **argue** se disputer
armchair le fauteuil
around autour de; environ
to **arrive** arriver
art (school subject) l'enseignement (m) artistique
as long as possible aussi longtemps que possible
as soon as possible dès que possible
aspect l'aspect (m)
aspirin l'aspirine (f)

at home à la maison
at last enfin
at my house chez moi
at the beginning au début
at the end au bout de
at the moment en ce moment
at the time of au moment de
athletics l'athlétisme (*m*)
atmosphere l'ambiance (*f*)
attached attaché(e)
attitude l'attitude (*f*)
aubergine l'aubergine (*f*)
August août
aunt la tante
Australia l'Australie (*f*)
autumn l'automne (*m*)
available disponible
to avoid éviter

B

baby le bébé
bag le sac
baker le boulanger
baker's la boulangerie
balanced diet le régime équilibré
balcony le balcon
ban l'interdiction (*f*)
banana la banane
bank l'agence (*f*), la banque
basement le sous-sol
bath la baignoire
bathroom la salle de bains
battery la pile, la batterie
be quiet! shut up! taisez-vous!
to be (present) at assister à
to be (situated) se trouver
to be allowed to avoir le droit de
to be called s'appeler
to be fed up with en avoir assez/
    ras-le-bol de
to be foggy faire du brouillard
to be hungry avoir faim
to be interested in s'intéresser à
to be right avoir raison
to be sick vomir
to be sunny faire du soleil
to be thirsty avoir soif
to be used to avoir l'habitude de
to be wrong avoir tort
beach la plage
beard la barbe
beautiful beau/bel/belle
because parce que
because of à cause de
to become devenir
bed le lit
bedroom la chambre
beef le bœuf
beer la bière
beer glass la chope
beer tent la buvette
before avant
to begin commencer
beginning le commencement, le
    début
behind derrière
Belgian (*adjective*) belge
to believe croire
below en-dessous
beside à côté de
besides à part
the best le meilleur/la meilleure
between entre
bicycle le vélo
big grand(e)

bill l'addition (*f*)
bin la poubelle
biology les sciences (*f pl*) de la vie
    et de la terre
bird l'oiseau (*m*)
birthday l'anniversaire (*m*)
black noir(e)
blackcurrant le cassis
to bleed saigner
blind person l'aveugle (*m/f*)
block of flats l'immeuble (*m*)
blond blond(e)
blue bleu(e)
board tableau
boat le bateau
body le corps
to boil bouillir
book le livre
book of... tickets le carnet de...
    billets
to book réserver
bookshop la librairie
boot la botte
border la frontière
boring ennuyeux/ennuyeuse
born on... né(e) le...
boss le chef, le patron
bossy autoritaire
bother! zut!
bottle la bouteille
bottle opener l'ouvre-bouteilles (*m*)
bowl le bol, la jatte
box la boîte
boy le garçon
boyfriend le petit ami
brace (*dental*) l'appareil (*m*)
brand (*commercial*) la marque
bread le pain
break (*school*) la récréation
to break down tomber en panne
breakdown la panne
breakdown truck la dépanneuse
breakfast le petit déjeuner
to breathe respirer
bridge le pont
to bring apporter
broken cassé(e)
broom le balai
brother le frère
brother-in-law le beau-frère
brown (*e.g. eyes*) marron
brown (*e.g. hair*) brun(e)
Brussels sprout le chou de
    Bruxelles
to build construire
building le bâtiment
building work les travaux (*m pl*)
burger le burger
burglar le cambrioleur
bus l'autobus (*m*), le bus
bus driver le conducteur
    d'autobus
bus station la gare routière
bus stop l'arrêt de bus (*m*)
businessperson l'homme (*m*)/la
    femme d'affaires
but mais
butcher le boucher
butcher's la boucherie
butter le beurre
button le bouton
to buy acheter
by hand à la main
by the seaside au bord de la mer
bye! salut!

C

cabbage le chou
cabin la cabine
café le café
cake le gâteau
cake shop la pâtisserie
to call appeler
to call back rappeler
to calm down se calmer
camp-site le camping, le terrain
    de camping
Canadian (*adjective*) canadien(ne)
canoeing le canotage
canteen la cantine
cap la casquette
car la voiture, l'auto (*f*)
car park le parking
carbon dioxide (CO_2) le gaz
    carbonique
to care for (*patients*) soigner
to care for (*children*) s'occuper de
career la carrière
carnival le carnaval
carpet la moquette
carrot la carotte
cartridge la cartouche
cash l'argent (*m*) liquide, le
    liquide
cash dispenser le distributeur
cash till la caisse
castle le château
cat le chat/la chatte
to catch attraper
cathedral la cathédrale
cauliflower le chou-fleur
cause la cause
caving la spéléologie
CD player le lecteur de CD
to celebrate fêter
cellar la cave
central heating le chauffage
    central
century le siècle
cereals les céréales (*f pl*)
chair la chaise
champion le champion/la
    championne
to change changer
changing room le vestiaire
character le caractère
character (*in play/book*) le
    personnage
characteristic la caractéristique
charger le chargeur
chatty bavard(e)
check-out employee le caissier/la
    caissière
cheese le fromage
chemist's la pharmacie
cherry la cerise
chess les échecs (*m pl*)
child l'enfant (*m/f*)
chips les frites (*f pl*)
chocolate le chocolat
chocolate mousse la mousse au
    chocolat
to choose choisir
chop (*meat*) la côtelette
Christian chrétien/chrétienne
Christmas Noël
church l'église (*f*)
cider le cidre
cinema le cinéma
class la classe

class representative le délégué/la déléguée de classe
class trip le voyage de classe
classic car la voiture ancienne
classical classique
classroom la salle de classe
to **clean** nettoyer
to **clean one's teeth** se brosser les dents
to **clear (the table)** débarrasser (la table)
climate le climat
clingy collant(e)
cloakroom le vestiaire
closed fermé(e)
clothes les vêtements (m pl)
cloud le nuage
coach le car
coast la côte
coat (clothing) le manteau
coat (layer) la couche
coffee le café
coin la pièce de monnaie
coke le coca
cold froid(e)
it's cold il fait froid
to **collect** collectionner; ramasser
collectable item l'objet (m) d'art
collection le ramassage
college le collège
to **come back** revenir
to **come (from)** venir (de)
comedy la comédie
comfortable confortable
comic strip la bande dessinée
commercialism le mercantilisme
company l'entreprise (f)
competition la compétition; le concours
comprehensive school l'école (f) polyvalente
computer l'ordinateur (m)
computer room la salle d'informatique
computer studies l'informatique (f)
concert le concert
concert hall la salle de concert
to **conduct a survey** enquêter
congratulations! bravo!
to **construct** construire
to **contact** s'addresser à
to **contain** contenir
convenient pratique
to **cook** faire cuire
cooked cuit(e); cuisiné(e)
cooker la cuisinière
cooking dish le plat de cuisson
cool frais/fraîche
co-operation la coopération
corkscrew le tire-bouchon
corner le coin
to **correct** corriger, rectifier
to **cost** coûter
cough la toux
to **cough** tousser
council house le HLM
country le pays
country (dialling) **code** l'indicatif (m)
countryside la campagne, le paysage
county le département; le comté
courage le courage
course le stage, la formation

cousin le cousin/la cousine
covered market les halles (f pl)
crazy fou/folle
cream la crème
to **create** créer
it **creates problems** ça pose des problèmes
creative créatif/créative
credit card la carte de crédit
crime (trend) la criminalité
criminal record le casier judiciaire
crisps les chips (f pl)
to **criticise** critiquer
cup la tasse
cupboard le placard
curtain le rideau
customer le client/la cliente
customs la douane
cyber-café le cybercafé
cycle track la piste cyclable

D

DIY le bricolage
Dad(dy) papa
dairy laitier/laitière
damaged abîmé(e)
dance la danse
to **dance** danser
dancer le danseur/la danseuse
dark sombre; foncé(e) (colour)
date la date
daughter la fille
day la journée, le jour
dear cher/chère
December décembre
to **decide** décider
deeply à fond
defrosted décongelé(e)
degree la licence; le degré
delicious délicieux/délicieuse
to **deliver** distribuer, livrer
dentist le/la dentiste
department store le grand magasin
department, counter le rayon
deposit la caution
to **describe** décrire
desert le désert
desk le bureau
detention la retenue
to **dial** composer
to **die** mourir
diesel le gazole
different différent(e)
difficult difficile
dining room la salle à manger
diploma le diplôme
directly directement
(sales) director le directeur/la directrice (des ventes)
dirty sale
disaster movie le film catastrophe
discount la réduction
to **discover** découvrir
discovery la découverte
(heart) **disease** la maladie (cardiaque)
disgusting dégoûtant(e)
dish le plat
dishwasher le lave-vaisselle
divorced divorcé(e)
to **do** faire
to **do DIY** bricoler, faire du bricolage
to **do homework** faire les devoirs

to **do the washing** faire/laver le linge
doctor le docteur, le médecin
document le document
documentary le documentaire
dog le chien
domestic appliance l'appareil ménager (m)
don't mention it je t'en prie
door la porte
dormitory le dortoir
doughnut le beignet
downpour l'averse (f)
downstairs en bas
drama (school subject) l'art (m) dramatique
to **draw** dessiner
drawing le dessin
dream le rêve
to **dream (of)** rêver (de)
dress la robe
drink la boisson
to **drink** boire
(not) **drinking water** eau (f) (non) potable
to **drift** partir à la dérive
to **drive** conduire
driving licence le permis de conduire
to **drop** laisser tomber
drug(s) la drogue
duck le canard
during pendant
Dutch hollandais(e)
dynamic dynamique

E

each chaque
to **earn** gagner
earring la boucle d'oreille
east l'est (m)
Easter Pâques
easy facile
effect l'effet (m)
efficient efficace
egg l'œuf (m)
egotistical égoïste
Eid Aïd-el-Fitr
Eire l'Irlande (f)
eldest l'aîné(e)
electrical goods l'électroménager (m)
electrician l'électricien (m)
email (in general) l'email (m)
email (single) le mail
email address l'adresse électronique (f)
emergency services police secours
emission l'émission (f)
to **emit** émettre
employer l'employeur (m)
to **empty** vider
encounter la rencontre
end la fin
engine le moteur
engineer l'ingénieur (m/f)
England l'Angleterre (f)
English anglais(e)
enjoy your meal bon appétit
enough assez
to **entrust** confier
entry l'entrée (f)
environment l'environnement (m)

equipment l'équipement (m)
equipped équipé(e)
Europe l'Europe (f)
European européen/ européenne
euro l'euro (m)
even même
evening le soir
evening meal le dîner
every chaque
every (twenty) minutes toutes les (vingt) minutes
everybody tout le monde
everything tout
everywhere partout
evidence la preuve
evoked évoqué(e)
exactly exactement
exam (16+) le brevet des collèges
exam (18+) le bac(calauréat)
exam(ination) l'examen (m)
example l'exemple (m)
excellent excellent(e)
to exchange échanger
excursion l'excursion (f)
excuse me pardon
exercise l'exercice (m)
exhibition l'exposition (f)
exit la sortie
expensive cher/chère
experience l'expérience (f)
to express (oneself) s'exprimer
extrovert extraverti(e)
eye-catching accrocheur/ accrocheuse
eyes les yeux (m pl)

F

in fact en fait
facility la facilité
factory l'usine (f)
to fail rater
fair juste; blond(e) (hair)
fair la fête foraine, la foire
to fall tomber
to fall asleep s'endormir
false faux/fausse
to wear fancy-dress se déguiser
family la famille
fan le fan
fancy-dress ball le bal costumé
farm la ferme
farmer l'agriculteur (m)/ l'agricultrice (f)
fashion la mode
fashionable à la mode, branché(e) (slang)
fast rapidement
fast food la cuisine rapide
father le père
Father Christmas le Père Noël
father-in-law le beau-père
fatty substance la matière grasse
favourite préféré(e)
fax machine le télécopieur
February février
to feel hot avoir chaud
to feel sick avoir mal au cœur
to feel (se) sentir
feeling le sentiment
festival la fête
to fetch the wood in rentrer le bois
few peu de
field le champ
file le fichier
final year (school) la terminale

to find trouver
to find out about s'informer
fine l'amende (f)
to finish finir
fire le feu
firework(s) le feu d'artifice
first le premier/la première
first class première classe
first course le hors-d'œuvre
first name le prénom
first time la première fois
fish le poisson
fishing la pêche
fixed price menu le menu à prix fixe
flag le drapeau
flat à plat, plat/platte
flat l'appartement (m)
flea-market le marché aux puces
flight le vol
flood l'inondation (f)
floor l'étage (m)
(wheat) flour la farine (de blé)
flower la fleur
'flu la grippe
fluid le fluide
fluorescent fluo
to fly voler
folding pliant(e)
to follow suivre
food l'alimentation (f), la nourriture; la cuisine
on foot à pied
football le foot
footballer le footballeur
for instance par exemple
for the day à la journée
forecast les prévisions (f pl)
foreign étranger/étrangère
foreseen prévu(e)
to forget oublier
fork la fourchette
fountain la fontaine, le jet d'eau
free (of charge) gratuit(e)
free (not in use) libre
to free oneself se libérer
to freeze geler
freezer le congélateur
French (adjective) français(e)
French bean le haricot vert
fresh frais/fraîche
Friday le vendredi
fridge le frigo
friend l'ami (m)/l'amie (f), le copain/la copine, le/la camarade
friendship l'amitié (f)
it's frightening ça fait peur
fruit juice le jus de fruits
full plein(e); chargé(e)
funny marrant(e)
it's funny ça fait rire
furniture les meubles (m pl)
future l'avenir (m)
future plan le projet d'avenir

G

gang la bande
gap year l'année (f) sabbatique
garage le garage
garden le jardin
gardening le jardinage
gardener le jardinier
garlic l'ail (m)
gathering le rassemblement

gentle doux/douce
geography la géographie
German (adjective) allemand(e)
to get dressed s'habiller
to get information se renseigner
to get married se marier
to get on (well) with s'entendre (bien) avec
to get tired se fatiguer
to get to know faire la connaissance de
to get recevoir
to get up se lever
gift le cadeau
to gift-wrap faire un paquet-cadeau
girl la fille
girlfriend la petite amie
to give donner
to give back rendre
glass (of water) le verre (d'eau)
glasses les lunettes (f pl)
glove le gant
GM food l'OGM (m)
to go aller
to go back rentrer, retourner
to go down descendre
to go in entrer
to go shopping faire les magasins
to go to bed aller au lit
to go out sortir
to go up monter
goat la chèvre
gold(en) – doré(e)
good bon/bonne; sage (child)
good at fort(e) en
goodbye! au revoir!
good evening bonsoir
good idea bonne idée
good luck bonne chance
good night bonne nuit
goods les marchandises (f pl)
grammar school l'école (f) sélective
grandfather le grand-père
grandmother la grand-mère
grandparent le grand-parent
grapefruit le pamplemousse
grapes le raisin
grated râpé(e)
Great Britain la Grande-Bretagne
Greek (adjective) grec(que)
green vert(e)
greenhouse effect l'effet (m) de serre
grey gris(e)
grilled meat la grillade
gripping passionnant(e)
grocer l'épicier (m)
grocer's l'épicerie (f)
ground floor le rez-de-chaussée
group le groupe
to grow faire pousser
grown-up l'adulte (m/f)
gym le gymnase

H

hair les cheveux (m pl)
hairdresser le coiffeur/la coiffeuse
half an hour la demi-heure
half price (à) moitié prix
half-brother le demi-frère
half-sister la demi-sœur
ham le jambon
to hang around traîner
to happen se passer

happy heureux/heureuse
Happy New Year bonne année
hard-working travailleur/travailleuse
to **hassle** être sur le dos de
hat le chapeau
to **hate** avoir horreur de
to **have a bath/shower** prendre un bain/douche
to **have a cold** être enrhumé(e)
to **have had enough** en avoir assez
to **have** avoir
to **have to, ought to** devoir
head la tête
headline le gros titre
headteacher le directeur/la directrice
health la santé
healthy sain(e), équiblibré(e)
(compost) **heap** le tas (de compost)
heart le cœur
to **heat** chauffer
heated (by gas) chauffé(e) (au gaz)
heavy lourd(e)
heel le talon
hello? (*on the phone*) allô?
to **help** aider
here ici
here is, here are voici
hi-fi la chaîne stéréo
high haut(e)
hiking la randonnée
hill la colline
hilly vallonné(e)
himself même
hip-hop le hip-hop
hipsters le pantalon taille basse
hire la location
to **hire** louer
historical historique
history l'histoire (*f*)
to **hitchhike** faire de l'autostop (*m*)
hold the line ne quittez pas
holiday cottage, house (*rented*) le gîte
holiday, non-working-day le jour férié
holidays les vacances (*f pl*)
homework les devoirs (*m pl*)
honest honnête
honey le miel
to **hope** espérer
horse le cheval
horse riding l'équitation (*f*)
it's **hot** il fait chaud
hot chocolate le chocolat chaud
hotel l'hôtel (*m*)
hotel industry l'hôtellerie (*f*)
hour l'heure (*f*)
house la maison
household chores le ménage
household waste les ordures ménagères (*f pl*)
househusband/housewife l'homme (*m*)/la femme au foyer
how comment
how do I get to...? pour aller à...?
how many (people) combien (de personnes)
human race la race humaine
in a **hurry** pressé(e)
hurt blessé(e)
husband le mari

hydrogen engine le moteur à hydrogène
hypermarket la grande surface

I

I'd like je voudrais
ID document la pièce d'identité
ice rink la patinoire
ice skating le patinage sur glace
ice-cream la glace
ideal idéal(e)
if I have got any left s'il m'en reste
ill malade
important important(e)
to **improve** améliorer
in dans
in any case en tout cas
in autumn/winter/summer en automne/hiver/été
in spring au printemps
in front of devant
in general en général
in good condition en bon état
in good/poor health en bonne/mauvaise santé
inside dedans
in spite of malgré
included (y) compris
independent indépendant(e)
independent school l'école (*f*) privée
Indian indien/indienne
indigestion l'indigestion (*f*)
industrial industriel/industrielle
industry l'industrie (*f*)
information les renseignements (*m pl*)
inhabitant l'habitant (*m*)/l'habitante (*f*)
to **inherit** hériter
injection la piqûre
insurance company la compagnie d'assurances
injured blessé(e)
inn l'auberge (*f*)
intelligent intelligent(e)
interesting intéressant(e)
internet Internet
to **introduce** présenter
invade envahir
invitation l'invitation (*f*)
Irish (*adjective*) irlandais(e)
Irish Republic l'Ireland (*f*)
ironing le repassage
irritating casse-pieds (*slang*)
island l'île (*f*)
Italian (*adjective*) italien(ne)

J

jacket la veste
jacket (*short*) le blouson
jam la confiture
January janvier
(glass) **jar** le bocal
jealous jaloux/jalouse
jeans le jean
Jewish juif/juive
job la profession; le poste
(small) **job** le (petit) boulot
to **joke** rigoler
journalist le/la journaliste
journey le trajet
juice le jus
July juillet

jumper le pull
June juin
junk la brocante

K

kebab la brochette
to **keep** garder
to **kill** tuer
kind regards amitiés
knife le couteau
to **know** (*a fact*) savoir
to **know** (*a person, place, etc.*) connaître

L

laboratory le laboratoire
laid back relax
lake le lac; l'étang (*m*)
lamb l'agneau (*m*)
lamp la lampe
to **land** atterrir
landing le palier
lasagne les lasagnes (*f pl*)
last dernier/dernière
last night hier soir
to **last** durer
later on plus tard
to **laugh (a lot)** (bien) rire
lawn la pelouse
to **lay the table** mettre le couvert
lazy paresseux/paresseuse
leaf, sheet (*of paper*) la feuille
leaflet la brochure, le dépliant
leak la fuite
least le/la moins
leather le cuir
to **leave** laisser; partir; quitter
leg la jambe
lemon le citron
lemonade la limonade
less moins de
lesson le cours
let's say disons
letter la lettre
library la bibliothèque; (*school*) le centre de documentation et d'information (CDI)
lift l'ascenseur (*m*)
light la lumière
light léger/légère
to **light (the fire)** allumer (le feu)
lighting l'éclairage (*m*)
to **like** aimer
like comme
line, (*bus/tram*) la ligne
lipstick le rouge à lèvres
list la liste
lit (up) – éclairé(e)
a little un peu
to **live** habiter; vivre
living room le séjour
loaded chargé(e)
local local(e)
long long/longue
a long time longtemps
to **look** regarder
to **look for** chercher
to **look out over** donner sur
lorry driver le chauffeur de poids lourd
to **lose** perdre
lots of beaucoup de
lots of people beaucoup de monde
love l'amour (*m*)

love story l'histoire (f) d'amour
lovely chouette (*slang*)
in love with amoureux/amoureuse de
luck la chance
lunch le déjeuner
lunch break la pause de midi
luxury le luxe

M

mad fou/folle
magic la magie
mail le courrier
main principal(e)
main course le plat principal
mains gas le gaz de ville
to make faire, fabriquer
to make friends se faire des amis
to make the beds faire les lits
man l'homme (m)
map (of the area) la carte (de la région)
March mars
mark (*school*) la note
market le marché
marketing le marketing
to marry épouser
match le match
maths les maths (f pl)
mature mûr(e)
May mai
maybe peut-être
meal le repas
meat la viande
mechanic le mécanicien
medal la médaille
media les médias
medicine la médecine
to melt fondre
menu le menu
microwave le micro-ondes
midnight minuit
mild doux/douce
(skimmed) milk le lait (écrémé)
milkshake le milkshake
mineral water l'eau (f) minérale
mirror le miroir
Miss, Ms mademoiselle
mist la brume
mistake l'erreur (f)
to mix mélanger
mobile (phone) le (téléphone) portable
(scale) model le modèle réduit
modern moderne
modern language la langue vivante
to modify modifier
Monday le lundi
month le mois
monument le monument
(good/bad) mood la (bonne/mauvaise) humeur
moped la mobylette
morning le matin
Moroccan (*adjective*) marocain(e)
Morocco le Maroc
mosquito le moustique
most of la plupart de
the most... le/la plus...
mother la mère
mother-in-law la belle-mère
motorway l'autoroute (f)
mountain la montagne
mountain bike le VTT

mouse la souris
mouth la bouche
moving émouvant(e)
to mow the lawn tondre le gazon
Mr, Sir monsieur
Mrs, Ms, Madam madame
much beaucoup (de)
Mum(my) maman
museum le musée
mushroom le champignon
music la musique
musician le musicien/la musicienne
mustard la moutarde

N

name le nom
naughty méchant(e)
Navy la Marine
near près de
to need avoir besoin de
negative négatif/négative
neighbour le voisin/la voisine
network le réseau
never ne... jamais
never mind tant pis
new neuf/neuve, nouveau/nouvel/nouvelle
newsagent le magasin de journaux
newspaper le journal
nice gentil/ gentille, sympa; agréable
to nick (*to steal*) piquer (*slang*)
nightclub la boîte (de nuit)
nightmare le cauchemar
no... more/longer ne... plus
no problem aucun problème
noise le bruit
noisy bruyant(e)
normal normal(e)
normally normalement
north le nord
North African (*adjective*) nord-africain(e)
not much pas grand-chose
November novembre
now maintenant
number le numéro
nurse l'infirmier (m)/l'infirmière (f)
nursery school l'école (f) maternelle
nutritious nourrissant(e)
nylon le nylon

O

occasionally de temps en temps
October octobre
of course bien sûr
of, from de
offer l'offre (f)
office le bureau
often souvent
OK d'accord
old vieux/vieil/vieille
(olive) oil l'huile (f) (d'olive)
on behalf of de la part de
on the other hand par contre
on the spot sur place
one way sens unique
onion l'oignon (m)
only seulement
open ouvert(e)
to open ouvrir
opening le débouché

opening time l'heure (f) d'ouverture
opportunity l'occasion (f)
opposite en face (de)
optical illusion l'illusion (f) d'optique
orange l'orange (f); orange
to order commander
organic food les aliments (m pl) biologiques
to organise organiser
other autre
out of date périmé(e)
outcome le dénouement
out of the question hors de question
outing la sortie
oven le four
owner le propriétaire

P

package le package
packaging l'emballage (m)
packet le paquet
painted peint(e)
pair la paire
in pairs à deux
pan la casserole
pancake la crêpe
paper le papier
parachuting le parachutisme
parents les parents (m pl)
park le jardin public, le parc
to park (se) garer, stationner
part-time job le travail à mi-temps
party la fête, la boum
to pass (*an exam*) réussir
passer-by le passant
passive passif/passive
pasta les pâtes (f pl)
path la voie
paw la patte
to pay payer, régler
PE l'éducation (f) physique et sportive (EPS)
peach la pêche
pear la poire
peas les petits pois (m pl)
pedestrian precinct la zone piétonnière
to penalise pénaliser
penfriend le correspondant/ la correspondante
people les gens (m pl)
pepper (*condiment*) le poivre
pepper (*vegetable*) le poivron
perfume le parfum
period d'époque
personal growth l'enrichissement (m) personnel
personality la personnalité
phone le téléphone
phone call le coup de téléphone
phone card la télécarte
photo la photo
photocopy la photocopie
picture l'image (f)
picturesque pittoresque
pie la tarte
pigeon le pigeon
PIN number le code (personnel)
pineapple l'ananas (m)
pink rose
pizza la pizza

place l'endroit (m)	to put up with supporter	roast chicken le poulet rôti
to place placer	pyjamas le pyjama	roof le toit
plant la plante	Pyrenees les Pyrénées (f pl)	room la pièce; la salle
plaster le plâtre		rollerskating la planche à
plastic le plastique	**Q**	roulettes
plate l'assiette (f)	quality la qualité	rotten pourri(e)
platform (station) la voie	quarry la carrière	roundabout (road) le rond-point
to play (the piano) jouer (du piano)	from Quebec québécois(e)	row la dispute
to play board games faire des jeux	to queue faire la queue	rubbish le détritus, les ordures
de société	quickly rapidement	(f pl) ; nul (nulle)
to play cards jouer aux cartes	quiet tranquille	rucksack le sac à dos
to play football jouer au football		rude impoli(e)
to play on the computer jouer sur	**R**	rug le tapis
l'ordinateur	rabbit le lapin	rules le règlement
playground la cour	race la course	to run (the risk of) courir (le risque
pleased content(e)	racing driver le pilote de course	de)
plugged in branché(e)	racing car la voiture de course	rural rural(e)
pocket money l'argent (m) de	racism le racisme	rhythm le rythme
poche	radio la radio	
point of view le point de vue	rain la pluie	**S**
police la police	to rain pleuvoir	sad triste
police officer l'agent (m) de	rainy pluvieux/pluvieuse	sailing la voile
police, le policier	Ramadan le ramadan	sailing boat le voilier
police series (TV) la série policière	rash l'urticaire (m)	salad la salade
polite poli(e)	raspberry la framboise	salary le salaire
to pollute polluer	raw vegetables les crudités (f pl)	on sale en vente
polluted pollué(e)	remarried remarié(e)	sales les soldes (m pl)
pollution la pollution	to read lire	sales director le directeur/la
poor pauvre	reader le lecteur/la lectrice	directrice (des ventes)
pork le porc	real vrai(e)	salmon le saumon
Portuguese (adjective) portugais(e)	realistic réaliste	salt le sel
position la place, le poste	reality la réalité	to salt saler
postage stamp le timbre	reality show (TV) la télé réalité	salty salé(e)
postcode le code postal	reason la raison	the same le/la même
poster le poster	reasonable raisonnable	sand le sable
postman le facteur	reassuring rassurant(e)	Saturday le samedi
post office la poste	recently récemment	sausage la saucisse; le saucisson
potato la pomme de terre	recipe la recette	to save sauver
pound sterling la livre sterling	to recycle recycler	savings les économies (f pl)
powder la poudre	recycling point le point de	to say dire
power station la centrale	recyclage	to scare faire peur
électrique	red rouge; roux/rousse (hair)	scarf le foulard
to practise pratiquer	to reduce (pollution) réduire (la	scenery (theatre) le décor
prayer la prière	pollution)	school l'école (f)
to prepare préparer	refund le remboursement	school year l'année (f) scolaire
present le cadeau	to refund rembourser	schoolbag le cartable
presenter le présentateur	regards cordialement	science les sciences (f pl)
pretty joli(e)	regional régional(e)	science options la série
price le prix	relationship le rapport	scientifique
prince le prince	relaxation la détente	scientist le/la scientifique
prize le prix	religious religieux/religieuse	Scotland l'Écosse (f)
problem l'empêchement (m)	to rent louer	Scottish écossais(e)
problem le problème	rental la location	sea (level) (le niveau de) la mer
procession le défilé	to repair réparer	seafood les fruits (m pl) de mer
producer le producteur	to replace remplacer	seam la couture
product le produit	replacement l'échange (m)	second class deuxième classe
profession le métier	report (newspaper) le reportage	second-hand goods la brocante
professional	research la recherche	secondary school l'école (f)
professionnel/professionnelle	researcher le chercheur/la	secondaire
programme l'émission (f)	chercheuse	secondary school (12–15) le
programmer le programmeur/la	reserved réservé(e)	collège
programmeuse	responsible responsable	secondary school (16–18) le lycée
to prove prouver	restaurant le restaurant	secret secret/secrète
PSHE, PSME l'instruction (f)	rested reposé(e)	secretary le/la secrétaire
civique	restful reposant(e)	to see voir
public transport les transports	return (ticket) aller-retour	see you later! à tout à l'heure!
(m pl) en commun	to re-use réutiliser	to seem avoir l'air
pudding le dessert	to revise réviser	self-catering accommodation la
to punch (a ticket) composter	rice le riz	location meublée
puncture le pneu crevé	rich riche	selfish égoïste
punt la barque	right vrai(e)	to sell vendre
pupil l'élève (m/f)	risk le risque	semi-detached house la maison
purchase l'achat (m)	rival rival(e)	jumelle
purple violet/violette	road la route	to send envoyer
to put (on) mettre	roast beef le rosbif	

sense of humour le sens de l'humour
sensitive sensible
to separate séparer
September septembre
to serve servir
service (not) included service (non) compris
session la séance
to set up installer
several plusieurs
severe sévère, strict(e)
shaped like a en forme de
to share partager
shed l'abri (m)
shelf l'étagère (f)
shirt la chemise
shoe la chaussure
shop le magasin, le petit commerce
shop assistant le vendeur/la vendeuse
shopping les courses (f pl)
shopping centre le centre commercial
short court(e)
shorts le short
show le spectacle
show off frimeur/frimeuse
shower la douche
shuttle (transport) la navette
shy timide
sign le panneau
silent silencieux/silencieuse
silver argenté(e)
simplistic simpliste
since depuis
singer le chanteur/la chanteuse
single (ticket) l'aller simple (m)
single (unmarried) célibataire
sinister sinistre
sister la sœur
sister-in-law la belle-sœur
sitting room le salon
situated situé(e)
size (clothes) la taille
size (shoes) la pointure
skiing le ski
(school) skiing trip la classe de neige
ski-lift le téléski
skirt la jupe
sky le ciel
to sleep dormir
sleeping bag le sac de couchage
sleigh la luge
slice of bread la tartine
slim mince
(artificial) slope la piste (artificielle)
small petit(e)
smoke la fumée
to smoke fumer
snack le casse-croûte
snail l'escargot (m)
snow la neige
to snow neiger
sock la chaussette
sofa le canapé
software le logiciel
solar energy l'énergie (f) solaire
sole (with sauce) la sole (meunière)
solution la solution
some quelques
something else autre chose
sometimes quelquefois

son le fils
song la chanson
sorry désolé(e); pardon
to sort trier
sound pollution la nuisance sonore
soup la soupe, le potage
sour cream la crème fraîche
south le sud
spaghetti les spaghettis (m pl)
Spanish (adjective) espagnol(e)
spark plug la bougie
to speak parler
speaking à l'appareil
on special offer en promotion
speciality la spécialité
to spend (time) passer
to spend (money) dépenser
spoon la cuiller/cuillère
spoonful la cuillerée
sports centre le centre de sports
sports ground le terrain de sport
sports hall la salle de sports
sporty sportif/sportive
spot la tache, le bouton
stadium le stade
staffroom la salle des profs
stage la scène
to stage (a show) monter (un spectacle)
stairs l'escalier (m)
stall le stand
to start again reprendre
state school l'école (f) publique
station la gare
stay le séjour
to stay rester
steak le bifteck
to steal voler, piquer (slang)
steep raide
stepfather le beau-père
stepmother la belle-mère
stew le ragoût
stimulating stimulant(e)
stomach le ventre
to stop arrêter
storm l'ouragan (m)
story l'histoire (f)
straight away tout de suite
straight on tout droit
strawberry la fraise
street l'avenue (f), la rue
street lamp le réverbère
stressed stressé(e)
striking frappant(e)
striped à rayures
studies les études (f pl)
to study (medicine) étudier (la médecine)
stupid bête
suburbs la banlieue
subway le passage souterrain
to suffer souffrir
sugar le sucre
sugared sucré(e)
suitcase la valise
sun le soleil
to sunbathe se faire bronzer
Sunday dimanche
sunny ensoleillé(e)
sunny spell l'éclaircie (f)
supermarket le supermarché
sure sûr(e)
to survive survivre

to surf (the internet) surfer (sur Internet)
surprising surprenant(e)
surrounding area les environs (m pl)
survey l'enquête (f)
suspense le suspense
sustained soutenu(e)
to swallow avaler
sweat-shirt le sweat
sweet le bonbon
sweet, cute mignon/mignonne
to swim nager; se baigner
swimming la natation
swimming costume le maillot de bain
(indoor) swimming pool la piscine (couverte)
Swiss suisse
syllabus le programme
symptom le symptôme

T

table la table
tablet le comprimé
tail la queue
to take prendre; emmener
to take (an exam) passer
to take care of s'occuper de
to take off décoller
to take part in participer à
to take out sortir
take-away le plat à emporter
taste le goût
tea le thé
teacher le/la professeur
team l'équipe (f)
to tease taquiner
technician le technicien/la technicienne
technology la technologie
teenager l'ado (m)
teenager l'adolescent (m)/ l'adolescente (f)
teeshirt le T-shirt
to tell raconter
temperature la fièvre
tent la tente
term le trimestre
terrific fantastique
test le contrôle
to thank remercier
thank you merci
that, which que
that'll be... ça fait...
theatre le théâtre
theft le vol
then alors; ensuite
there is/there are il y a
there has always been il y a toujours eu
there will be il y aura
thing la chose
to think réfléchir
thoughtful réfléchi(e)
thrill la sensation forte
thriller le film d'épouvante
Thursday jeudi
ticket le billet, le ticket
ticket window le guichet
to tidy (up) ranger
tie la cravate
till receipt le ticket de caisse
time le temps
tin la boîte

tin opener l'ouvre-boîtes (*m*)
tip le pourboire
tired fatigué(e)
tiresome pénible
tiring fatigant(e)
toasted cheese and ham
  sandwich le croque-monsieur
today aujourd'hui
today's dish le plat du jour
together ensemble
toilets les toilettes (*f pl*)
to tolerate supporter
toll le péage
tomato la tomate
tomorrow demain
too trop
too much/many trop de
top prize le gros lot
top quality de première qualité,
  premier choix
torch la lampe de poche
torn déchiré(e)
tour la balade
tourist office l'office (*m*) de
  tourisme, le syndicat
  d'initiative
tourist(y) (*adjective*) touristique
to tow away remorquer
town la ville
town centre le centre-ville
town hall l'hôtel (*m*) de ville
track suit bottoms le jogging
trade le métier
traffic la circulation
train le train
training ground le terrain
  d'entraînement
tram le tramway
to transmit transmettre
travel agency l'agence (*f*) de
  voyages
to travel voyager
traveller's cheque le chèque de
  voyage
tree l'arbre (*m*)
trip le voyage
troublesome gênant(e)
trousers le pantalon
trout la truite
trust la confiance
to trust faire confiance à
to try (on) essayer
Tuesday le mardi
tuna le thon
turkey la dinde
to turn off éteindre
TV quiz show le jeu télévisé
TV set la télévision
twin le jumeau/la jumelle
to type taper
typical typique
tyre le pneu

U

ugly laid(e)
umbrella le parapluie
uncle l'oncle (*m*)
under sous
to understand comprendre
unemployed au chômage, sans
  travail
unemployment le chômage
unforgettable inoubliable

unfortunately malheureusement
university l'université (*f*) ; la
  fac(ulté)
to unpack (one's case) défaire (sa
  valise)
untidy (*of person*) désordonné(e)
until jusqu'à
upstairs en haut
USA les États-Unis (*m pl*)
to use utiliser
useless inutile
usually d'habitude

V

to vacuum-clean passer l'aspirateur
valley la vallée
vampire le vampire
varied varié(e)
veal le veau
vegetable le légume
vegetarian
  végétarien/végétarienne
vehicle le véhicule
very très
vet le/la vétérinaire
video game le jeu vidéo
video recorder le magnétoscope
view la vue
village le village
vinegar le vinaigre
visit la visite
to visit (*a place*) visiter
to visit (*a person*) rendre visite à
vocational training le stage de
  formation
volleyball le volley
voucher le coupon

W

to wait (for one's turn) attendre
  (son tour)
waiter le garçon de café, le
  serveur
to wake up se réveiller
to walk se promener
walk la balade
wall le mur
wallet le portefeuille
to want vouloir
wardrobe l'armoire (*f*)
warming le réchauffement
to wash (oneself) (se) laver
washbasin le lavabo
washing machine le lave-linge
to waste perdre
watch la montre
watch out! attention!
to watch television regarder la télé
water l'eau (*f*)
water jug la carafe
water sports les sports (*m pl*)
  aquatiques
water-skiing le ski nautique
weak faible
to wear porter
weather forecast la météo
website le site web
Wednesday le mercredi
week la semaine
weekend le week-end
welcome bienvenue
welcoming accueillant(e)
Welsh gallois(e)

west l'ouest (*m*)
what is it? c'est quoi?
on wheels à roulettes
when quand, à quelle heure
where où
to whip (up) fouetter
white blanc/blanche
white coffee le café crème
who, which qui
why pourquoi
wife la femme
to win gagner
wind energy l'énergie (*f*) du vent
window la fenêtre
window (*of house or car*) la vitre
to go window-shopping faire du lèche-
  vitrines
windsurfing (board) la planche à
  voile
it's windy il fait du vent
wine le vin
wine list la carte des vins
winter sports les sports (*m pl*)
  d'hiver
witch la sorcière
with avec
withdrawn renfermé(e)
without sans
woman la femme
wonderful
  merveilleux/merveilleuse
wool la laine
word-processing le traitement de
  texte
work le travail, le boulot (*slang*)
work experience student le
  stagiaire
to work (*job, school, etc.*) travailler
to work (*function*) marcher
working life la vie active
worn usé(e)
to worry s'inquiéter
would you like...? désirez-vous...?
wrapping l'emballage (*m*)
to write écrire
in writing par écrit

X

X-ray la radio

Y

year l'an (*m*) l'année (*f*)
yellow jaune
yesterday hier
yet, and yet pourtant
young jeune
younger le cadet/la cadette
youth club le club des jeunes
youth hostel l'auberge (*f*) de
  jeunesse

Z

zoo le jardin zoologique